日新为道：

通过可持续发展目标
促进治理创新

［日本］蟹江宪史
［德国］弗兰克·比尔曼 主编

关成华 译

北京师范大学出版集团
BEIJING NORMAL UNIVERSITY PUBLISHING GROUP

北京师范大学出版社

"真实进步指标(GPI)译丛"总序

我开始关注可持续和环境污染问题,可追溯至 2004 年。那时我在参加为期一年的培训,其间精读了莱斯特·R. 布朗的著作《B 模式:拯救地球 延续文明》。该书提出了两种截然不同的经济运行模式:一种是 A 模式——依靠过度消耗自然资本使产出人为膨胀的泡沫经济。这种模式在今天已经不再行得通了,取而代之的是 B 模式——全球动员起来,稳定人口和气候,使 A 模式存在的问题不至于发展到失控的地步。

2013 年,我在美国访学时接触到了真实进步指标(Genuine Progress Indicator,GPI),并对这套理论体系产生了浓厚兴趣。研习过程适逢我国创新发展、绿色发展等理念的提出,遂颇有共鸣。2015 年,我回国后在北京师范大学继续从事研究工作,自此开始组建团队,启动中国 GPI 研究项目。在组织编写中国真实进步指标测算报告的同时,我遴选了六部关于可持续和 GPI 的著作编译出版,形成"真实进步指标(GPI)译丛",冀能借此让更多人理解可持续的内涵,助力中国 GPI 理论研究与推广应用,为我国实现可持续驱动的发展转型和治理创新提供有益镜鉴。

该译丛由六部著作组成,聚焦于可持续以及 GPI 理论与应用问题,它们分别是:《改弦易张:气候变化和能源短缺带来的挑战与应对》《踵事增华:可持续的理论解释与案例举要》《日新为道:通过可持续发展目标促进治理创新》《千帆竞发:基于真实进步指标的亚太可持续福祉》《富轹万古:澳大利亚维多利亚州真实进步指标报告》《百尺竿头:中国香港特别行政区与新加坡的真实进步比较与展望》。

时值译丛出版之际，为帮助读者理顺六部著作的内在联系，我想谈谈对于可持续、可持续发展、目标治理以及 GPI 的一些看法，并尝试阐明其间的逻辑关系。

****

丛书的核心是 GPI。从根本上说，GPI 是为了弥补国内生产总值(Gross Domestic Product，GDP)对于福利水平测度的不足而诞生的。GDP 主要衡量的是当前的生产能力，故而其既不体现公民享受的福利水平，也不反映社会继续保持或提高这一水平的能力。因此，GDP 的数据在满足人类追求福利的现实需求，以及为政府提供科学的决策依据等方面存在一定的缺陷。而 GPI 的目标，就是要衡量"可持续经济福利"。在全面、系统地了解 GPI 之前，我们首先要从本质上理解可持续的概念。

牛津大学的乔格·弗里德里希(Jörg Friedrichs)教授为我们描述了现代工业社会所面临的气候变化和能源短缺问题及其所衍生的社会政治影响，同时从知识储备、不作为道德经济等方面解释了为什么人类难以解决这些难题。随着人类不断地开发和利用资源、排放污染物，地球系统已面临不可持续的危机。但是，当前政策往往只强调降低工业文明给环境带来的损害，而非直面人类困境。归根结底，我们必须放弃不可持续的发展方式，通过地方、国家、区域和全球层面的治理措施，确保生态系统的可持续。那么，究竟什么是可持续？可持续等同于可持续发展吗？它能否驱动人类社会发展转型和治理创新？

事实上，对于社会各界而言，可持续仍是一个模糊不清的概念。因此，我们有必要建立一套科学的表达方式来阐明可持续的内涵。

罗切斯特大学的瑞达尔·卡伦(Randall Curren)教授和圣何塞州立大学的艾伦·米茨格(Ellen Metzger)教授集中讨论了基于生态概念的可持续与其规范本质，并区分了其他一些带有价值偏向的可持续概念。他们认为，可持续指的是一种"人类和非人类福祉长期依赖于自然界"的事实，而不可持续指的是"人类的集体生活方式使未来享受美好生活的机会减少"的事实。因此，与不可持续相对的，就是要"永续保留享受美好生活的机会",这便是可持续思想的规范本质。书中没有使用可持续发展的概念来定义可持续,这将是一个跨期、通用、规范性更强的概念。

从现有资料来看,可持续的含义在很大程度上已和环境保护(Environmental Conservation)的概念相混淆。长期以来,环境保护的概念都与环境保存(Environmental Preservation)相互对立。环境保护强调的是负责且有效地利用自然资源,而环境保存则禁止一切开发荒野地区、栖息地以及对物种造成破坏的人类行为。可持续更注重的是人类福祉,这与自然资源应得到有效管理的保护主义思想相反。可持续更强调人类在利用自然资源的同时,要用明智的管理策略来保存自然资源。因此,想要清晰界定可持续,就需要重新定义人类对自然的依赖。诸如自然资本(Natural Capital)和生态足迹分析(Ecological Footprint Analysis,EFA)等概念已被广泛用于描述这种依赖形式,并以依赖的程度或阈值来定义可持续。

以自然资本概念为例,人类社会的可持续在物质上主要依靠两类资本:人造资本(Man-made Capital)和自然资本(Natural Capital)。前者如工厂、机器、道路等,后者如森林、河流、土地等。由此就产生了两种对可持续的理解,即弱可持续(Weak Sustainability)和强可持续(Strong Sustainability)。弱可持续理论认为,人造资本与自然资本两类资本存在较强的互补性,自然资本损耗可由人造资本代替,只要两类资本保持总量平衡,即可实现可持续。而强可持续理论则认为,大多数自然资本是不可替代的,人造与自然资本必须分别保持平衡或增长,才能实现可持续。

另一种对可持续进行概念化的重要定义是地球边界(Planetary Boundaries,PB)。PB框架设计了一套度量模式,其不仅关注气候变化阈值,还包含生物多样性损失速度、从大气中除氮的速度、流入海洋的磷量、平流层臭氧消耗、海洋酸化程度、淡水消耗量、土地改为农田的比率、大气气溶胶承载量和化学污染程度等。与EFA不同的是,PB框架是对生态系统可持续的直接概念化与衡量。

从本质上来讲,可持续应该是一个对世界未来状态至关重要的

"规范化"概念。然而，学者们倾向于将可持续的概念归结到一个特定的伦理问题上去，其所涉及的内容已远远超出了可持续要表达的范围。例如，用可持续发展的概念去定义可持续："既满足当代人需求，又不损害后代人满足自身需求能力的发展。"但问题是，以这种方式定义的可持续概念，还需要一个全球公平的标准，使世界各国的发展规划都基于此来执行和调整。然而，可持续（一种性质或属性）并不等同于可持续发展（具备可持续性质或属性的发展）。可持续只涉及"永续保留享受美好生活的机会"这样的本质问题。以这种方式来理解，可持续应该是一个不能再被简化的概念，类似于"禁止对完整生态系统造成严重或不可逆的伤害"。人类将以一种符合理想未来的方式而生活，在这种理想未来中，人类活动不会破坏生态系统的完整性，也不会损害未来人类享受美好生活的机会（历时性）。尽管关注公平有利于国家内部或世界各地的人们享有平等的机会（共时性），但可持续更应该强调的是历时性，而不是共时性。

****

再谈可持续和可持续发展的关系。"可持续发展"一词的起源可以追溯到 1972 年的联合国人类环境会议。这次会议奠定了被称为可持续发展的"环境与发展"理论：各国一致认为，发展与环境保护相辅相成。然而，这个观点仍值得推敲。因为随着经济活动的扩张，其对环境的破坏也将普遍增加。虽然可以通过推行"绿色发展"来减少对环境的破坏，包括引入更清洁的技术、促进环境管理、为妇女提供教育和就业机会以降低出生率等，但经济产出仍是衡量和预测经济发展对环境造成损害的重要指标。随着生活水平的提高，人类对环境保护更加重视，但为了维持或提高现有生活水平而消耗的大量自然资源依然对环境造成了严重破坏。事实上，可持续与发展之间的根本性矛盾并未得到解决。

要实现现有语境下的"可持续发展"，需要多代人的共同努力。然而，当前政策存在滞后性且涉及多方利益，因此难以保护后代人的福利。要想让制度有效地保障后代人的利益，就必须有坚实的基本规范。"基本规范"，通常被理解为解释和验证其他法律的规则，独立于法律制度而存在。基本规范是"政治意识形态"问题，而不是"法律意识形态"问题。目前，整个国际社会以及各个国家都缺乏这样一种保障后代权利的基本规范，或者说缺乏对可持续内涵——"永续保留享受美好生活的机会"的广泛认可。具体而言，就是要"禁止对生态系统的完整性造成严重或不可逆转的伤害"。

在全球治理的背景下，将"可持续"视为"可持续发展"的基本规范，国际社会及各国均以此为标准，就能使各个国家的有关安排趋于一致。这与保护人权或促进贸易自由等基本规范很相似，它们都在其他领域充当着国家行为合法性的衡量标准。如果可持续发展概念缺乏类似的基本规范，那么可持续发展构想便缺失了核心依据，保护后代利益的基础便不稳固。

认可和实施可持续发展的基本规范，需要对现有和新兴的国际治理体系进行改革。在全球层面上，国际社会需要一种新的、类似于国家宪法级别的协议，来重新界定人类与自然系统、其他生命体间的关系。比如，《环境与发展国际盟约（草案）》的核心部分就提出，要将尊重"自然整体和所有生命形式"以及"地球生态系统的完整性"作为一项根本原则，这就体现了可持续概念的相关内容。

我在给北京师范大学本科生开设的通识核心课程"绿色发展经济学"的课堂上，曾向学生们介绍自己亲历的一件事：有一次在国外和朋友聊天时，突然谈到气候变化问题。朋友问我是否相信气候变化，当时我对此还有些犹豫，他就立刻板起面孔，似有不悦地说："你怎么可以不相信呢？这不仅是共识，也是一种信仰。"可见，积极减缓和应对气候变化，就快成为一种具有全球共识性的基本规范了。将可持续的内涵视为可持续发展的基本规范，对人类各代成员间的资源分配很有意义。更重要的是，这为发展界定了一个具有共识性的准则，其关键在于：始终强调谋求人类福祉这一前提。

****

联合国可持续发展目标（Sustainable Development Goals，SDGs）或将有助于实现可持续这一基本规范的落地，推动可持续驱动的发展转型和治理创新。

2015 年 9 月，联合国可持续发展峰会在纽约总部召开，193 个成员国在峰会上正式通过了 17 个可持续发展目标。SDGs 旨在从 2015 年到 2030 年间以综合方式彻底解决社会、经济和环境三个维度的发展问题，转向可持续发展道路。SDGs 肯定了人类社会与生态系统间的相互依赖关系。联合国一直致力于促进经济发展、社会发展与可持续的统一，而 SDGs 将三者纳入同一"可持续发展议程"中，标志着联合国在可持续驱动发展方面的历史性转折。

SDGs 的出现带来了全球治理的新挑战，即通过目标进行全球治理。SDGs 的特点在于，它首先设定了各个目标及其子目标，而没有强调其在全球层面上的实现机制。这种方法与传统意义上的"规则治理"形成了鲜明对比：规则的制定往往一开始并不关注我们需要实现什么样的治理目标或状态，即可持续发展的基本规范——可持续。"规则治理"尽管重要，但我们更应认识到，仅凭这种方法并不能实现可持续的发展转型。我们在应对贫困与饥饿问题的同时，还应解决气候变化、生物多样性问题。也就是说，意识到我们应实现什么样的目标，与思考我们该如何采取行动，是同等重要的。那么，怎样才能保证 SDGs 成为一项以可持续为基本规范，从而改变人类行为的手段呢？

我们可以将 SDGs 分为两个阶段：目标设定和目标实现。就目标设定阶段而言，主要挑战在于制定目标的方式——既要考虑人类行为对地球系统可能造成的根本性影响，也要强调人类继续为"永续保留享受美好生活的机会"共同努力的重要性。以消除贫困、消除饥饿、确保优质教育、实现性别平等、确保食品和水资源安全、改善人类健康、遏制生物多样性损失等为切入点，转变发展模式，将 SDGs 作为一个非常重要的创新政策来对待，同时保证生态和生产的可持续。

而在目标实现阶段，关键挑战则在于：坚持可持续发展目标所要求的方向，对人类活动进行有效引导。这就需要各方认同可持续发展的基本规范，对可持续思想的规范本质达成共识，以及配备相应的自我治理与政府行为。因此，可持续发展的艺术就在于它的基本规范，换句话说，就是一门治理的艺术——国际社会共同阐明并遵守公认的合作条款，创造有利于人们"永续保留享受美好生活的机会"的治理体系。那么，以SDGs为例，通过目标实现全球治理，是一个怎样的形式，又具有什么特点呢？

庆应义塾大学的蟹江宪史（Norichika Kanie）教授和乌得勒支大学的弗兰克·比尔曼（Frank Biermann）教授是全球可持续发展治理领域的专家。他们的著作，对以上问题进行了探索。

第一，目标治理与国际法律体系是脱离的。SDGs没有法律约束力。因此，各国政府没有法律义务将SDGs正式纳入国家法律体系。然而，这并不妨碍某些可持续发展目标有可能成为正式法律制度的一部分。例如，在SDGs中，关注气候变化的"目标13"基本上参照了具有法律约束力的《联合国气候变化框架公约》以及《巴黎协定》。目标治理的核心其实是可衡量性，而不是法律制度。通过使用指标进行量化测度，各国间可以相互进行比较。让各国自由实现可持续发展的目标及其子目标，同时量化和比较各国进展，是目标治理的一大特色。

第二，目标治理将通过特定的机构发挥作用。在全球层面，监督可持续发展目标实施的机构并不清晰，现由可持续发展高级别政治论坛履行相应职责。而该论坛是新设立的，其有效性仍有待证明。不过，这并不意味着可持续发展目标难以执行。因为目标的实施必须征得各国政府的同意，而各国的制度存在较大的差异，因此具有法律约束力的全球多边协议未必能够产生正面的效果。

第三，目标设定具有包容性与全面性。SDGs既涉及工业化国家，又包含发展中国家。就其界定的范围而言，北美、欧洲、东亚和大洋洲的很多国家都成了"发展中国家"。这些国家必须提出计划，使其社会向更可持续的道路转变。SDGs涵盖了整个可持续领域，既包括消除贫穷和消除饥饿，也强调社会治理和环境保护。并且，这不是由联合国官员制定的目标清单，而是一个具有更广泛共识的目标治理体系。

第四，目标治理为各国的选择和偏好提供了较大的灵活性。尽管为落实 17 项可持续发展目标，SDGs 在全球层面设定了不少于 169 项的子目标，但其中多数目标都是定性的，这为各国政府实现目标提供了最大的自由。即使是定量且被明确界定的子目标，各国政府在解释和执行目标时也拥有最大程度的自由。

当然，SDGs 仍存在很多问题，例如体制监督薄弱、国家执行灵活程度高、全球愿景不具约束力等，但这并不意味着我们以消极、悲观的态度看待它。相反，我们确实看到了通过目标实现全球治理战略的发展潜力，正如 SDGs 所呈现的那样，通过公共政策和个人努力以实现可持续驱动的发展转型和治理创新。

****

量化测度和分析评估是目标治理的重要手段。任何由目标与子目标构成的治理系统，其基础都应该是量化工作。

可持续经济福利（也有学者称之为可持续发展福利）的量化测度，本质上属于社会治理范畴，即帮助人们定量地表达和记录复杂的社会生态系统各层面的发展情况。在可持续大背景下看待量化，不仅要认识到它在议程制定、政策实施和自我评估等方面的作用，也要从政治和政策的角度进行理解。可持续经济福利的量化工作可以将治理的重心转移到目标实现的组合上。当各参与主体在一系列子目标上达成一致，并同意将量化体系作为实施工作的一部分时，可持续的总体意图和愿景便可通过社会治理落实到具体的实践中去。

过去 50 年，全球经济活动持续增加，GDP 增速更是惊人。不言而喻，经济的发展已经极大地改善了全球数亿人口的物质生活水平，有助于提升家庭收入，促进基础设施建设，以及提高政治和社会自由。因此，在标准 GDP 开始核算之前，经济活动就已被用于近似地测度人类福利了。

从历史角度来看，GPI 是在 GDP 的基础上，为弥补 GDP 对于福利水平测度的不足而诞生的。现代福利经济学创始人庇古将国民收入与福利等价，但由于历史原因，缺乏成熟的宏观经济测度体系，导致可持续经济福利的量化工作推迟了近半个世纪。《21 世纪议程》强调了可持续经济福利的量化，尤其是指标的重要性。自 20 世纪 80

年代后期，人类逐步认识到这一点，并将其发展成为全球性运动。2012 年联合国发展大会会议报告也强调，"指标是后续工作的捷径和要素"。不仅政府和公众对可持续经济福利的量化问题表示关注，私人部门也通过民间组织和联合报告等途径跟踪、发布相关的指标。

其中一个重要的指标就是 GPI，这是近年提出的旨在重点探究可持续经济福利的一种指标体系。GPI 通常由大约 20 个独立的成本和收益项目组成，把 GDP 增长所带来的广泛影响统合成单一的货币化指标。这样一来，GPI 就会尽可能囊括经济、社会、环境三大领域的成本和收益。GPI 和可持续经济福利指标（The Index of Sustainable Economic Welfare，ISEW）在衡量可持续方面有一定的一致性，而 GPI 在一些指标设置上有所改进，比如增加了犯罪、家庭破裂、就业不足等，并且减少了复杂性，更容易为大众所接受。

GPI 要反映的是以消费为基础的福利，因此在指标设置上，比 GDP 包含了更多的消费方向的影响因素。在测算方法上，GPI 与其他衡量可持续经济福利的指标相比，也更加突出个人消费支出对福利的影响。此外，GPI 更倾向于遵循强可持续原则，在指标设置和测算方法中，将人造资本和自然资本进行了明确区分。实际上，GPI 既支持、延用了 GDP 计算过程中的某些统计方法，也估算了大量未被市场统计的成本和收益项目。

GPI 诞生之后，400 位著名经济学家、商界领袖及其他相关领域的专家联合发表了一个声明："由于 GDP 仅衡量市场活动的数量，而不计算其中社会和生态的成本，因此将之用来衡量真正的繁荣，既不合理，又容易产生误导。政策制定者、经济学家、媒体和国际机构应停止使用 GDP 作为进步的指标，并公开承认其缺陷。我们的社会，迫切需要新的进步指标来引导，GPI 是朝这个方向迈出的重要一步。"

GPI 或类似账户的诞生，在当今时代已不可避免，且地位日趋重要。GDP 如果不能得到改良，就必将退回到宏观经济的领域中去，其衡量经济社会进步的功能将被新的指标取代。而在这些新指标中，GPI 无疑是目前最具竞争力的一个。GPI 通过重新测算以往被忽视的社会和环境因素，将有助于测度可持续经济福利。而其之所以被选为测度可持续经济福利的综合性指标，是因为其采用了科学的方法。这些方法能够被更多的国家和地区采用，并且随着时间的推移更便于比较。比如，弗林德斯大学的菲利普·劳（Philip Lawn）教授和迪肯大学的马修·克拉克（Matthew Clarke）教授所著的两本书中曾分别测度、比较亚太地区各国和澳大利亚各地区的GPI；香港浸会大学的戴高德（Claudio O. Delang）教授和余一航（Yihang Yu）研究员所著的书中曾测度、比较中国香港特别行政区和新加坡的 GPI。

总体来看，GPI 虽然还存在一些不足，但其理论基础不断加强，接受范围越来越广，应用程度越来越深，是目前为止衡量可持续经济福利的最好指标。同时，关于 GPI 的新探索不断开展，相关学科快速进步，也使其有条件建立更加有效的指标体系，获得更加优质的数据资源，找到更加合理的测算方法。可以预见，随着经济水平的提升，人类对福利状况的关注必将不断增加，对社会与环境因素必将愈发重视，GPI 的重要性必将日益显著。

****

重新回到我们一直强调的可持续概念上来，即"永续保留享受美好生活的机会"。要兑现这个承诺，就需要建构以可持续为基本规范的发展逻辑，将 SDGs 作为可持续驱动发展转型的载体，通过目标进行治理创新，利用以 GPI 为代表的量化工具推动治理目标的实现。

对于我国而言，实现可持续，需要与国情相结合。一是要坚持走绿色发展道路，以可持续规范本质为准则，协调发展与自然系统间的关系；二是要通过创新实现可持续驱动的发展转型，从资源集约型发展方式转变为依靠人力资本和知识资本的高质量发展。从长远来看，SDGs 是推动治理领域接纳更为规范的可持续共同准则的重要载体。在 SDGs 的基础上，政府可以通过制定相应政策，根据现实需要改革体制机制，推动社会治理创新，以及测算可持续经济福利指标——GPI 等方式，沿着可持续驱动的发展与治理之路前行。

"真实进步指标（GPI）译丛"包含的六部著作从可持续理论、可持续发展目标、GPI 的理论与应用等维度出发，全面、系统地对可持续及其驱动的发展转型与治理创新问题展开了严肃论述，向广大读者展现了国际上在可持续与 GPI 研究领域的专业经验。希望丛书的出版能够让更多的中国读者了解新兴、前沿的可持续理论，以及基于此的经济福利测度、社会发展与治理逻辑。最后，书稿成功付梓，要感谢诸位作者的信任，也要感谢北京师范大学同事们的鼎力支持。由衷希望丛书的内容能够对大家有所启发，并推动中国 GPI 理论研究与实践的更好开展。

关成华

2020 年 2 月于北京师范大学

中文版序

　　获悉我所编著的《日新为道：通过可持续发展目标促进治理创新》现被译成中文，深感荣幸。这也是本书第一次被翻译成外文出版发行，由衷感谢北京师范大学关成华教授、林永生副教授及其同事们。作为一名日本人，我深知对于不以英语为母语的人来说，阅读英文文献相当困难，且速度缓慢。所以，这本译著将非常有助于让更多的中国读者接触和了解此书。我希望本书的日文版也能效仿中文版这一很好的先例尽快问世。

　　SDGs（Sustainable Dvelopment Goals，可持续发展目标）是全世界共同的语言，它用一种具体的语言明确界定了至少到 2030 年的可持续发展。这是 SDGs 尤为重要的作用之一。尽管可能有许多不同的方式去实施 SDGs，但我们彼此之间现在可以有一个通用的对话交流工具。关于目标 1 的一些好的实践，可以传递给那些需要采取措施促进减贫的人士，或者说他们彼此之间可以通过相互学习，调查研究成功或失败的经验教训。

　　SDGs 另一个比较重要的方面是彼此之间的相互关联。SDGs 呈现了可持续发展议题的复杂性，这意味着虽然切入点可能会是某个可持续发展目标，但其原因和效果在行动中通常会具有不同的表现形态。例如，如果有一种解决方法需要综合目标 1、目标 3 和目标 7，那么我们可以凭此学习同时实现多重效益的途径。我们的挑战在于，实现一种目标的途径不能危及其他目标的达成。

　　SDGs 诸多治理维度带来全球治理的新挑战——通过目标进行全球治理。SDGs 的与众不同之处就在于它的创新，它首先设定各个目标及其子目标，而不是强调其在全球层面的实现机制。这种方法与传统意义上"通过规则来治理"的方法形成了鲜明对比，规则制定通常一开始并不太关注我们需要实现何种水平的理想抱负。"通过规则来治理"尽管重要，但是我们应认识到，仅凭这种方法并不能解决我们正在面临着的名为"可持续发展"的巨大挑战。我们在应对贫困与饥饿问题的同时，还应解决气候变化、生物多样性问题。意识到应该实现何种目标与思考我们应该如何采取行动同等重要。因此，治理创新应运而生。

　　要实现 SDGs，193 个国家可能就有 193 种不同做法。SDGs 提供了一个巨大的机会，各国可竞相开展治理创新。我希望本书可以促进中国的治理创新。

蟹江宪史（Norichika Kanie）

2019 年 5 月　藤泽，日本

缩略表

ECOSOC 联合国经济及社会理事会(United Nations Economic and Social Council)

FAO 联合国粮食及农业组织(UN Food and Agriculture Organization)

GAVI 全球疫苗免疫联盟(Global Alliance for Vaccines and Immunization)

GDP 国内生产总值(Gross Domestic Product)

GNP 国民生产总值(Gross National Product)

OECD 经济合作与发展组织(Organisation for Economic Co-operation and Development)

SDSN 可持续发展解决方案网络(Sustainable Development Solutions Network)

UN 联合国(United Nations)

UNCED 联合国环境与发展大会(United Nations Conference on Environment and Development)

UNDP 联合国开发计划署(United Nations Development Programme)

UNECE 联合国欧洲经济委员会(United Nations Economic Commission for Europe)

UNEP 联合国环境规划署(United Nations Environment Programme)

UNESCO 联合国教科文组织(United Nations Educational, Scientific and Cultural Organization)

UNGA　　　联合国大会(United Nations General Assembly)

WHO　　　世界卫生组织(World Health Organization)

WTO　　　世界贸易组织(World Trade Organization)

目　录

第1部分　作为治理战略的目标设定

第2部分　以史为鉴

第 3 部分　运营挑战

表目录

第1章 引言：基于目标设定的全球治理

蟹江宪史(Norichika Kanie)，史蒂文·伯恩斯坦(Steven Bernstein)，
弗兰克·比尔曼(Frank Biermann)，彼得·M. 哈斯(Peter M. Haas)

2015 年 9 月，联合国大会(United Nations General Assembly)将可持续发展目标纳入《改变我们的世界：2030 年可持续发展议程》(*Transforming Our World：The 2030 Agenda for Sustainable Development*，UNGA，2015，以下简称《2030 年可持续发展议程》)。当年是千年发展目标的收官之年，可持续发展目标在此基础上提出，目标范围有所扩展。联合国一直致力于促进经济、社会发展与环境可持续的统一，而可持续发展目标将三者纳入同一"可持续"发展议程中，标志着联合国在可持续发展方面的历史性转折，也标志着全球治理与政策开始了以目标设定为核心的大胆尝试。政府机构对目标设定的热情很高，但他们关于目标设定前景及局限性的认识并不充分，难以上升到治理战略层面。本书旨在通过对可持续发展目标与可持续发展治理面临的挑战进行详细研究，以弥补这种知识差距。

就全球政治、发展或地球系统治理而言，目标设定和可持续性都不能称为新途径。与其他影响深远的国际组织一样，联合国坚定地致力于正义、平等与和平(消除战争)等更广泛的目标。大量多边协议及国际组织项目也采取了目标设定的方法(Ruggie，1996；Williams，1998)。同时，"可持续发展"和"可持续性"，也是 1992 年联合国环境与发展大会(如"里约地球峰会")、2002 年世界可持续发

展峰会和 2012 年联合国可持续发展大会（如"里约＋20"）的基本概念。但可持续发展目标比这些早期的努力更胜一筹，其概念的内容得到了丰富，每一个目标下面都设有子目标，并被用来构建更广泛、更统一和更具变革意义的《2030 年可持续发展议程》。

这一目标导向的议程，并不是千年发展目标未完成议题的简单延续，而是旨在以消除贫困和社会包容为核心使命，构建普遍综合的行动蓝图，以应对 21 世纪日益增长的经济、社会乃至全球局势的复杂性。有人猜测，目标设定可能是一种谋略，旨在逃避千年发展目标所做的承诺。有人质疑，可持续发展目标中有关可持续发展的特殊构想，未必能为包含人权、社会与政治包容、良好治理在内的综合议程提供坚实基础（Browne，2014）。作为一种野心勃勃但充满不确定性的政治承诺，可持续发展目标究竟能否有效动员政治、经济领域的相关人员，组织实现这些目标所必需的资源？由此提出了三类问题，本书将予以重点探讨。

首先，本书详细研究了全球治理中目标设定的核心特征，探讨了目标设定作为全球治理战略的时机，以及如何通过目标设定进行全球治理，这些目标不同于其他如制定规约或提高标准等途径。其次，各章节分析了在何种情况下通过目标设定能够确保实现预期目标，从其他早期的目标设定，特别是千年发展目标中能够吸取哪些经验教训，哪些治理方略可能促进新的可持续发展目标的实现。最后，本书分析了通过目标设定进行全球治理以提高可持续性可能遇到的实际困难和操作挑战，也预测了这个颇具挑战的新议程的实现前景。

每个章节与这些问题均有关联，但侧重点各有不同。第 2 章至第 5 章侧重问题一；第 6 章至第 8 章侧重问题二；第 9 章至第 12 章侧重问题三，主要探讨目标实现，以及在全国乃至全球范围内推行可持续发展目标所面临的实践挑战。

除了在全球推进可持续发展外，可持续发展目标本身作为一种新型全球治理模式，也是研究的重要内容。千年发展目标的成功（本书诸多章节对此均有认真的评估），为把目标设定上升为治理战略做了铺垫。如今，可持续发展目标这一战略的重要性已经大大提升，这在某种程度上得益于可持续发展目标产生的程序公开，而且有高级别政治领导人的参与。

虽然千年发展目标的制定吸取了联合国等国际合作成果的经验，而且 2000 年的联合国千年首脑会议（United Nations Millennium Summit）也吸取了政府及联合国机构的意见，但是 8 项简明的千年发展目标及子目标并非谈判的结果（参见附录 1），其具体构想是由联合国秘书处提出的（McArthur，2014）。可持续发展目标的提出则有所不同：各国政府细细掂量、频频协商两年有余，多方利益主体协商的规模或创联合国历史之最。可持续发展目标并非唯一，但是它们构成了 2015 年 9 月联合国大会通过的新议程——《2030 年可持续发展议程》的核心（UNGA，2015，详见表 1-1）。

表 1-1 可持续发展目标最终版

目　标	内　　　容
目标 1	在全世界消除一切形式的贫困
目标 2	消除饥饿，实现粮食安全、营养改善和促进可持续农业
目标 3	确保健康的生活方式，增进各年龄段人群的福祉
目标 4	确保包容和公平的优质教育，让全民终身享有学习机会
目标 5	实现性别平等，保障所有妇女和女童的权利
目标 6	为所有人提供水和环境卫生，并对其进行可持续管理
目标 7	确保人人获得负担得起的可靠的和可持续的现代能源
目标 8	促进持久、包容和可持续的经济增长，促进充分的生产性就业和人人获得体面工作
目标 9	建造具备抵御灾害能力的基础设施，促进具有包容性的可持续工业化，推动创新
目标 10	减少国家内部和国家之间的不平等
目标 11	建设包容、安全、有抵御灾害能力和可持续的城市及人类住区
目标 12	采用可持续的消费和生产模式
目标 13	采取紧急行动应对气候变化及其影响*
目标 14	保护和可持续利用海洋和海洋资源，以促进可持续发展

续表

目　标	内　容
目标 15	保护、恢复和促进可持续利用陆地生态系统，进行可持续森林管理，防治荒漠化，制止和扭转土地退化现象，遏制生物多样性的丧失
目标 16	创建和平与包容的社会，促进可持续发展，为所有人提供公平的机会，并在各级建立有效、负责和包容的制度
目标 17	加强执行手段，重振可持续发展全球伙伴关系

注：* 指《联合国气候变化框架公约》缔约方会议确实开创了政府间协商，全球应对气候变化国际性会议的先河。

来源：UN General Assembly. 2015. Transforming Our World：The 2030 Agenda for Sustainable Development. Draft resolution referred to the UN summit for the adoption of the Post-2015 development agenda by the General Assembly at its sixty-ninth session. UN Doc. A/70/L. 1 of September 18.

这项包罗万象的议程是大量谈判协商的结晶，吸收了许多相关国际工作的成果，包括 2015 年的第三届发展筹资国际会议（The Third International Conference on Financing for Development，UN，2015，参见第 11 章）和第三届降低灾害风险世界大会（The Third World Conference on Disaster Risk Reduction）。它甚至囊括了其后从 2015 年第 21 届联合国气候变化大会（COP21）至《联合国气候变化框架公约》（United Nations Framework Convention on Climate Change）缔约方会议的成果，即《巴黎协定》（Paris Agreement）。联合国秘书长对《2015 年后发展议程》（The Post-2015 Development Agenda）提供的资料进行综合报告之后，2015 年政府最终协商即拉开帷幕，旨在梳理各项成果，达成共识（UN，2014b）。

《2030 年可持续发展议程》也注重目标实现的方法。该议程认为，可持续发展目标的实现，不仅需要联合国系统做出更大的努力，而且需要积极调动政治支持与各项资源，包括区域或国家层次的民间团体、金融界与企业界人士。总而言之，从《改变我们的世界：2030 年可持续发展议程》的名称就可以看出，可持续发展目标的宗旨就是"改变我们的世界"。

在本章的剩余部分，我们确定了相关研究主题，用以评估可持续发展目标这一宗旨的条件、挑战与前景：第一，从全球治理战略的角度来探讨目标设定；第二，将可持续发展目标置于时代背景中，讨论其必须面临的现代挑战的独特本质，并回顾可持续发展治理的历史、政治背景，包括从最初的规则导向到倾向于目标导向的演变，以及早期的千年发展目标；第三，回顾可持续发展目标的商讨历程；第四，详细讨论并阐释如何围绕上述三大问题，安排本书的篇章结构。

1.1　作为全球治理战略的目标设定

为了促进目标的实现，政府和其他政治团体将这些目标上升到全球层面，确定、宣传共同的期望与追求，至少要表明其实现目标的决心。各国政府通过会议声明、首脑会议和联合国大会等形式，采纳全球性目标，表明他们实现目标的意愿或承诺。因此，目标往往要包含量化目标与时间框架，以便把控实现进度。本书第 2 章对此做了详细论述，突出目标设定作为一种战略，重在防止出现短期主义倾向，那样会影响人们对长远目标的关注。

然而，目标设定仍是一项有争议的治理策略。分析师们在其效用与效益上产生了分歧。许多国际律师支持使用期望型规范，促使各国承担道义责任。其他人则关注目标设定对于正式制度机制的基础价值，认为其可以促进制度的传播并加强对违反者的制裁。然而，政治"现实主义者"往往对目标设定不屑一顾，并认为它不过是对未达成有效约束性多边协议的粉饰。翁德达尔和金（Underdal and Kim，详见第 10 章）指出，17 个可持续发展目标一揽子计划和《2030 年可持续发展议程》的通过，"不足为优先考虑稀有资源提供指导"，而且并没有相应国际制度来确保问责性。当然，他们及其他一些学者（参见第 9 章、第 11 章、第 12 章）虽然在态度上有不同程度的保留，但都明确强调了制度方面的进展与资源动员方面的努力，有些甚至开始从不同层次对目标实施进行了具体部署。

有些人要么将目标视为独立的追求，要么视其为长期承诺和实际行动的基础。从某种程度上讲，这样的对立是不成立的。起初自成体系的目标，之后可能产生相应的机构属性(Szasz，1992)。例如，《大西洋宪章》(*Atlantic Charter*)中的共同目标，在诞生联合国的敦巴顿橡树园会议上得到了正式的机制性补充。对国际人权的追求也经历了类似的逻辑演变，诸多非政府机构与国际机构倡议各方更好地遵从约定，并对其进行监督，各国政府日益卷入其中(Simmons，2009；Hafner-Burton，2013；Sikkink，2011)。

一般而言，国际目标的设定分为以下三种情况。

第一种目标往往只是一种追求，或者说是单纯期望型目标。这些目标可能是少数国家希冀获取长期支持的表现，可能体现了共同期望及更普遍的共识，而这些共同期望由政府承担道义责任。比如，19世纪的废除奴隶制和人权(Sandholtz and Stiles，2009)，或1992年在里约热内卢召开的联合国环境与发展大会上提出的所谓"20/20"契约(Speth，1992)，契约规定发展中国家减少20%的温室气体排放，发达国家增加20%的国外援助。单纯期望型目标往往具有单边效应，因为政府通常会遵从信念而做出选择。将全球变暖涨幅控制在工业化之前水平的2℃以内的目标，就是其中一例。该目标起初是欧盟协议的一部分，之后是八大经济体宣言的一部分，最终成为1992年《联合国气候变化框架公约》成员国2009年达成的《哥本哈根协议》(*Copenhagen Accord*)的一部分。该目标对公约第二条，即"将大气中温室气体浓度稳定在防止气候系统受到危险的、人为干扰的水平"进行了细化，并测度了其中的抽象目标。

第二种目标，起初是一种追求，而后有相应正式机构提供支持并负责实施与协调。这种目标一经确立就会付诸实践，非常具有号召力，而且会有相应机构随之形成与发展(见第2章)。千年发展目标就是一个例子。它最初就是单纯期望型目标，随后联合国秘书处制定了一套衡量其成果的指标。国际环境法中亦有很多类似例子，最初相关公约只是宽泛地表明期望，之后形成更明确、更可行的草案。即便没有达成一致的具体承诺，但正如扬(见第2章)所述，多边协议可能引入明确的监管机制来实施目标，比如，鉴定濒危物种或可持续产出水平的程序。这种目标往往可以阐明容易被忽视的问题。

第三种目标往往与相应（通常为新建）组织及机构密切相关。这种目标在原则上的共识往往是广泛而深刻的，足以促使政府为目标实现制定相应机制。如布雷顿森林机构（Bretton Woods Institutions），再如 1972 年联合国人类环境会议之后创建的联合国环境规划署（United Nations Enviroment Programme，UNEP），为跟进 1992 年联合国环境与发展大会上通过的《21 世纪议程》（Agenda 21）而成立的可持续发展委员会，以及可持续发展的后续——2012 年成立的全球环境与发展领域的可持续发展高级别政治论坛（High-level Political Forum on Sustainable Development，以下简称"高级别政治论坛"），只是该论坛的举办先于可持续发展目标深层共识的达成。这些目标往往包罗万象，没有量化指标，相应的机制也在目标跟进或制度制定方面各有特色。

可持续发展目标具备以上三种目标的部分特征，且以前两种特征居多。因为高级别政治论坛并非明确的执行机构，迄今为止，其权威性仍然不够（或未经验证），而且直接用于实现目标的资源较少，反而需要多方成员及各层中介机构跟进，进行政治动员和资源调配（详见第 3 部分）。可持续发展基础规范（Grundnorm），或称"基本规范"（basic norm，见第 3 章）的提出，也许有机会创造规范性共识。依据第三类目标的设定，也可以有策略地运用《2030 年可持续发展议程》（UNGA，2015）创造这一机会。

1.2　可持续发展目标的背景

尽管可持续发展目标具有明显的政治背景，并取代了此前的千年发展目标，但是它们也应当被看作全球治理 30 年发展历程中的最新进展。而这一进展是以可持续发展概念的普及为起点的。本节主要对可持续发展进行概念梳理与历史回顾。

1.2.1 可持续发展演变为规范性目标

治理模式逐步从传统规范推广与规则制定转向其他新型治理机制，目标设定就尤为重要。尽管促成这一转变的原因是多方面的，但是全球治理的总趋势是无可争议的（Pauwelyn，Wessel，and Wouters，2014）。出于可持续性考虑，各国政府与相关利益主体发现，传统规则制定模式具有局限性和复杂性，因此，他们日益倾向于采用新的治理模式（Kanie et al.，2013）。

此外，随着时间的推移，起初相互独立的环境和发展议程逐步达成共识，承认环境、社会和经济之间相互依存的关系。1987 年，世界环境与发展委员会（又称为"布伦特兰委员会"）第一次阐述了可持续发展得到广泛认可的愿景，即该发展"既能满足当代人的需要，又不对后代满足其需要的能力构成危害"。这一定义即便在具体政策中很难定义与测度，但仍作为可持续发展概念的参考被沿用了数十年。不过，这一定义不仅成功强调了可持续发展中经济、社会与环境维度的统一，而且超越了当代人类福祉的局限，实现了代际公平的考量，引入了发展的时间维度。

1992 年在里约热内卢召开的联合国环境与发展大会为国际社会采取措施解决可持续发展议题提供了政治契机。然而，它对可持续发展的解读是依据当代特定的政治和经济背景，基于完全自由的经济秩序的，主要聚焦于可持续发展概念中的环境与发展维度。实际上，该解读优先考虑经济增长，并认为市场规范与机制是确保在发展的同时兼顾环境保护的最佳手段（Bernstein，2001）。具体而言，各国政府在里约热内卢签署了两大有关气候变化与生物多样性的多边协议，即《里约环境与发展宣言》(Rio Declaration on Enviromental and Development)与《21 世纪议程》。前者提出了环境与发展措施的原则，后者详细规划了有关解决可持续发展问题的举措。可持续发展委员会的成立，旨在跟进会上所做的约定，尤其是《21 世纪议程》中的承诺。

十年之后，2002 年于约翰内斯堡举办的世界可持续发展峰会，评估了《21 世纪议程》的实施情况，并借助《约翰内斯堡行动计划》（*Johannesburg Plan of Implementation*），呼吁大家采取进一步举措。不过，该峰会并没有提出新的协议，反倒将所谓的"II 类成果"（type II outcomes）——多部门公私合作，提升为实施议程的主要手段。评估结果显示，此类合作往往成败参半：诸多合作缺乏清晰的量化目标与制度监督或评价体系；妇女、土著、青少年和农民等边缘群体的话语权明显不足；相对而言，鲜有合作伙伴真正努力实施政府间的约定（Biermann et al.，2007；Bäckstrand et al.，2012；Pattberg et al.，2012；Bäckstrand and Kylsäter，2014）。2002 年世界可持续发展峰会前后，联合国提出的可持续发展概念逐步完善，囊括经济、环境与社会三大"支柱"。

2012 年联合国可持续发展大会也没有针对制度规定进行协商，而是将其重心从伙伴关系扩大到对包括各种新型治理、执行机制等在内诸多因素的考量，这些机制涉及各国政府、各类利益相关者，以及各级组织团体的共同参与协作。这次大会比以前的首脑会议更加重视可持续发展的社会层面，强调整合三个维度的重要性，反映了基于《2030 年可持续发展议程》治理体系日益复杂化的现实，而在可持续发展议程治理中，联合国不过是诸多节点中的一个。因此，2012 年联合国可持续发展大会所认可的主要推行措施，包括峰会上的 730 项自发约定，以及政府、跨国机构、合作伙伴、行动网络与民间组织所制定的 700 项规约。

1.2.2　先驱——千年发展目标

在 2002 年约翰内斯堡首脑会议前后，各国政府还就千年发展目标达成共识，而千年发展目标被广泛视为当前可持续发展目标的前身。千年发展目标是 20 世纪 90 年代相关议程的成果，起初旨在增加发展援助的效力。20 世纪 90 年代，联合国、经济合作与发展组织通过了一系列国际发展目标（International Development Goals），部分目标最终被纳入 8 个千年发展目标中，和起初的 18 个子目标、48 个指标一起，列入了 2001 年 9 月联合国秘书处编写的"路线图"附录中。该路线图附属于 2000 年的《联合国千年宣言》(*UN Millennium Declaration*)，已经纳入了若干具体目标(Manning，2010；Jabbour et al.，2012；Loewe，2012)。千年发展目标曾以引导 2015 年之前的全球及国家政策为宗旨。2005 年，基于跨部门专家组的工作，千年发展目标清单有所扩展，最终确定了 21 个子目标与 60 个指标(Manning，2010)。

与新设立的可持续发展目标相比，千年发展目标的局限性十分明显。一方面，千年发展目标只涵盖了可持续发展议程的一部分，即消除极端贫困和饥饿；普及初等教育；促进两性平等，并赋予妇女权利；降低儿童死亡率，改善产妇保健；与艾滋病病毒/艾滋病、疟疾和其他疾病做斗争；确保环境的可持续性等。而这一切都是通过建立全球发展伙伴关系实现的。当下的可持续发展目标中，更为核心的环境与地球稳定问题，仅在目标 7 中有所提及。这一目标具体分为 4 个子目标：遏制自然资源退化，减少生物多样性的丧失，增加安全饮用水和基础卫生设施的供给，改善贫民窟。

与当下的可持续发展目标不同，千年发展目标主要针对发展中国家，工业化国家则主要作为多边和国家发展机构的资助者(仅在目标 8 中有所表述，全球合作，促进发展)。此外，千年发展目标虽然借鉴了之前的政府间会谈、联合国内外协商的内容，参考了各国政府的数据资料，但是它们并非基于联合国大会多数通过的正式决定，而是由联合国秘书处基于联合国千年首脑会议的背景构建的。

千年发展目标的制定与落实，既提供了宝贵的经验，也留下了需要吸取的教训。经验方面，千年发展目标成功地吸引了人们对这些问题的关注，得到了相应的支持，并以简洁易懂的方式进行了传播。千年发展目标取得的进展是多方面的，包括大幅度降低极端贫困的水平，减少初等教育中的性别歧视及普遍的性别不平等问题。而在减少疟疾相关疾病、增加安全饮用水供给与调动财政资源等方面的进展，主要基于千年发展目标 8——"建立促进发展的全球伙伴关系"。

不过，千年发展目标也遭到了一些批评。本书第 6 章至第 8 章探讨了部分批评意见。有些批评针对不同目标的落实状况之间的差距，有些批评针对不同区域的目标实施进展之间的差距。千年发展目标也没有清晰阐明全球目标与国家或地方目标之间的联系与优先顺序。部分原因在于，联合国秘书处将千年发展目标设定在全球层面，强调集中精力，宏观把控目标实施进度，但这些宏观把控未必可以促进国家或地方层面对具体需求的关注与资源分配（Sumner，2009；Shepherd，2008；Browne，2014）。矛盾的是，依据量化指标衡量千年发展目标进展的能力，可能会抑制依据量化指标衡量可持续发展目标的能力。事实上，可持续发展目标的最终版本反复强调国家所有权、分类数据与量化的重要性，强调对国家或地区能力与环境差异的考量，鼓励在国家层面制定子目标，以及为在国家层面提出补充指标留下余地，这也反映了各国在协商过程中对"一刀切"方法的再三担忧。

　　还有些批评认为千年发展目标缺乏包容性。千年发展目标主要侧重《联合国千年宣言》的三大项："发展与消除贫穷""保护我们共同的环境"和"满足非洲的特殊需要"。将这些问题制定成一组简单易记、简洁明了的目标，难免遗漏了其他问题。福田（Fukuda-Parr，2014）指出，千年发展目标遇到了"意想不到的后果"，转移了人们对其他重要议题和目标的关注。也有一些批评直指千年发展目标的本质。因为千年发展目标是基于结果取向的管理模式制定的，诸如人权、平等与执政效能等难以量化或者有争议性的议题则被排除在外。即便是已被囊括进来的子目标，或声称的千年发展目标与进程衡量标准之间的普通关联，都被证实是值得商榷的（Alston，2005；Hulme，2007；Nelson，2007；Vandemoortele and Delamonica，2010）。例如，有人认为，貌似取得的一些成就，特别是经济与消除贫困目标方面的成就，实质上更多地依赖于新兴经济体在千年发展目标期间的经济繁荣（见第 7 章）。

1.2.3　整合经济、社会与环境政策

　　尽管新的可持续发展目标貌似取代了千年发展目标，也因此明

确吸纳并继承了千年发展目标中消除贫困这个核心目标，但是千年发展目标并非本书概念探讨的起点。我们认为，可持续发展目标应对全球问题的方法与千年发展目标在本质上有所区别，前者肯定了人类社会与社会生态系统之间相互依赖的关系（见第3章）。可持续发展目标的目的，是捕捉问题之间的相互联系，也就是说，它们鼓励对全球问题采取综合系统的方法。

这一区别至关重要。越来越多的证据表明，地球系统已经进入了人类世（the Anthropocene）的新时代，即人类正在从本质上改变地球系统（见第3章）。人类已然对自然系统产生系统性影响，人类系统很难从其获取重要资源的自然系统脱身。鉴于这一历史性、系统性的转变，第3章探讨提出可持续发展基础规范（或基本规范），并将其制度化，以增强可持续发展目标的可能性。它将有赖于一些尊重地球边界（planetary boundaries）的理念，也仍然肯定"人人享有改善福祉的权利"。

同时，可持续发展目标也是政治成果的体现。如前所述，正如其他许多章节所指的，"可持续发展"概念本身就反映了颇具创意的模糊性，即便是把经济、社会与环境目标整合起来的尝试，也反映了自1992年里约首脑会议以来，二十多年的全球谈判和妥协。可持续发展目标明确声称要"整合"并"平衡"经济、社会与环境目标，确保三者之间的"相互联系"。但是，由于这些转变都回避了实践中关于最终基础的政治争论，所以引发了各方能否达成一致议程的质疑。例如，伯恩斯坦（Bernstein，详见第9章）指出，可持续发展目标的第8项，呼吁"持久的"和"可持续"的经济增长与就业，但并未提及地球边界。此外，各方已努力尝试在有关"增长"目标的协商中引入"地球边界"这一概念（Earth Negotiations Bulletin，2014），相应的发展目标也论及了保护自然资源或不同维度的可持续发展政策一致的重要性。例如，目标12.2指出，"截至2030年，实现可持续管理并有效利用自然资源"；目标17.14论及实施手段，指出这种手段应该"加强可持续发展政策的一致性"。

本书各章都强调了系统地采取综合措施落实目标将会面临的挑

战。这些挑战来自诸多方面，比如，将跨领域的治理改善并入多层次实施计划的问题（见第 4 章），构建完整的、系统导向的评估与目标实施体系的问题（见第 5 章），以及用整体性方法解决共识度不同领域的问题时所面临的挑战与机遇，包括教育和城市可持续性等取得较低规范性共识的问题（见第 6 章），食品或饮用水安全等取得较高共识的问题（见第 8 章、第 12 章），或公共卫生等取得不同程度共识的问题等（见第 7 章）。安德森和井口（Andresen and Iguchi）也认为，千年发展目标的未竟部分，源自问题结构与体制解决方案之间的"不适应"或不匹配，特别是千年发展目标在环境方面的表现不佳。虽然其目标 7 承认了环境问题，但是总体而言，千年发展目标孤立地看待环境问题，未能体现经济、社会和环境问题之间的相互联系。除卫生目标有所改善外，鱼类种群数量仍在下降，森林砍伐仍以惊人的速度持续上升，全球温室气体排放量持续增加（UN，2013）。综合方法的重要性也在科学文献中得到强调（Biermann，2014；Griggs et al.，2014；Kanie et al.，2014；Stafford-Smith et al.，2016）。对于系统耦合关系认识的加深，以及对综合性政策的需求，凸显了自千年发展目标以来，人们对全球性问题认识理解上的变化。

　　总之，人们不断意识到所取得的进展尚存不足，全球相互依赖性与复杂性不断增加，而应对这些复杂挑战，需要不断变革人类行为与治理体系。可持续发展目标就是在这样的背景下提出的。千年发展目标的经验有助于提供参考和借鉴，打破实施可持续发展政策的僵局。可持续发展目标不仅得到了南北国家的广泛支持，而且在诸多利益相关者之间也反响良好。聚焦可持续发展目标，还可避免再解决大量分歧，这些分歧曾对许多论坛上多边协议的达成造成很大障碍，进而不利于形成有约束力的承诺，也不利于在从贸易到气候变化等许多议题上取得进展（Hale，Held，and Young，2013；Bernstein，2013）。同时，经过 40 年的努力，将可持续发展纳入"千年发展目标"和主流发展议程（尤其注重消除贫困），现在也许能为从本质上整合环境与发展提供新契机。事实上，作为更广泛、更普遍的可持续性议程的一部分，新的可持续发展目标及其在《2015 年后发展议程》中的中心地位，可能标志着人们向一种国际发展的新认识的转变，至少在联合国层面是如此。

1.3　协商可持续发展目标

2015 年 9 月，联合国成员国正式通过《2030 年可持续发展议程》，现对其协商进程做简要回顾。2011 年 7 月 19 日至 21 日，可持续发展体制框架高级别对话在印度尼西亚的梭罗举行。在危地马拉和阿拉伯联合酋长国的支持下，哥伦比亚政府在对 2012 年联合国可持续发展大会的展望中，率先提议制定可持续发展目标。筹备阶段的各大论坛上，与会成员均表达了对可持续发展目标的浓厚兴趣。2011 年 11 月，30 个国家的代表齐聚哥伦比亚首都波哥大，就可持续发展目标进行了非正式会谈。他们认为，2012 年联合国可持续发展大会是就可持续发展达成一致政治承诺的重要契机，同时需要制定具体方案以支撑承诺，确保 1992 年的《21 世纪议程》和 2002 年的《约翰内斯堡行动计划》的实施。他们强调了通过目标导向框架促进政府与机构合作，以实现共同目标的重要性。

7 个月后，联合国可持续发展大会最终通过了《我们想要的未来》（*The Future We Want*），而可持续发展目标就是这一文件的核心。可持续发展目标占据该文件的 7 个段落（见附录 2，第 245 段至第 251 段），而且很多人认为，就逐步制定全球可持续发展目标达成一致，"是此次大会最重要的政治决定之一，因为该决定在促进制定《2015 年后发展议程》方面具有重要作用"（Earth Negotiations Bulletin，2012）。

《我们想要的未来》要求可持续发展目标具备以下特征：以行动为导向；言简意赅，易于传播；数量有限；雄心勃勃；面向全球；普遍适用于各个国家，顾及各国现实、能力与发展水平，尊重各国的政策与优先事项。该文件还指出，制定目标的进程，需要与《2015 年后发展议程》"协调一致"。

在 2012 年联合国可持续发展大会协议缔结的过程中，可持续发展目标的制定吸引了谈判方最多的关注（Earth Negotiations Bulletin，2012）。最初，各国政府在若干问题上出现分歧。比如，欧盟主张以科学为基础推进进程，但是，许多发展中国家在全球科学评估过程中的代表性不足，因而提议引入政务专家（Earth Negotiations Bulletin，2012）。各国政府最终达成妥协，同意制定"政府之间包容、透明的可持续发展目标进程，面向所有利益相关者开放，以期制定全球可持续发展目标，最终在联合国大会通过"。五大联合国区域集团提名30 位代表，组成开放工作小组（Opening Working Group），以确保"公平、公正和地域代表性均衡"。按照计划，2012 年的第 67 届联合国大会理应成立开放工作小组，但是政府间有关 30 位代表的遴选与第一次开放工作小组会议程序的协商耗时之久，超出预期。2013 年1 月 22 日，联合国大会于第 67/555 号决议最终敲定了开放工作小组的成员名单。6 个席位由 6 个国家单独占据，分别是贝宁、刚果、加纳、匈牙利、肯尼亚和坦桑尼亚。9 个席位每个由 2 个邻国共享，共享的国家有：巴哈马和巴巴多斯，白俄罗斯和塞尔维亚，巴西和尼加拉瓜，保加利亚和克罗地亚，哥伦比亚和危地马拉，墨西哥和秘鲁，黑山和斯洛文尼亚，波兰和罗马尼亚，赞比亚和津巴布韦。14 个席位每个由 3 个国家共享，共享的国家有：阿根廷、玻利维亚和厄瓜多尔，澳大利亚、荷兰和英国，孟加拉国、韩国和沙特阿拉伯，不丹、泰国和越南，加拿大、以色列和美国，丹麦、爱尔兰和挪威，法国、德国和瑞士，意大利、西班牙和土耳其，中国、印度尼西亚和哈萨克斯坦，塞浦路斯、新加坡和阿拉伯联合酋长国，圭亚那、海地及特立尼达和多巴哥，印度、巴基斯坦和斯里兰卡，伊朗、日本和尼泊尔，瑙鲁、帕劳和巴布亚新几内亚。最后一个席位将由阿尔及利亚、埃及、摩洛哥和突尼斯 4 个国家共享。实际上，只有少数共享成员在进行干预时协调彼此的利益，多数国家仅从自己的利益出发，因此，开放工作小组之间的协商实际上更为"开放"，30 个官方成员形同虚设，将近 70 个国家均热衷于可持续发展目标的制定工作。这种形式有利于缓和传统的南北矛盾，至少在谈判的最后阶段，减少了以往联合国会议中常见的结盟现象，为每个国家提供了为自己发言的机会。

开放工作小组的第一次会议于 2013 年 3 月在联合国总部纽约召开，肯尼亚的马查里亚·卡马乌（Macharia Kamau）和匈牙利的乔鲍·克勒希（Csaba Kőrösi）当选为联合主席。前八次会议主要就各种专题交换意见和想法，会议也邀请了科学家和有关专家提供建议。漫长的评估阶段工作为与会人员提供了多种学习机会，有助于可持续发展目标超越传统外交语言而引入很多新的概念。2014 年 2 月 21日，联合主席提交了一份有 19 个"重点"的文件，该文件整合了评估阶段的讨论内容，为随后 5 个月之久的谈判打下了基础。

在这些谈判中，可持续发展目标的总数在 16～19 个之间浮动（Bauer，Dombrowsky，and Scholz，2014）。依照"精简、凝练"的要求，与会代表多次尝试减少目标数量。此外，联合国资助的一些报告也提出了较短的目标清单。例如，时任联合国秘书长潘基文（Ban Ki-moon）成立的"2015 年后联合国发展议程高级别名人小组"（High-level Panel of Eminent Persons on the Post-2015 Development Agenda，以下简称"联合国高级别名人小组"），提出了 12 个目标（High-level Panel，2013）；时任联合国秘书长建立的可持续发展解决方案网络，于 2013 年 6 月提交的报告中提出了 10 个目标（Leadership Council of the Sustainable Development Solutions Network，2013）。最终，开放工作小组达成一致，提出 17 个目标（169 个子目标），待联合国大会审议（UN，2014a）。

这一成果也吸取了时任联合国秘书长潘基文提交的综合报告《2030 年享有尊严之路：消除贫困，改变所有人的生活，保护地球》（*The Road to Dignity by 2030：Ending Poverty，Transforming All Lives and Protecting the Planet*，UN，2014b）的内容，该报告为敲定《2030 年可持续发展议程》终稿的协商会议提供了重要依据（UNGA，2015）。值得注意的是，它声称开放工作小组的成果是"2015 年后政府间程序的主要依据"。部分原因在于可持续发展目标的制定过程非常具有包容性，部分原因在于协定草案是在更广泛的《2015 年后发展议程》深入协商阶段之前进行的，可持续发展目标变动不大，一直都是《2030 年可持续发展议程》及整个进程成果的核心（UNGA，2015）。虽然标题中的"可持续发展"受到若干质疑，一些发展中国家对其语言层面的改动存有争议，但是可持续发展最终获得普遍关注，其更为丰富的概念得以盛行。可以说，正是因为主要的"后千年发展目标"进程在 2013 年结束，开放工作小组又是讨论该议程唯一主要的政府间程序，所以《2015 年后发展议程》才能在 2013—2014 年的可持续发展目标框架中获得讨论。这一时机也有助于将"可持续发展"提升到主流的国际"发展"议程中。

1.4　关于本书

可持续发展目标的历史和现状，是本书所述问题的产生背景。此前，从未有过旨在推动全球治理议程的、详细而宽泛的目标及子目标清单。这些目标的特点使相关研究极其多产且富有挑战性。可持续发展目标比此前的那些努力更为具体，其在传播过程中较少依赖于进一步的规则制定。它们通常表现为宽泛的目标形式，附有便于衡量的子目标、便于观察的指标及进度跟踪程序。不过，目标实现与否对目标参与者并没有直接影响。目标旨在实现主要子目标，需要动员诸多参与者及相关部门。可持续发展目标为评估目标进展和成效提供了基准，但没有制定具体的责任、义务或相关的合作机制来引导各行为主体改变行为。

可持续发展目标并不遵循宏大目标的典型模式，后者通常会形成明确的规则或规制。相反，可持续发展目标下的子目标，或凭借其机构与机制重申现有规则（例如，在国际条约中阐明），或反映长期发展目标（例如，消除贫困），该目标不断以令人憧憬的条目出现，但缺乏明确的陈述。由此可知，规则制定需要就子目标达成共识。然而，它们也不排除在后续行动中制定规则的可能性，没有国际条约的领域即为特例（诸如可持续消费和生产等）。

可持续发展目标普遍缺乏对规则制定的期望，但并不必然影响其有效性。这意味着，要想让可持续发展目标取得理想结果，找到具体的机制和条件尤为重要。这些都属于治理问题，又将我们带回到此前列出的三大问题。

本书第1部分主要探讨第一大问题，即目标设定的特征、目标设定作为全球治理战略的时机，以及通过目标设定进行全球治理与规则制定或提高标准等治理方法的不同。首先，由扬（见第2章）发起讨论，他强调了制定规则与设定目标作为治理战略的不同之处，也预想了二者并用的可能性。考虑到国际目标设定的缺陷，尤其是缺乏与规则制定之间的联系，扬在其章节末尾提出了若干关于提高可持续发展目标效率的建议，并指出了在目标设定与规则制定之间建立联系对于实现可持续发展目标的意义。

广泛讨论可持续发展目标与此前千年发展目标差异的影响之后，扬及其同事（详见第3章）将重心转移到21世纪界定可持续发展目标的最终目的的基本条件。也许最具争议的是，第3章引入可持续基础规范（"基本规范"）的概念，促使我们认真考虑可持续发展目标中可持续框架的内涵与规范。与此同时，第3章还指出，这同可持续发展目标的政治背景相互对立。

虽然治理被视为实现可持续发展目标的核心，但如何将治理纳入目标本身并在全球和区域层面促进目标的实现，一直都是目标实施与跟进工作的关键挑战。第4章强调了基于二者进行多层次治理的重要性，因此可持续发展目标的进展，需要注意"公平""有效"治理，也需要兼顾联合国一直对"良好"治理（或称"善治"）的关注。需要强调的是，这些治理所关注的问题和此前的《联合国千年宣言》与《2030年可持续发展议程》是基本一致的（Browne，2014；UN，2014b）。该章探讨了每类治理的政治因素，可持续发展目标与之相关的程度，以及它们在不同层面纳入治理机构并为实现目标创造条件的重要性。

任何由目标与子目标构成的治理系统，其根本基础都是量化工作。本书第5章对这方面进行了探讨。品特、科克和阿尔玛西（Pintér，Kok，and Almássy）认为，可持续发展目标声称要体现可持续性，而量化这种整体可持续性问题所面临的挑战，是迫切需要对监测、报告那些早期指标的技术方法进行重新反思，其中包括千年发展目标。为此，他们提出了一个改革议题，即明确考虑如何使量化措施和指标的构成、数据使用与支撑可持续发展目标的政治过渡或转型之间相互作用。

第 2 部分转而回顾将目标作为治理战略的早期实践（包括千年发展目标），尝试从中吸取经验教训。这些章节在第二大问题的框架下，不仅对千年发展目标进展进行评估，还特别关注一些领域的前期努力，这些领域现在被可持续发展目标视为可持续的挑战，并关注这些更为严苛的新目标的实现前景。

目前关于可持续治理前期努力的记录比较复杂，第 6 章尤其突出了这一方面内容，并指出：可持续目标能否有重要举措，主要取决于政治与规范是否一致。该章强调，向可持续性转变，需要达成社会共识，因此社会性学习（social learning）至关重要。但是应该注意，创造条件让科学影响政策及对相关问题做出规范承诺，也许是社会性学习的先决条件。

第 7 章和第 8 章评估了从千年发展目标中汲取的经验教训。安德森和井口（见第 7 章）首先强调，从千年发展目标中吸取教训是个非常重要的问题。考虑到有很多外部因素，而这些有待实现的目标背后又缺乏坚实的因果理论支撑，因此，要想找到目标与成就之间的因果关系颇具挑战。为了突破因果关系评估的诸多限制，他们重点讨论千年发展目标 4"降低儿童死亡率"及其子目标。他们主要关注为此目标成立的全球疫苗免疫联盟（Global Alliance for Vaccines and Immunization，GAVI），以及挪威在与卫生相关的千年发展目标方面发挥的领导作用，以评估国家领导人在目标实现中的重要作用。

山田贵博（见第 8 章）把重点转移到企业界。越来越多的人认识到，企业不仅是实现可持续的目标对象，而且是潜在的合作伙伴。许多人认为，企业对于可持续发展目标的实现起主导作用。饮用水安全是千年发展目标 7 的一部分，全球契约 CEO 水之使命（Global Compact's CEO Water Mandate，以下简称"CEO 水之使命"）是唯一一个联合国发起的有关水资源安全的多方倡议，山田贵博主要讨论其在确保水资源安全方面的问题。考虑到水治理缺乏强有力的、针对国家或公司的国际规则，山田贵博提出了若干策略，例如，激活（动员公司，举办利益相关者论坛等）、协调（千年发展目标 7 与其利益相关者等）和改制（为企业制定激励机制，如水管理制度等）。

本书第 3 部分分析了通过目标进行治理，提高可持续性方面面临的理论与实践挑战，以及实现这一更为严苛的新议程的前景——这也正是本书第三大问题提出的基本政治挑战。

伯恩斯坦在第 9 章一开始就指出，即使可持续发展目标的制定比较完美，也需要适当的治理策略将其扩散、整合到机构与制度中，既包括整个系统内部的扩散、整合，又包括区域、国家与地方层面的扩散、整合。制度和政治挑战将是艰巨的，特别是考虑到可持续发展目标与以前的目标制定工作有很大差别。通过这种新型目标进行治理，需要动员大量公共部门和私营部门参与者，组建广泛多样的联盟，并激励他们为追求目标及其子目标而改变行动。这对实现可持续发展目标非常有必要，因为可持续发展目标的主要目的就是引导社会向可持续性发展并最终实现之。这一挑战要求我们不再将治理视为实施手段，而是要将其视为分析、释放相关执行者与利益主体潜力的必要手段。目标 16 的重心放在公正、包容与制度问责上，肯定了治理的中心地位，这也引出了一个问题：可持续发展目标作为一个整体，是否充分涵盖了必要措施与动员各方所需的全部内容（见第 4 章）。

由此，监测与量化成为治理的中心机制，也为不同发展水平与国情的国家带来了诸多事务与政治难题（见第 5 章）。可持续发展目标明确指出要"考虑国情"，但是由于各国存在能力、分析及政治敏感性等问题，所以这种要求就更加复杂了。例如，许多国家缺乏统计能力、数据分类或监测能力，即使数据成功收集到了，但缺乏相应高水平的统计测量系统或数据综合分析能力，这都会对可持续发展目标的实现构成巨大挑战。

这些挑战必然引发政治问题和潜在冲突，而且这些问题和冲突只能随后通过制度安排予以解决，比如，协调或创建当前相关协定之间的关联。这也是翁德达尔和金分析的重点（见第 10 章）。他们认为，具体的子目标，即不同于理想愿景的、最低标准的共同子目标，可能引发无效的策略行为，即便那些不断取得进展或乐于做出更大承诺的国家也是如此。同样地，协调或"统筹"现有共识和倡议并非易事，尤其是当目标及子目标反映出特定机构在国际或国家层面提出特定利益的情况下。本书中哈斯和史蒂文斯（见第 6 章）、山田贵博（见第 8 章）、翁德达尔和金（见第 10 章）明确提出了政治冲突与共识所面临的挑战，以及建立必要联结所需的基础规范。

重要的是，因为全球目标确立了注意力和稀缺资源在竞争性目标之间的优先分配次序，所以调动资金、技术与人力等资源就成为治理的核心目的。故瓦蒂尔兹（Voituriez）及其同事（见第 11 章）详细研究了融资挑战，以及 2015 年亚的斯亚贝巴发展筹资会议（2015 Financing for Development Conference in Addis Ababa）的影响（UN，2015）。此外，本书还研究了领导力、连贯性与资源调动等实际问题，即围绕具体的可持续发展目标或为整体目标采取行动而创建治理体系（见第 4 章、第 7 章、第 9 章、第 11 章、第 12 章）。

最后，为实现可持续发展目标而采取措施，并在国家层面出台综合一致的管理制度颇具挑战性。顾普塔和尼尔森（Gupta and Nilsson）针对水资源问题进行了详细的案例研究，分析在国家层面实现目标所面临的挑战（见第 12 章）。他们为跨层级整合治理提出了强有力的依据。跨层级整合需要动员多方参与，调动不同层级的资源。考虑到强势集中调控或问责机制的局限性，这样做又会引发问责性、一致性、可取性问题，以及执行者与受影响的参与者和社区内部或之间现存权力与资源的差异问题。当下的制度数量在国际与国家层面均已饱和，随着可持续发展目标的加入，它们再想保持一致性，就更具挑战了。

1.5 结 论

总之，本书深入探讨了凭借目标设定更好解决全球问题的前景，包括更为广泛的社会与治理转型。马里的乡村农夫，尚有饥肠辘辘者；底特律市中心的机械师，尚有待业者；图瓦卢的居民，尚有内心惶惶者，担心岛屿是否还能为后代提供栖身之地；巴基斯坦的村民，尚有急缺饮用水者。可持续发展目标能否给他们带来希望？如果缺乏国际制裁机制或大量资金转移或没有其他重要的定向资源组织形式，那么就很难从源头上实现国家层面的介入。本书旨在梳理目标设定的进程，明确其内涵影响，指明从目标设定转向有效行动的前景。不过从长远来看，可持续发展目标也许是迈向更广泛可持续性共同准则的重要一步，政府可以制定相关政策，参与者可以积极行动，体制机制可依据现实需要进行改变与适应。

解决可持续性问题的目标导向策略的出现恰逢其时。基于千年发展目标的经验教训，可持续发展目标更具前瞻性。诸多科学家声称，要确保地球生命支持系统的安全运行空间，可持续发展目标有助于缩小这一理念与当下政治实用主义之间的差距。另外，千年发展目标也留下了警示性的教训，虽然这些目标成功调动了一系列参与者和资源，也实现了部分目标，但很难找出明确依据千年发展目标而制定出来的规则或制度化的执行机制。

目标导向的方法也可能产生意料之外的影响。因为它们呼吁关注与支持可持续发展目标，也可能"从其他目标上转移注意力，干扰现有的倡议与联盟，建立不当的激励机制，扰乱其他的政策分析"，进而扰乱优先次序（Fukuda-Parr，Yamin，and Greenstein，2014；第 10 章）。通过重点论述可持续发展目标的具体进程与治理安排，以及有关目标设定作为治理战略的更广泛问题，本书所有章节旨在阐明这些机遇、预期风险及使之降至最低化的方法。因此，这些章节的研究和发现不仅对可持续发展目标的治理进行了详细分析，而且首次对这种通过目标进行全球治理的新形式进行了学术探讨。

参考资料

Alston，Philip. 2005. Ships Passing in the Night：The Current

State of the Human Rights and Development Debate Seen through the Lens of the Millennium Development Goals. *Human Rights Quarterly*, 27(3): 755-829.

Bäckstrand, Karin, Sabine Campe, Sander Chan, Ayşem Mert, and Marco Schäfer-hoff. 2012. Transnational Public-Private Partnerships. In *Global Environmental Governance Reconsidered*, ed. Frank Biermann and Philipp Pattberg, 123-147. Cambridge, MA: MIT Press.

Bäckstrand, Karin, and Mikael Kylsäter. 2014. Old Wine in New Bottles? The Legiti-mation and Delegitimation of UN Public-Private Partnerships for Sustainable Development from the Johannesburg Summit to the Rio+20 Summit. *Globalizations*, 11(3): 331-347.

Bauer, Steffen, Ines Dombrowsky, and Imme Scholz. 2014. *Post 2015: Enter the UN General Assembly. Harnessing Sustainable Development Goals for an Ambitious Global Development Agenda*. Bonn: German Development Institute.

Bernstein, Steven. 2001. *The Compromise of Liberal Environment-alism*. New York: Columbia University Press.

Bernstein, Steven. 2013. Rio + 20: Sustainable Development in a Time of Multilateral Decline. *Global Environmental Politics*, 13(4): 12-21.

Biermann, Frank. 2014. *Earth System Governance: World Politics in the Anthropocene*. Cambridge, MA: MIT Press.

Biermann, Frank, Man-san Chan, Ayşem Mert, and Philipp Pattberg. 2007. Multi-stakeholder Partnerships for Sustainable Development: Does the Promise Hold? In *Partnerships, Governance and Sustainable Development: Reflections on Theory and Practice*, ed. Pieter Glasbergen, Frank Biermann and Arthur P. J. Mol, 239-260. Cheltenham: Edward Elgar.

Browne, Stephen. 2014. A Changing World: Is the UN Development System Ready? *Third World Quarterly*, 35(10): 1845-1859.

Earth Negotiations Bulletin. 2012. Summary of the United Nations Conference on Sustainable Development：13-22 June 2012. *Earth Negotiations Bulletin*，27（51）.

Earth Negotiations Bulletin. 2014. Summary of the Second Meeting of the High-level Political Forum on Sustainable Development：30 June-9 July 2014. *Earth Negotiations Bulletin*，33（9）.

Fukuda-Parr，Sakiko. 2014. Global Goals as a Policy Tool：Intended and Unintended Consequences. *Journal of Human Development and Capabilities*，15（2-3）：118-131.

Fukuda-Parr，Sakiko，Alicia Ely Yamin，and Joshua Greenstein. 2014. The Power of Numbers：A Critical Review of Millennium Development Goal Targets for Human Development and Human Rights. *Journal of Human Development and Capabilities*，15（2-3）：105-117.

Griggs，David，Mark Stafford Smith，Johan Rockström，Marcus C. Öhman，Owen Gaffney，Gisbert Glaser，Norichika Kanie，Ian Noble，Will Steffen，and Priya Shyamsundar. 2014. An Integrated Framework for Sustainable Development Goals. *Ecology and Society*，19（4）：49.

Hafner-Burton，Emilie. 2013. *Making Human Rights a Reality*. Princeton：Princeton University Press.

Hale，Thomas，David Held，and Kevin Young. 2013. *Gridlock：Why Global Cooperation is Failing When We Need it Most*. Cambridge：Polity Press.

High-level Panel，High-level Panel of Eminent Persons on the Post-2015 Development Agenda. 2013. *A New Global Partnership：Eradicate Poverty and Transform Economies through Sustainable Development*. New York：United Nations.

Hulme，David. 2007. The Making of the Millennium Human Development Meets Results-based Management in an Imperfect

World. Brooks World Poverty Institute Working Paper,16:1-26.

　　Jabbour, Jason, Fatoumata Keita-Ouane, Carol Hunsberger, Roberto Sánchez-Rodríguez, Peter Gilruth, Neeyati Patel, Ashbindu Singh, et al. 2012. Internationally Agreed Environmental Goals: A Critical Evaluation of Progress. *Environmental Development*,3:5-24.

　　Kanie,Norichika,Naoya Abe,Masahiko Iguchi,Jue Yang,Ngeta Kabiri,Yuto Kitamura,Shunsuke Managi,et al. 2014. Integration and Diffusion in Sustainable Development Goals:Learning from the Past, Looking into the Future. *Sustainability*,6(4):1761-1775.

　　Kanie, Norichika, Peter M. Haas, Steinar Andresen, Graeme Auld, Benjamin Cashore, Pamela S. Chasek, Jose A. Puppim de Oliveira, et al. 2013. Green Pluralism: Lessons for Improved Environmental Governance in the 21st Century. *Environment:Science and Policy for Sustainable Development*,55(5):14-30.

　　Leadership Council of the Sustainable Development Solutions Network. 2013. An Action Agenda for Sustainable Development: Report for the UN Secretary-General.

　　Loewe, Markus. 2012. *Post 2015: How to Reconcile the Millennium Development Goals (MDGs) and the Sustainable Development Goals(SDGs)?* Bonn:German Development Institute.

　　Manning,Richard. 2010. The Impact and Design of the MDGs: Some Reflections. *IDS Bulletin*,41(1):7-14.

　　McArthur,John W. 2014. The Origins of the Millennium Development Goals. *SAIS Review (Paul H. Nitze School of Advanced International Studies)*,34(2):5-24.

　　Nelson,Paul J. 2007. Human Rights, the Millennium Development Goals,and the Future of Development Cooperation. *World Development*, 35(12):2041-2055.

　　Pattberg, Philipp, Frank Biermann, Sander Chan, and Ayşem Mert, eds. 2012. *Public-Private Partnerships for Sustainable*

Development：*Emergence*，*Influence*，*and Legitimacy*. Cheltenham：Edward Elgar.

Pauwelyn，Joost，Ramses A. Wessel，and Jan Wouters. 2014. When Structures Become Shackles：Stagnation and Dynamics in International Lawmaking. *European Journal of International Law*，25：733-763.

Ruggie，John G. 1996. *Winning the Peace*. Columbia University Press.

Sandholtz，Wayne，and Kendall Stiles. 2009. *International Norms and Cycles of Change*. Oxford：Oxford University Press.

Shepherd，Andrew. 2008. *Achieving the MDGs*：*The Fundamentals*. *ODI Briefing Paper* 43. London：Overseas Development Institute.

Sikkink，Kathryn. 2011. *The Justice Cascade*：*How Human Rights Prosecutions Are Changing World Politics*. New York：Norton.

Simmons，Beth A. 2009. *Mobilizing for Human Rights*. *International Law in Domestic Politics*. Cambridge：Cambridge University Press.

Speth，Gustave. 1992. A Post-Rio Compact. *Foreign Policy*，88：145-161.

Stafford-Smith，Mark，David Griggs，Owen Gaffney，Farooq Ullah，Belinda Reyers，Norichika Kanie，Bjorn Stigson，Paul Shrivastava，Melissa Leach，and Deborah O'Connell. 2016. Integration：The Key to Implementing the Sustainable Development Goals. *Sustainability Science*. DOI：10. 007/s11625-016-0383-3.

Sumner，Andy. 2009. Rethinking Development Policy：Beyond 2015. *Broker*，14：8-13.

Szasz，Paul C. 1992. International Norm-making. In *Environmental Change and International Law*：*New Challenges and Dimensions*，ed. Edith Brown Weiss，41-80. Tokyo：UN University Press.

UN，United Nations. 2013. Millennium Development Goals Report. New York：United Nations.

UN，United Nations. 2014a. Report of the Open Working Group of the General Assembly on Sustainable Development Goals. UN Doc. A/68/970.

UN，United Nations. 2014b. The Road to Dignity by 2030： Ending Poverty，Transforming All Lives and Protecting the Planet： Synthesis Report of the Secretary-General on the Post-2015 Sustainable Development Agenda. UN Doc. A/69/700.

UN，United Nations. 2015. Outcome document of the Third International Conference on Financing for Development：Addis Ababa Action Agenda. UN Doc. A/CONF. 227/L. 1.

UNGA，United Nations General Assembly. 2015. Transforming Our World：The 2030 Agenda for Sustainable Development. Draft resolution referred to the United Nations summit for the adoption of the Post-2015 development agenda by the General Assembly at its sixty-ninth session. UN Doc. A/70/L. 1.

Vandemoortele，Jan，and Enrique Delamonica. 2010. Taking the MDGs Beyond 2015：Hasten Slowly. *IDS Bulletin*，41(1)：60-69.

Williams，Andrew. 1998. *Failed Imagination?* Manchester University Press.

World Commission on Environment and Development. 1987. *Our Common Future*. Oxford：Oxford University Press.

第1部分　作为治理战略的目标设定

第2章 概念化：目标设定
——地球系统治理的一种战略

奥兰·R. 扬（Oran R. Young）

  欲实现治理目标而面临的挑战，已成为许多社会的核心问题。尤其是在国际社会，没有政府牵头来担负责任，并且形势非常复杂，需要在全球范围内整合影响可持续发展的生态、经济和社会因素。至于应对挑战的方法，我们倾向于首先考虑管制安排，强调规则制定，并重点关注与规则执行和程序相关的问题，这些规则和程序有助于引导相关人员遵循规约（Chayes and Chayes，1995）。如果我们用通用术语看待治理问题，将它看作侧重引导个体或团体走向预期目标的社会职能，那么我们可以将目标设定及为实现与主要目标关联的子目标而做出的努力，概念化为满足治理需求的独特战略。

  本章将探讨目标设定作为治理战略的本质，分析目标设定作为引导机制生效的条件，探讨如何提高目标设定在各种环境下的有效性，评价这种思维方式与在联合国主持下，制定一套可持续发展目标之间的相关性。笔者的观点在本质上是实证性的，而非规范性的。笔者无意评价规则制定与目标设定等治理战略的相关特质，相反，笔者试图阐述满足治理需求的目标设定战略。在国际或全球层面考虑治理的人士当中，目标设定战略所受到的关注远远少于规则制定。

  笔者的意图并非直接促进落实可持续发展目标的努力，也无意提出具体的建议，而是希望能够帮助那些致力于尽可能实现可持续发展目标的人士，帮助他们避开使用目标设定作为治理战略而可能遇到的常见陷阱，进而对可持续发展目标进行合理阐释。这些目标在政治角度应该是可行的，同时在规范角度能够给人以启发和鼓舞。

本章的结构安排如下：2.1部分探讨目标设定作为治理战略的基本特点，并将目标设定与更为普遍的规则制定区别开来；2.2部分分析了便于整合目标设定和规则制定的环境，以形成综合治理体系；2.3部分梳理了许多有可能限制目标设定在国际社会大背景下发挥作用的缺陷；2.4部分，笔者转而探讨效力问题，以及影响目标设定作为治理战略成功与否或效力如何的决定因素；2.5部分探讨了可能提高目标设定效力的程序或机制；2.6部分，笔者初步总结了目标设定作为治理战略对于可持续发展目标本身的制定及实现所产生的影响。

2.1　把目标设定作为一种治理战略

目标设定试图通过以下方式引导行为：（1）确定注意力与稀缺资源在竞争性目标之间的优先分配次序；（2）激励人们为实现目标而努力；（3）确定目标并为目标实现进程提供量化标尺；（4）抑制那些出于短期欲望和冲动而致使注意力或资源分散的倾向。目标设定与规则制定不同，后者试图通过制定规则（及相关规范）来指导关键成员的行为并建立履行机制，诱导相关人员据此规则采取行动。

这些表述略显抽象。具体而言，大学、医院、图书馆、公共广播电台与各种慈善机构时常发起的资本运动就是源源不断的参考例证。一般程序是，以货币形式设立具体目标，制订若干使用资金的计划，明确目标达成的日期，大力宣传并创建清晰明了的进程跟踪体系。

目标设定这一理念旨在激励现有支持者，同时发现并吸收新的支持者。它不仅有助于集中常规成员的努力、动员激情昂扬的志愿者，而且有助于调动资源并将相关组织扶上正轨，在未来几年内规范而系统地发展。资本运动的效果并非绝对有保障，它往往通过高薪聘请专家做顾问，以便为运动发起时机、制定恰当的目标提供指导。计划详尽、时机恰当的运动往往可以成功实现目标，有些甚至超出预期，进而为运动领导者凭借权威来筹集资金提供了强有力的依据。

　　这种阐述有助于揭示目标设定作为引导机制的特征。从目标设定这一概念出发，我们可以找到相对明确的在国家与国际层面运用该治理战略的例子。国家层面比较明显的例子有：1942—1943 年，美国为了对抗轴心国同盟进行经济转型，旨在成为"民主兵工厂"。更明显的例子是，肯尼迪政府制订的"阿波罗计划"（Apollo Project），拟于 20 世纪 60 年代之前成功载人登月。毫无疑问，近年来在国际层面设定目标的典型例子，当数千年发展目标的制定与实施。该目标制定于 2000 年，纳入了《联合国千年宣言》。

　　虽然目标设定的细节在不同情况下有所差别，但所有将目标设定作为治理战略的工作都有三个显著特征。首先，目标设定要求能够建立优先次序，并将其应用于明确的目标之中。目标设定的要点在于选出若干（有时仅有一个）关注点，依据优先次序，为之分配工作时间与政治资本等宝贵的资源。其次，目标确立后，实现目标的工作往往以运动的模式展开。其基本思想在于引起关注、调动资源，在制定的时间框架内，持续推进重要目标的实现。"阿波罗计划"拟在十年之内载人登月的目标，即为举世瞩目的典型。最后，目标设定需要努力制定明确的衡量标准，以便在之后的工作中跟踪进度（见第 5 章）。

　　千年发展目标也是一例，它拟于 2015 年之前，将每日依靠不到 1 美元维持生计的人口减半。不过，此类量化工作所需的数据在现实中难以收集。跟踪机制不仅有利于把控目标实现的进程，而且有利于鞭策相关人员加倍努力，在设定的截止日期前实现目标。

　　因此，目标设定作为治理战略的基本前提，不同于潜在的规则制定。规则制定侧重于行为规范制定（如要求和禁令），注重规则的遵循与实施；而目标设定侧重于树立目标，注重激发支持者的热情，将实现各种子目标所需的努力最大化。此外，目标设定通常侧重在特定时间框架内实施某项计划；规则制定则侧重于制定行为规范，其内容固定不变。

2.2　贯通目标设定与规则制定

目标设定和规则制定可以并经常作为不同的策略单独运用，以应对不同的治理需求。为了说明这一点，现在对比分析这两种策略。目标设定策略在早期的千年发展目标中有所体现；规则制定策略在诸多体制中有所体现，往往旨在实现对现有资源或可再生资源的可持续利用。千年发展目标呼吁各方开展运动，在2015年年底之前实现一系列目标，例如，消除极端贫困和饥饿，降低儿童死亡率，与艾滋病病毒/艾滋病、疟疾和其他疾病做斗争等。与之不同，可再生资源的管理体制主要依靠许可证或执照，对资源利用、份额分配、开放与休渔季、装备限制以及副渔获物的处理等问题进行规定。由此可见，两种治理体系所运用的机制通常没有重合部分。

不过，这两种策略并非相互排斥，在特定情况下，两者可能互补。更重要的是，目标设定和规则制定可能成为综合治理系统的两个要素。例如，《联合国气候变化框架公约》提出，把减少"人类活动对气候系统的危害"这一目标变成该气候框架公约的总目标（1992，第2段）；再如，实现可持续生产最大化或者渔业及海产体制可持续产出的目标（如1946年的《国际捕鲸管制公约》，*International Convention on the Regulation of Whaling*）。在上述情形中需引入监管体制，作为引导实现具体目标的行为举措。这种情况比较常见，在对治理战略的综合考量中，需要系统处理。不过，本章的首要重点依然是目标设定这一治理战略在千年发展目标与可持续发展目标等独立目标情境中的运用。

2.3　目标设定在国际层面的常见缺陷

直观来看，目标设定颇具吸引力：一方面，我们在日常生活中都有设定目标的经验；另一方面，多数人认为，追求个体目标在集中或分配精力方面（即自我管理方面）已经或即将发挥重要作用。不过，可以把日常生活中借助目标设定进行自我管理的经验，推广至在国际层面借由目标设定战略进行的社会管理吗？

在回答这一问题时，我们需要关注自我管理与社会管理之间的差异，而这些差异很可能成为阻碍目标设定在国际社会运用的因素。下面将就此问题进行阐述。

2.3.1 设定目标

即使在最理想的情况下，制定优先次序也并非易事。个人在优先处理事务的抉择中，内心通常比较矛盾。而集体共同设立目标，往往是多方参与者（比如，国际社会中的各国政府），带着对自身利益的关切参与到谈判协商中，可能出现的问题有：（1）最后提出的目标过多，难以确立优先次序与分配资源；（2）确定的目标表述不清，难以实施，更难以监管；（3）系列目标中的各个目标互不兼容，甚至相互对立。

2.3.2 跟踪进度

筹资活动的目标是以货币形式体现的，因而其进度跟踪比较容易。使用的手段就是众所周知的衡量标准，如"气压计"一般随时显示筹集的资金所占比例。但是，很多国际目标难以量化，导致相关程序效果不佳，甚至引人误解。比如，在跟踪提高人类福祉的进度时，有可能过分强调易于量化的标准（如人均 GDP 等），不够重视难以量化的重要标准（如福祉或人类发展等），或者最后就目标实现进度产生疑问或分歧（如社会福祉的现实意义等，Karabell，2014）。

2.3.3 行为机制

坚持目标的动力和压力，可能不足以在国际层面引导行为，尤其是在经济社会压力较大的时期，往往因为资源供不应求而变得艰难。在实现目标方面最有可能取得良好效果的机制与能够促进遵守规则和制度建设的机制，可能会有明显的区别。例如，目标设定的成功，往往需要建立致力于取得进展的联盟，但规则制定重要的是引导个体遵从规则。目标设定可能作为解决治理问题的独立手段，也可能作为规则体系的补充手段，还可能作为规则体系中子目标的阐释手段。总之，目标设定作为治理战略的效果，在不同情况下有所差异。

2.3.4　机会成本与收益

为应对气候变化或生物多样性丧失等问题，相关人士致力于制定、实施基于规则的体制，以形成有效治理体系，而关注目标设定可能会转移其占有的关注度与资源。在资源有限的情况下，在目标设定和规则制定之间做出选择十分重要，也许可以先后或同时使用两种手段，促进两者协同运作。

2.3.5　自满

一般而言，目标设定容易滋生自满情绪，想当然地认为有感染力的目标一经确立，就无须花费时间与精力解决问题。这样就很容易出现问题，那些不能或不愿采取监管措施的官员，将诉诸目标设定手段以转移公众注意力，从而使公众忽略他们不愿认真对待治理问题的态度。

2.4　目标设定成功的决定因素

评估目标设定有效性的挑战与规则制定的挑战，有很多共同之处（Young，2011）。首先，产出、成果和影响之间的类似差异同样适用于评估目标设定成功与否和规则制定的有效性。与目标设定相关的产出，包括与具体目标相关的子目标与指标的制定，以及跟踪目标实现进展的组织安排；成果包括国家与社会成员为促进目标实现所做的措施调整；影响则包含了实现目标自身的进展。像规则制定一样，目标设定在从产出到影响的转变过程中，因果链条变得越来越长，越来越复杂，越来越难以确定。相对而言，在目标阐释与促进目标实现的组织安排之间建立因果联系并非难事。目标设定与实现相关目标的实际进展之间的因果体现则要另当别论。在此，以千年发展目标中消除贫困的目标为例。正如一些分析人士所观察到的那样，2000 年通过《联合国千年宣言》以来，消除极端贫困已经取得了明显的进展(Sachs，2015)。但是，我们能否证明，千年发展目标的通过和实施与这一进展之间存在明显的因果关系呢？这种情况很复杂。千年发展目标或许在减少赤贫方面发挥了作用，但是在中国等发展中国家，经济增长、社会变革与公共政策等因素也发挥了重要作用(见第 6 章、第 7 章)。

也就是说，没有理由预测目标设定在所有条件下处理治理需求的表现都相同(好或不好)。比如，在联系紧密的社区，社区成员致力于整体利益的发展，在这样的社区能够奏效的引导机制放在松散的社区却可能会彻底失败，因为社区成员相对独立，往往优先考虑自身利益。因此，针对目标设定作为治理战略成功与否的决定因素进行调查，具有重要价值。在此，笔者就四组重要条件提出一些初步的意见：(1)问题的本质；(2)参与者的特点；(3)设定的特征；(4)支持的能动性。

2.4.1　问题的本质

产生治理需求的问题不尽相同，有些可能更适合于目标设定战略。比如，在公共物品匮乏的情况下，那些试图进行管理的人就不仅必须解决搭便车的问题，还将面对这样一个复杂的事实：只有达到一个特定的门槛值(可能很高)之后，该公共物品才会被供应，治理的前提是达到某个阈值。相反，如果在公共物品已被持续供应的情况下，早期争取供应该类物品的努力也会鼓励集体成员继续努力获取更多公共物品。在问题以地域划分的情况下(比如，在多元化的国家保护生物多样性)，往往存在若干复杂问题：外部人员可以或应该贡献多少，这些贡献应该采用何种引导模式，等等。在问题有限的情况下(比如，防治疾病)，实现目标或许可以一劳永逸地解决问题。在问题不断演化的情况下(比如，控制温室气体排放)，目标设定作为治理战略的效力就不太明显，因为很难明确评估目标的实现情况。除此之外，还有规模与范围的不同。倘若渔业的空间有限，渔民数量也较少，实现最大化的可持续产出是一回事；然而，如果渔业庞大，渔民众多，而且隐瞒不报其非法违规的渔业活动，那么实现可持续产出便是另一回事。关于这个问题的讨论介绍了国际合作研究中已知的匹配问题（Young，King，and Schroeder，2008）。总而言之，目标能否实现，取决于参与者所选择的目标及追求目标的程序是否符合他们寻求解决的问题的定义特征。

2.4.2　参与者的特点

成功与否，可能部分取决于参与者的行为反映结果逻辑与适当性逻辑的程度（March and Olsen，1998）。倘若结果逻辑占上风，取得成功则需要在计算利益和成本的基础上吸引参与者；倘若适当性逻辑占上风，那么目标设定与规范和原则相结合可能会有效。一般而言，当目标能融入一致的社会背景时，它就成为相关人员自我认知、思考治理的一部分，目标设定就可以发挥较大作用。例如，在注重集体利益的文化中，实现集体或公共物品供应的目标可能比较容易。在国际层面，参与者本身就是不同的利益群体，挑战更为艰巨。这不仅引发了有关目标设定效力的双层博弈问题，而且涉及诸多重要问题，因为实现国际目标可能在每个国家的内政中引起巨大争议，而且各国政府为此所做的承诺可能会随其国情发生变化。如果新的领导班子当政，就会有更多挑战，因为他们往往试图将自己与上一届领导班子区别开来，试图寻找为新政策提供资源和重要资金的方法。这种力量无疑导致了各国对发展中国家财政资助的共同失败，造成了保护地球气候系统或减少生物多样性丧失等方面的失败。

2.4.3　设定的特征

目标实现的情况往往受当下社会背景的影响，比如，参与者的数量，各方凭借共同利益与文化认同联系在一起的紧密程度，富裕情况，为实现共同目标所需努力的程度，以及有助于问题解决的科技创新前景等。如果社会中许多参与者认为，实现共同目标必然要做出巨大牺牲，那么这样的背景不利于目标设定作为治理战略发挥作用。因为个体参与者很容易认为，无论自己做什么，都不会在这样的社会背景下引起重大改变。不过，科技创新可以减少之前遇到的问题（比如，解决地磁谱在使用过程中的拥堵问题，跟进国家与个体履行承诺的情况等）。在这种情况下，实现目标可能要比制定目标所预期的容易很多。此外，在追求共同目标的过程中，还涉及社区、文化与共有历史的问题。如果存在基于长期合作处理共同问题的信任，目标设定就可能成为解决问题的常用方法。相反，如果长期抵触、缺乏信任，合作努力往往引起误解，目标设定就很难满足治理需求。

在某些情况下，一个特别相关的考虑是以意识形态或主要社会背景的影响为中心的。目标设定往往与中央计划经济联系在一起，在这样的环境下，国家不仅能够制定目标或子目标，而且可以为实现目标采取有效措施，分配资源或生产要素。而规则制定往往与自由体制联系在一起，在这样的制度下，国家制定规则，但是尽量避免干涉个体事务，往往在有必要采取措施促进公共利益的时候，依靠普遍适用（或者适用于某个层次的所有成员）的规则。当然，不应夸大这一区别的影响。想想目标设定在美国的影响，诸如第二次世界大战期间的"曼哈顿计划"（Manhattan Project）和 20 世纪 60 年代的"阿波罗计划"。不过，关键参与者对目标设定措施的反应将受意识形态的影响，这一点是值得认真思考的。

2.4.4　支持的能动性

在具体情况下利用目标设定作为治理战略的人，可以在一定程度上成功动员和维持实现目标所需的支持。一方面，这实际上是建立意愿同盟的问题，突出加入支持者联盟的优势，承诺为那些不仅要实现目标而且鼓励别人这样做的人提供各种各样的奖励。另一方面，这也是倡议或领导的问题。有影响力的个体，能够以较为吸引人的方式展现目标，以自身使命感鼓舞为实现目标而奋斗的人。但无论如何，制定目标之后期待社会成员齐心实现是不够的。目标设定作为治理战略，需要集中力量来激励支持者追求共同目标，有时需要较长的时间。

2.5 提高目标设定的效力

对于那些希望在国际层面提高目标设定作为治理战略的效力的人来说，有哪些可能的选择呢？这里面临的主要挑战在于，如何通过以下三种途径来影响相关人员的行为：加深相关人员对治理需求的理解，强化其追求关键目标的承诺，激励其履行承诺。

在某些情况下，这种努力可能以功利性激励机制为特征，在得失之间进行细致考量。比如，谢林等分析人士针对背叛动机较强因而信誉问题凸显的情况，就承诺策略提出了若干建议（Schelling，1960）。一些参与者在未能履行承诺的情况下，乐于承担相应费用，旨在忠于承诺、取信于人。有些时候，同一激励机制对于不同的人而言，可信度有所差别。比如，宗教组织经常劝诫信徒履行承诺，如纳什一税，因为这样可以在天堂得到回报。这一机制自然可以有效引导信徒的行为，但是很难影响不相信来生的人。

另外，增强目标设定有效性的技术，依赖于难以用"成本—收益"计算的机制。在涉及集体行动问题时，尤其如此。在这些问题中，有一些常见的失败动机或无本获利的动机（Olson，1965）。在此，或许应该依靠涉及荣誉、道义、脸面、团结甚至是习惯的机制。

在国际社会，诸多提高目标设定效力的传统手段作用有限，该采取哪些措施才能提高目标设定的有效性呢？以下所列手段（并不互相排斥）或许有所帮助。

2.5.1 以引人注目的方式宣传目标

比如，"1990—2015 年，将每日收入低于 1 美元的人口比例减半"的目标（千年发展目标 1 的其中一个具体目标），其构成如同音节一样浅显易懂，便于作为一种挑战对公众展示；也易于设计直观的量化标准，以便持续跟踪目标实现的进展（或停滞），判断其是否达到基准。相比之下，"减少人类活动对地球系统的危害"的目标，其子目标相对模糊而且缺乏明显的量化标准和手段。根据最近的经验，若干参与者甚至可能因为否认气候变化问题是人类行为的后果而获得支持。

2.5.2　在正式文件或宣言中阐明目标

虽然联合国大会决议没有法律约束力，但它们可以成为提高目标知名度的正式文件，给予关键目标合法性，并吸引参与者的关注，促使其实现目标。2000 年的《联合国千年宣言》中提出的千年发展目标就是典型的例子（UNGA，2000）。《2015 年后发展议程》中正式确定的可持续发展目标，也是一例（UNGA，2015）。

2.5.3　承诺正式化

承诺正式化，即便没有法律约束力，也具有重要作用。筹款人员熟悉这一机制。那些同意每月为某项有意义的事业出资 100 美元的人，往往习惯于定期资助，即便他们没有法律义务。筹款的一个重要原则是，已经开始资助的人，往往最有可能提供额外捐款。他们甚至可能授权银行自动从账户或信用卡扣除费用，用于捐款。在这种情况下，除非采取有意的行为才可能干扰目标的实现，使其实现路径偏离轨道；倘若遵循目标实现的路径，则会促进目标的达成。

2.5.4　做出正式承诺，旨在防止不作为而造成尴尬或颜面尽失

其理念在于，即使相关人员没有法律义务履行诺言，也可能为避免食言造成尴尬而尽力为之。各国根据 2009 年《哥本哈根协议》所做的承诺，就是这一机制的例子。很多人因此对《哥本哈根协议》有所非议，因为各国的承诺本质上是自愿的。然而，有趣的是，各国领导或多或少都认为自己有义务，起码应该尝试履行承诺。

2.5.5　发起致力于实现目标的社会运动

"减少人类活动对地球系统的危害"的目标或许有些模糊，但是

自称 350. org 运动的目标是简单易懂的；对该运动的监管，可能促进或阻碍目标的实现。同样重要的是，将大气中二氧化碳浓度控制在百万分之三百五十的目标，已经成为推动世界各地群众运动的焦点(McKibben，2013)。姑且不论成果，仅从理性选择的角度来看，社会运动都可能引发深刻的社会变化(例如，废除奴隶制，实行普选制)，尤其是当这些行动的目标易于理解，实现目标的进展也很明确的时候。

2.5.6　给予目标法律效力

给予目标法律效力，能够增强相关人员履行承诺或誓言的意愿。这一理念在于，即便没有针对食言的正式制裁或处罚，法律约束也能影响行为。《联合国气候变化框架公约》的第二条目标——"减少人类活动对地球系统的危害"就是一例。当然也要注意，法律约束力在行为指导方面的重要性受到更广泛的文化观念的影响，而文化观念往往因时空差异而不同。

2.5.7　制定明确的进展评估基准

除了制定衡量进展的指标外，制定明确的进展时间表并确定目标努力是否步入正轨的评估基准，都有利于提高目标设定的效力。这样可以把总目标细分为易于管理的小块，设置关卡，促进进展评估工作，并在必要时进行中期修正。尤其是当实现总目标耗时较长的时候，一些参与者会发现，设立一些明确的基准并将其作为总目标之外的短期小目标，更有利于工作开展。

2.5.8　将其他目标或所获回报与待实现目标绑在一起

还有一种方法是将实现初步目标视为追求更高目标的必要条件。对于个人而言，这也是常见的程序：更高目标的实现或进展，往往取决于更具体目标的实现情况。更普遍的例子，比如，通过若干初级课程才能注册更高级别的课程。这一机制在国际层面的有趣例证就是，实现各种中级目标是加入欧盟的前提。

2.6　对可持续发展目标的启示

从将目标设定作为治理战略的总体分析中，我们可以得出一些结论。这不仅有益于关心将可持续发展目标概念化的人，更有益于计划在 2016—2030 年的期限内将可持续发展目标付诸实践的人。正如对规则制定进行效力分析时注重当下问题的性质与相应制度安排特点之间的匹配，目标设定也需要在具体情况下与当下环境有所匹配(Galaz et al. ，2008)。

首先，要将千年发展目标和可持续发展目标的策略区分开来。千年发展目标的概念形成于 20 世纪 90 年代，当时先进工业化国家十分注重气候变化和生物多样性等问题。千年发展目标注重消除贫困、改善卫生和普及初等教育等发展中国家关注的问题。实际上，千年发展目标构成了全球政治交易的一部分(Young and Steffen，2009)。

其次，更重要的是，可持续发展目标的制定和实施与千年发展目标不同，前者需要更多的信心与努力。2012 年联合国可持续发展大会决定制定可持续发展目标，并为此成立了开放工作小组。从该小组的工作来看，诸多人士都在努力强调可持续发展目标与千年发展目标的一致性。毫无疑问，诸如贫困、粮食安全和基本人类健康等严重问题确实尚未解决。不过，制定可持续发展目标的根本挑战在于试图平衡现有问题与不断扩大的系统性挑战，以便在人类行为对地球产生重要影响的情况下，在整合可持续发展的社会、经济与环境方面取得进展(见第 3 章)。从某种程度上讲，这是一个问题，因为可持续发展在操作层面的内涵尚未达成一致，在人类世开始追求可持续发展的内涵时更是如此。不过已经明确的是，制定和实施可持续发展目标需要发展中国家和工业化国家达成全球协议(Stern，2009)。政治状况可能会阻碍协议的达成，或者会导致所签订的协议不够明确，无法给政策制定者提供有意义的指导。当然，这并非放弃共同迎接挑战的借口。

2012 年联合国可持续发展大会的成果文件指出，可持续发展目标应当"以行动为导向；言简意赅，易于传播；数量有限；雄心勃勃；面向全球；普遍适用于各个国家，顾及各国现实、能力与发展水平，尊重各国的政策与优先事项"（*UN Conference on Sustainable Development 2012*，第 247 段）。本节分析作为治理战略的目标设定与满足这些要求的关联性。

在此引入两份重要报告中提出的建议，为笔者对该问题做出的回应提供佐证。一份是联合国高级别名人小组针对《2015 年后发展议程》提交的报告，即《新型全球合作关系：通过可持续发展消除贫困并推动经济转型》（*A New Global Partnership：Eradicate Poverty and Transform Economies through Sustainable Development*，以下简称《联合国高级别名人小组报告》）。另一份是联合国可持续发展解决方案网络领导委员会（Leadership Council for the Sustainable Development Solutions Network，2013）提交的报告（*High-level Panel of Eminent Persons 2013*，以下简称《方案网络报告》）。当然，有关可持续发展目标制定的例子还有很多，只是这两份报告备受瞩目，使得可持续发展目标引起了公众的热议，也为本节的关注点提供了论据。

2.6.1 最大限度地减少不同目标的数量

制定和实施可持续发展目标的人，并不像大学或慈善机构的领导为某个特定目的发起募捐活动那样容易。可持续发展不仅是一个多维度的概念，而且面临许多政治压力，需要号召一系列有影响力的利益相关者关注若干特定目标。不过，依据笔者对目标设定的分析，主要必须关注 2012 年联合国可持续发展大会的文件指令，要精简可持续发展目标的数量。制定一系列数目繁多、内容广泛的目标，必然会导致关注焦点与稀缺资源的分配冲突。比如，《联合国高级别名人小组报告》提出的 12 个目标，内容涉及消除贫困和使用清洁能源、确保社会稳定与和平。再如，《方案网络报告》提出的 10 个目标，内容涉及在地球边界范围内实现发展和控制人类引起的气候变化、确保生态系统正常运作与生物多样性。制定这些目标的过程并不难以理解，只是如果目标涉及过多的人类利益与期待，就很难取得进展。倘若要提高可持续发展目标的效力，就不能止步于此（可与开放工作小组于 2014 年夏起草的方案做对比，该方案是联合国大会可持续发展目标决议的基础，其中包含消除贫困、实现和平与公正等 17 个截然不同的目标；详见 Open Working Group，2014；UNGA，2015）。

2.6.2　在理想目标和政治可行性之间寻求平衡

缺乏雄心的目标可能比较容易实现，但是它们不能激发整个社会的政治意愿，去发起解决基本问题的运动。相反，过于理想化或不切实际的目标则忽略了政治可行性，难以形成统一的主题并取得进展。这就是消除贫困的目标之所以吸引人的原因。该目标雄心勃勃但又具有可行性，而且千年发展目标在解决贫困问题方面取得了进展。正如若干观察家所说的，2016—2030 年可能是结束极端贫困的时期，《联合国高级别名人小组报告》提出的第一个目标即以此为重点。另外，实现《联合国高级别名人小组报告》和《方案网络报告》所提出的若干目标，需要巨大的人事变革，而 2016—2030 年的人事变革很难预见。确保社会稳定、和平的理念，就是典型的例子。提出保护生态系统的目标，也是一例。并不是说这类长期的理想化目标不好，而是说很难预见这类目标在 2016—2030 年如何在目标本身与政治可行性之间取得平衡。

2.6.3　制定跟踪进度的有效程序

此处依然可以与资本运动进行对比，进而获得启发。资本运动目标单一、便于实施，没有必要制定详细的子目标与指标以跟踪目标实现进度。事实上，可以像气压计一样，用一份表格呈现每天的目标进展情况。在这种情况下，制定时间基准也相对容易。当然，制定与实施可持续发展目标的情况要更为复杂。不过，要牢记 2012 年联合国可持续发展大会的指导原则，目标要"言简意赅，易于传播"。这也是消除贫困的目标比较吸引人的原因之一，只要贫困有了具体操作定义（比如，每天的生存资金不到 1 美元或 1.25 美元），根据其目标实现进度就相对容易。而其他目标，比如，促进公平增长而确保善政，以及为实现可持续发展而进行治理转型，其进度跟踪就面临着根本性的挑战。一方面，这是制定实施措施的问题，需要通过详细、复杂的工作才能制定可持续发展目标的子目标和指标（见第 5 章）；另一方面，这也在规范标准方面面临根本性的挑战，比如，何为公正、何为善政（见第 4 章）。

2.6.4　目标要符合行为背后的各种动机

行为背后有不同的动机，可持续发展目标需要吸引具有各种动机的人群。本节对结果逻辑和适当性逻辑进行了有效区分：前者以利益得失的激励为特色，后者以规范规则为标志（March and Olsen，1998）。尤其当目标是要处理集体性问题（比如，保护地球气候系统）或避免意料之外的副作用（比如，为促进粮食安全而对生态系统造成的伤害）时，迫切需要找到鼓励参与者超越狭隘自利观念的方法，引导所有群体拥护促进共同利益的原则（比如，防范原则与污染者付费原则），即便短期来看，这一举措成本高昂（Young，2001）。这体现了提供优质教育、确保健康生活和促进粮食安全等常见目标背后的原理（目标 3 至目标 5，High-level Panel of Eminent Persons，2013）。出于对个体利益的考虑，所有人都应该拥护这些目标。富人也会发现，实现这些目标是明智之举，有利于自身利益，因为这样做，终将形成安定富裕、充满活力的社会，人人都将受益。

2.6.5　融合目标设定与规则制定，构建综合有效的治理体系

关于寻求把目标设定与规则制定融合起来的方法，最大限度地发挥治理体系的效力问题，需要详细论述。目标设定是理想动力，为治理体系中的相关人员提供了愿景和方向；而规则制定为实现目标的参与者提供了行为规范（要求和禁令）。没有规则的目标，很容易变成模糊的愿望，每个人都知晓目标的概念，却没有人知道如何

在实践中实现；没有目标的规则，容易被贬低为冗杂的官僚要求，与实现目标毫无关联。因此，需要采取措施，融合目标设定和规则制定这两种治理策略，全球协力实现可持续发展。目前，追求可持续发展目标的努力独立于其他目标，很少吸取疾病控制、减少温室气体排放或保护濒危物种等工作的经验。这并不是说在 2016—2030年制定和执行一系列可持续发展目标的努力就会误入歧途，只是强调，如果没有很好地把这一进程与解决各种实质性问题的努力联系起来，那么实现雄心壮志所需要的双赢前景就会受到影响。

2.7　结　论

追求可持续发展目标的过程充满了挑战，但是在此过程中可以区分目标设定和规则制定这两种截然不同的治理策略，分析两种策略产生效力的条件，预测两者合二为一、协同治理的前景。重要的是，可持续发展目标的制定，与 20 世纪 90 年代千年发展目标的制定大有不同。后者的制定，是为了鼓动发展中国家一起应对全球环境变化问题（比如，气候变化或生物多样性的丧失）；前者应对的则是在由人类主导的地球上，设计解决人类与环境相互影响的所有问题的途径，并找到跟踪进度的方法（Young and Steffen，2009）。我们无法确保这一努力会产生理想的成效：制定的目标清单过长、术语过于含糊，以至于无法提供行之有效的指导。但是，可持续发展目标确实提供了一个人类未来可持续生存的全球路线图，70 亿～90亿的人口终将有能力主导地球系统。

参考资料

Chayes，Abram，and Antonia Handler Chayes. 1995. *The New Sovereignty：Compliance with International Regulatory Agreements*. Cambridge，MA：Harvard University Press.

Galaz，Victor，Per Olsson，Thomas Hahn，Carl Folke，and Uno

Svedin. 2008. The Problem of Fit among Biophysical Systems, Environmental and Resource Regimes, and Broader Governance Systems: Insights and Emerging Issues. In *Institutions and Environmental Change*, ed. Oran R. Young, Leslie A. King and Heike Schroeder, 147-186. Cambridge, MA: MIT Press.

High-level Panel of Eminent Persons on the Post-2015 Development Agenda. 2013. *A New Global Partnership: Eradicate Poverty and Transform Economies Through Sustainable Development*. New York: United Nations.

Karabell, Zachary. 2014. *The Leading Indicators: A Short History of the Numbers that Rule the World*. New York: Simon and Schuster.

Leadership Council for the Sustainable Development Solutions Network. 2013. An Action Agenda for Sustainable Development. Report to the UN Secretary-General.

March, James G. , and Johan P. Olsen. 1998. The Institutional Dynamics of International Political Orders. *International Organization*, 52:943-969.

McKibben, Bill. 2013. *Oil and Honey: The Education of an Unlikely Activist*. Collingwood, Austria: Black Inc.

Olson, Mancur Jr. 1965. *The Logic of Collective Action*. Cambridge, MA: Harvard University Press.

Open Working Group on Sustainable Development Goals. 2014. Outcome document. Available at: http://sustainabledevelopment. un. org/focussdgs. html.

Sachs, Jeffrey D. 2015. *The Age of Sustainable Development*. New York: Columbia University Press.

Schelling, Thomas C. 1960. *The Strategy of Conflict*. Cambridge, MA: Harvard University Press.

Stern, Nicholas. 2009. *The Global Deal: Climate Change and the*

Creation of a New Era of Progress and Prosperity. New York: Public Affairs.

UN, United Nations. 1992. Framework Convention on Climate Change. Available at: http://unfccc. int/.

UN, United Nations. 2012. The Future We Want. Outcome document from the UN Conference on Sustainable Development. Res. 66/288.

UNGA, United Nations General Assembly. 2000. Millennium Declaration. UN Res. 55/2. Available at: http://www. un. org/millennium/ declaration/ares552e. htm.

UNGA, United Nations General Assembly. 2015. Transforming Our World: The 2030 Agenda for Sustainable Development. Draft resolution referred to the United Nations summit for the adoption of the Post-2015 development agenda by the General Assembly at its sixty-ninth session. UN Doc. A/70/L. 1.

United Nations. 2009. Framework Convention on Climate Change. Copenhagen Accord. Outcome document from fifteenth Conference of the Parties. Available at: http: //unfccc. int.

Young, Oran R. 2001. Environmental Ethics in International Society. In *Principles of Ecosystem Stewardship*, ed. Jean Marc Coicaud and Daniel Warner, 161-193. Tokyo: UNU Press.

Young, Oran R. 2011. The Effectiveness of International Environmental Regimes: Existing Knowledge, Cutting-edge Themes, and Research Strategies. *Proceedings of the National Academy of Sciences of the United States of America*, 108: 19853-19860.

Young, Oran R. , Leslie A. King, and Heike Schroeder, eds. 2008. *Institutions and Environmental Change*. Cambridge, MA: MIT Press.

Young, Oran R. , and Will Steffen. 2009. The Earth System. In *Principles of Ecosystem Stewardship*, eds. F. Stuart Chapin, Gary Kofinas, and Carl Folke, 319-337. New York: Springer.

第3章　人类世的目标设定：
地球管理的终极挑战

奥兰·R. 扬（Oran R. Young），阿里尔·翁德达尔（Arild Underdal），
蟹江宪史（Norichika Kanie），金乐炫（Rakhyun E. Kim）

　　2000 年联合国大会通过的《联合国千年宣言》，发起了一项全球性行动，目的是消除贫困、改善人类基本健康、加强粮食安全、增加教育机会及促进性别平等。自联合国千年发展目标通过以来，虽然经济增长和民主改革等外部因素对于已经取得的相关进步起到了重要作用，但是追求千年发展目标的经验激发了我们对"目标设定"而非"规则制定"的兴趣。我们认为，应将"目标设定"作为解决全球问题的一项战略（见第 6 章、第 7 章、第 8 章）。2012 年联合国可持续发展大会的成果文件《我们想要的未来》，呼吁设立"可持续发展目标"，也明确反映了"通过目标进行全球治理"这一话题正吸引越来越多的关注（UNGA，2012）。

　　精心拟定一系列广为接受的可持续发展目标的过程表明，人们对千年发展目标所关切的问题依然兴趣浓厚。整个过程中，有关贫穷、饥饿、健康、教育和性别平等的问题，都位居由官方和非官方捐献者所列的关注名单之首。然而，制定一套可持续发展目标的框架和细则并非仅仅为了重新推动国际社会来解决这些常见问题。可持续发展是一个更广泛的目标，需要融合经济、社会和环境因素，既要实现对人类个体幸福感的提升，又要促使从地方到全球各层面形成适应性很强的社会生态系统。今天，科学家及越来越多的政策

制定者愈发意识到：在很短的时间内，地球本身已经成为一个由人类主导的系统(Steffen et al.，2004)。由此，一个新的话题正逐渐流行，常表述为"地球正进入一个被称为'人类世'的新纪元"这一命题，这对我们关于全面实现可持续发展的思考具有深远影响。

本章将探讨从千年发展目标向可持续发展目标的过渡，指出已对目标设定作为全球治理战略产生了重要影响的人类世的主要特征，通过淡水处理案例研究，阐明该新思维方式的意义，以及探讨为什么说实现可持续发展目标比实现千年发展目标所面临的挑战更大，需要付出的努力更多。最后，我们认为，提出一个有关可持续性的基本规范，对那些负责在 2016—2030 年实施可持续发展目标的相关人员可能会有所帮助。

3.1　从千年发展目标到可持续发展目标

千年发展目标和可持续发展目标在内容上多有重叠，两套目标都强调了减少赤贫、根除重大疾病，以及采取措施促进性别平等的重要性。然而，千年发展目标标志着一个新时代的开始，因为它制定了一个侧重于发展中国家要务、目标宏大的议程，而可持续发展目标则强调发达国家居民需要做出重大行为改变，以及需要努力改善发展中国家居民状况这两个方面的内容。这一至关重要的转变，植根于可持续发展观念。2012 年的联合国可持续发展大会通过给"发展目标"添加"可持续"这一修饰语，将关注点转移到新的主张上：未来人类，必须在承诺坚定捍卫地球生命支持系统的基础上，满足自身的需求和愿望。

通过添加"可持续"这一修饰语，联合国也呼吁人们关注已取得的成就。20 多年前，世界环境与发展委员会告诉我们：可持续发展，就是"既能满足当代人的需要，又不对后代满足其需要的能力构成危害的发展"(World Commission on Enviroment and Development，1987)。如今，这句话也成为"可持续发展"的标志性定义。事实证明，依据这种定义来衡量可持续发展进程是一项艰巨的任务。许多人提出了将"可持续发展"这一概念付诸实践的方法，但对于为实现这一目标提出一套特定程序究竟有何好处，尚未达成共识。可持续发展不仅强调在可持续的基础上满足人类需求的重要性，而且让人们关注到一个不可忽视的事实：人类需求，已远非收入或财富等常规衡量方式所能测算(Sachs，2015)。

史蒂芬(Steffen)及其同事们总结了过去 20 多年国际岩石—生物圈研究项目的结论，指出：人类活动，"就其程度和影响而言，已经可以和部分强大的自然力量画等号"(Steffen et al.，2004)。他们还补充说：因此，地球系统现在正以一种"非模拟状态"(a no-analogue state)运行，这意味着先前的经验在未来可能不再可靠(Steffen et al.，2004)。这种被史蒂芬和同事称为"超级加速"的转变，给人们带来了一系列前所未有的挑战：在地球层面上，为了实现可持续发展，人们必须不惜一切代价，努力面对这些挑战。该转变还表明，追求可持续发展，就必须改善对人类个体与集体行为的管理或指导方式，因为人类行为正严重影响地球的命运，随之也影响到人类个体与社会的福祉。关于可持续发展，最近某些定义明确包含了"保护地球生命支持系统应作为最典型特征"的内容(Griggs et al.，2013；Muys，2013；Sachs，2015)。

生物物理和社会经济变化之间的交互影响，使得关于地球前沿的探索接近尾声。当鱼类、森林和化石燃料的储备枯竭时，我们将无处获取新的相应资源；在当前人口快速增长的形势下，我们必须学会在资源有限的地球上团结协作，利用共有资源谋求生存(Berkes et al.，2006)。在这一背景下，某地的人类行为可对遥远的另一地区产生重大影响。例如，主要在中纬度人口密集的社会环境中排放的温室气体，却引发北极海冰快速融化、热带海洋酸度大幅上升、珊瑚礁生存受到威胁，以及亚马孙流域雨林中物种减少等问题。越来越多的生物物理系统达到阈值或临界点，以致即便微小的触发事件也可能造成影响深远的系统变化，而这些变化通常是非线性且不可逆转的，有时还具有突发性(Lenton et al.，2008)。结果，那些我们无法预知、猝不及防的极端事件愈加频繁。此类事件多会引发连锁反应，影响范围广泛且往往不受国界限制。2011 年，日本大地震引发海啸，海啸随之又造成福岛核电站爆炸的灾难，便是一个显著例子。所以，如果要实现可持续发展目标，就必须采取可行策略，协同大规模甚至是全球规模的系统运作，同时要在减少赤贫和根除衰竭性疾病等长期问题方面取得突破。

3.2 人类世的开始为何重要

大约从 20 世纪中叶开始，一系列社会经济和生物物理发展研究融合，触发"超级加速"现象(Steffen et al.，2004；Young，2013)。这种融合的结果之一便是，整个地球已转变成一个由人类所主导的系统。在过去几十年的时间，这种转变通过以下渠道进入我们对可持续发展的思考范畴：政府间气候变化专门委员会(Intergovernmental Panel on Climate Change)的系列评估报告，与日俱增的媒体关注，以及"人类世"概念的引进和快速应用，等等。总体上讲，人类世对我们满足治理需要的努力产生了深远影响，具体而言，它又对我们将目标设定作为全球治理战略的做法有重大意义。其特征包括：遥相关的兴起，地球安全边界的出现，非线性变化的发生率增加，以及全球范围内突发性事件的重要性凸显(Cornell，Prentice，House，and Downy，2012)。

3.2.1 遥相关

遥相关，指的是地球系统中广泛分离和看似无关的事件之间存在的系统性关联。许多遥相关是生物物理方面的，例如，中纬度地区温室气体排放量的上升导致北极海冰融化、崩塌及热带地区的珊瑚白化。其他遥相关是社会经济方面的，比如，特定环境下出现的金融问题(如 2008 年美国的房地产泡沫破灭)，可能会引发具有全球性后果的连锁反应。因此，在一个地方为实现某一目标所付出的努力，可能会由于遥远某地或看似无关的行业里的事件而遭受破坏或有所促进。这一发现对目标设定具有双重意义：首先，目标必须"面向全球；普遍适用于各个国家，顾及各国现实、能力与发展水平"（UNGA，2012，第247段）。例如，消除贫穷是一个跨区域合作目标：世界上某些地区的穷人可能比其他地方多。然而，确保粮食安全和应对气候变化等关键目标，越来越需要全球范围内有计划的行动举措。其次，必须考虑到看似可能无关的目标之间的关联。联合国大会关于可持续发展目标的开放工作小组力图解决此问题，但并非全部努力都取得了成功。如需取得长期性成功，可持续发展目标除了避免冲突之外，还需要利用协同效应。

3.2.2　地球安全边界

预计到2050年，全球人口将从现有的70多亿增长至90亿。人们将会愈发清楚地看到，地球作为人类家园的承载极限（Rockström et al.，2009；Steffen et al.，2015），人为因素导致地球自然资源枯竭，地球大型循环被破坏（如碳和氮循环）并且持续恶化。我们必须制止那些在将特定资源（如鱼类种群）耗尽后，又转向新区域，再次重复损耗的"流寇"行为，确保大气、海洋和陆地系统的长期可持续利用（Berkes et al.，2006）。这表明，我们无论在处理食物、水、能源还是其他任意一种具体的人类需求时，都要以系统化的方式思考并认识到：论及某一关键目标，必然意味着采纳某种指导性的管理话语（Chapin，Kofinas，and Folke，2009）。

3.2.3　非线性

我们面临着越来越多急剧、突发且不可逆的变化。在这方面，人类世的一个重要特征便是达到临界点或阈值。因此，相对温和的事件可能触发诸多变化，波及主要系统（如地球气候系统），在人类时间尺度上产生深远、不可逆转的影响（Lenton et al.，2008）。在这种情况下，一个重要的目标就是通过共同努力预先确定临界点，以便使人类活动尽早远离临界点，建立自我纠正或负反馈机制，以防止系统达到不可挽回的地步。此前，人们总是等到事情发生之后才采取应对措施；如今，我们必须从整个地球利益的角度未雨绸缪。

可持续发展目标的实现，必须落实在当代人类的行为变化上，而不是寄希望于后代。

3.2.4 突发性

从上述有关人类世的观察中可得出一个重要观点：地球及其主要系统非常复杂。看似微不足道的行为，可能会引发大规模和不可预见的结果，这常常让我们措手不及，气候系统便是典型的例子。地球系统可能不乏负反馈机制，来缓冲大气中温室气体浓度上升造成的影响。然而，地球正反馈机制也可能会加强或扩大人为驱动因素的影响。这意味着所有决策都难逃不确定性（Kahneman，2011）。在对其知之甚浅的复杂系统面前，我们必须避免疏忽大意。但这一发现也的确表明，人类在设定目标时，有必要预留针对系统突发情况快速调整适应的空间。

3.3 案例：淡水的数量与质量

上述讨论的地球发展演化，对制定全球治理战略有何实际意义？为把前一节的分析观察变得更有实际意义，我们将探讨地球发展演化对淡水问题的影响。类似探讨也可用于解决其他一些重大问题，例如，养活 100 亿人口，让工业社会放弃化石燃料的使用，或阻止越来越多的物种趋于灭绝。但相比之下，淡水问题较为特别，原因有以下几点：其一，许多知识渊博的观察家预测，与淡水有关的挑战将成为 21 世纪全球范围内最典型的议题；其二，在局部地区，确保充足的淡水供应一直是个难点，因而当前与淡水相关的问题，俨然已成为区域性的甚至全球性的首要关注点；其三，淡水与保障粮食安全、迫切改善卫生条件、实现能源充足供应等重大问题之间也有千丝万缕的联系。本书后面的部分章节还会详细介绍淡水的各种实际应用（见第 6 章、第 8 章、第 12 章）。

目前，地球上有足量可利用的淡水资源，可满足当前世界人口的需求（Gleick et al.，2014）。淡水问题主要和以下因素有关：（1）水资源的分布，或者大型淡水蓄水点与不同人口密集区域之间的距离；（2）为管理稀缺水资源在人类活动中的分配和使用而建立起来的经济和政治体制；（3）大量人类活动对水质造成的影响。因此，类似粮食安全等迫切问题，关于水的可持续发展目标不能光注重解决量的问题，更要关注其分布、分配和污染问题。

地球上的淡水资源分布非常不均。加拿大人口相对较少，但水资源非常丰富。中国南方有充足的淡水供应，但北方，尤其是西北地区，面临着严重的水资源短缺和日益严重的荒漠化问题。美国西部，尤其是西南部，都是干旱地区，由于近年来遭受多次严重干旱，水资源短缺几乎达到危急程度。同时，气候变化还加剧了这些区域在淡水分布上的差异。世界范围内的普遍预期是：气候变化将使湿润地区更加湿润，干旱地区更加干旱。在一些特定区域，地区发展也可能会加剧这些变化。例如，在亚洲，季风系统很可能受到干扰，海平面上升也有可能导致海水淹没沿海地区，污染孟加拉国等国的淡水供应；在欧洲，主要河流频发极端洪水已成为常态，而近年流入北美西部科罗拉多河的水量却屡创新低。

为了确保上述情况下的水资源安全，一些战略便被设计出来，包括大规模的工程项目和高层政治。处于干旱地区，正快速发展的洛杉矶，通过在遥远地区购买用水权，并采用导水管远距离输送来增加供水，这一事迹已经成为传奇（Reisner，1993）。中国斥资数百亿美元投入其"南水北调工程"，旨在从水资源较为丰富的南方调水到干旱的北方，这一工程堪称人类历史上最庞大的工程项目之一（Kuo，2014）。又如以色列这样的干旱国家，为了解决供水问题，规划者已经做出重大承诺——将实现海水淡化，以满足人们对淡水的需求，即使该做法既昂贵又耗费能源。解决供水问题的另一个战略是：水资源丰富的地区将生产的食品和其他耗水密集产品销往干旱地区，从而换取更适宜在缺水地区生产的产品。这种体系能促进"绿色"水的利用，但需要可靠的和平条件才能保证商业的繁荣。从技术上讲，大规模回收水是可行的，即将废水通过适当方法加以处理，使其能够重新发挥多种用途，包括为人类使用。然而，目前人们对再生水的使用普遍反感，这种反感主要源于恐惧或偏见而非理性考量，这对大规模回收废水的实施构成了障碍。

应对许多诸如此类的挑战，也会因为体制安排过时或不够完善而更加困难。例如，在加利福尼亚州，尽管有技术（各种形式的滴管灌溉和旱作农业技术）可以实现在不影响农产品生产的情况下最大限度地减少用水，但大约 85％的地表水和大多数地下水仍被用于农业，而农业对该州的经济贡献只占 3％（Bardach，2014）。该问题的产生，在很大程度上是由于美国联邦政府对农民用水提供了补助，而又缺乏对农民利用适当技术的投资的激励机制。这一问题不只出现在美国，全球有 70％～90％的可利用淡水都被用于灌溉农业用地（Scanlon et al.，2007），但绝非只有低效的农业存在过度用水问题。无论城市还是乡村，都可通过引进更有效的用水系统，改变人们目前对缺水问题并不太敏感的生活方式，从而减少用水需求。然而，绝大多数情况下，政府并没有提供大幅度的节水激励，人们对改变密集用水方式的要求也持抵触态度。有时本该需要的管理制度却不存在，例如，奥加拉拉含水层（Ogallala Aquifer）含有覆盖美国中部大片地区的大量地下水，但由于这些地下水是一种普遍的公用资源，没有统一的监管体系对擅自使用者进行有效约束，所以用水者正以远超自然补给率的速度开采这些地下水。事实上，他们对这种矿物水的开采是以一种不可持续的方式进行的（Little，2009）。

在其他情况下，水的使用政策和做法还与国家安全问题紧密相连。比较突出的例子包括：20 世纪 50 年代苏丹北部的洪水灾害，是埃及建造阿斯旺水坝造成的。还有近期发生的争议事件：幼发拉底河在伊拉克境内的水量减少，是由于土耳其修建阿塔图尔克水坝。更加依赖"绿色"水的做法遭到了普遍反对，原因是反对者们认为，对于那些本已靠其他国家获取基本商品的国家而言，这样的做法会危及他们的国家安全。类似问题还有：阿拉伯和以色列两国对加利利海（提比里亚湖）和约旦河有限的淡水供应的长期争夺，这一直是阿以冲突中的棘手问题。在这些例子中，原本完全可依赖技术解决的淡水问题，却遭到了高层政治的介入和阻止。

即便在水量充足的情况下，水质问题可能也会很突出。这在很大程度上涉及如何处理合法活动产生的副产品或者说负面影响问题。一个典型的例子就是：为支持农业生产而低效或无节制地使用化肥，从而导致氮和磷的流失。大型淡水水体（例如，中国的太湖和美国的尚普兰湖）正遭受藻华的危害。藻华周期性发生，使得相应水体的水不再适合人类饮用，因而需要经常关闭这些水体部分区段，避免相关水资源的使用。工业废水存在类似情况，废水往往未经充分有效处理就被排放进了河流（Fagin，2013），造成河流严重污染，影响极其恶劣。这类案例并不少见。从根本上讲，这些都是政治性问题。甚至在一些地方，即使有可能通过消除或控制这些污染副作用来改善社会福利，水质问题也仍然很难甚至不可能得到有效解决，因为这种做法在利益上会产生输家和赢家，输家往往不予配合、拒不改变。

我们需要持续关注千年发展目标中涉及的淡水供应问题。有人认为，足够的淡水供应，应当作为一项人权加以保障；而另外一些人则指出，水供应私有化，会导致很多地区，尤其农村地区的淡水价格上涨。两派人进行了激烈的道德争论，由此形成的紧张关系成为一项悬而未决、不可忽视的挑战（von Weizsäcker，Young，and Finger，2005）。在可持续发展目标框架下，处理水的问题要关注更多方面：一方面，这涉及对一些大规模进程的预测，如主要河流系统的水文变化，可能会威胁上千万甚至上亿人的生计；另一方面，它对体制管理（或缺乏体制管理）提出了疑问，也许体制管理在19世纪甚至20世纪还算可行，但对当今世界造成了不可接受的后果。解决淡水数量和质量问题所面临的挑战，不仅是寻求满足底层数十亿人需求的方法，也是从地方各个层面到全球都共同面临的挑战。应对这项挑战，需要根本性的变革，既包括对陈旧体制的改革，又包括改革第一世界和第三世界都同样盛行、根深蒂固的行为模式。值得一提的是，这些挑战在不同地方的呈现形式不尽相同，因此需要针对不同情况量身制定解决方案，即便制定全球性方案来解决全球性问题，也需要将地方差异考虑进来。

3.4　可持续发展目标的意义

上述分析对可持续发展目标的制定和实施有什么实际意义？2012 年联合国可持续发展大会的成果文件指出，这些目标应当"以行动为导向；言简意赅，易于传播；数量有限；雄心勃勃；面向全球；普遍适用于各个国家，顾及各国现实、能力与发展水平，尊重各国的政策与优先事项"（*UN Conference on Sustainable Development 2012*，第 247 段）。这是一系列可行且很严格的要求。考虑上述要求后，我们怎样才能保证可持续发展目标成为一项改变人类行为的手段呢？

要解决这个问题，我们可以将可持续发展目标分为两个阶段：目标设定和目标实现。就目标设定阶段而言，主要挑战在于制定目标的方式，既要考虑地球系统自进入人类世以来所发生的根本性变化，又要强调人们继续共同努力的重要性，以消除贫困、确保食品和水资源安全、改善人类健康、提高发展中国家民众的生活质量，这些正是千年发展目标所希望实现的。而在目标实现阶段，关键挑战则在于：坚持可持续发展目标所要求的方向，对人类活动进行有效引导或指导。这个挑战极其艰巨，对实现千年发展目标是如此，对实现可持续发展目标更是如此。因此，本节将讨论如何依据联合国为 2016—2030 年设定的议程进度来制定可持续发展目标等问题。

实现可持续发展，是一个典型的、多世代继承、延续的工程。它具有三个特征，使其成为一项尤为艰巨的治理挑战（Underdal，2010）：首先，缓解措施（通常涉及短期成本）和成效（可能带来好处）之间存在较长的滞后期，通常远远超出一代人的时间；其次，在过去的四五十年中，尽管我们在社会科学和自然科学领域取得了重大进展，但是我们尚不完全了解人类活动在驱动地球系统的动力学中所扮演的角色，这一科学命题依旧充满着深刻的不确定性；最后，一些可持续发展目标旨在处理全球性集体物品（global collective goods）的供应问题。这些问题的共性是将全球性集体物品和广泛的人类活动联系起来，同时又让这些物品超出任何一个"单一最佳努力"[这个词借用自巴雷特（Barrett，2007），用来指代一类集体行为问题，即单一参与者通过单边努力，能够提供上述集体物品，并且对所提供的物品有强烈兴趣]方案的范畴之外。限于篇幅，本节侧重讨论滞后期的含义。具体来说，我们主要考虑了三种重要含义：不对称的不确定性，时间不一致性，以及有关参与程度和政治权力的极端代际不对称性。

在其他条件相同的情况下，我们考虑的未来越远，不确定性就越大。诸如气候变化和生物多样性丧失等挑战，就具有天然的不对称性，即我们对缓解措施成本的计算能力与我们对这些措施最终收益的预见能力之间，存在极大的不对称性。粗略了解一下政府计划和公众辩论就可发现：缓解措施的短期效果主要是在短期成本的基础上制定的，而所避免的长期损害却是从最终收益来考虑的。在这些条件下，不确定性在评估收益过程中所占的权重，就比在评估成本中所占的权重更大。而且，大多数人可能会将这一背景下的不确定性仅仅理解为一些"负面的"小错误，而不是全部合理的结果，包括那些比平均值或中值的预估更积极或者更负面的结果。这些不对称性越大，就越会降低人们对不确定性可能带来的净收益的预期，从而扭曲成本/收益比率。更糟糕的是，上述问题还会因人类有这样一种倾向而被放大，即面对同等大小的特定损失和收益时，人们倾向于对损失的反应更强烈，这种倾向已有文献记载（Kahneman and Tversky，1979）。从政策制定者对这种模式的遵循程度来看，雄心勃勃的缓解措施将面临巨大障碍，甚至比传统理性选择理论所预测的障碍还要大。

人类行为的滞后性还倾向于从其他方面影响激励结构。其中一种可能的影响被称为"时间不一致"问题。当下为未来某段时期制订的最佳计划，待到未来来临时，可能已丧失其最优性，即出现时间不一致问题（Kydland and Prescott，1977）。在此，我们将用一个日常生活中的例子来阐明这一机制的原理。假设你为了改善健康状况，已经开始了一项定期锻炼身体的计划。即使你坚信整个计划将会带来可观的净收益，但你也不必对计划中的每个训练项目都得出积极的结论。单独的一次计划未被履行，可能不会减少长期的健康收益，但很可能会增加短期收益（例如，不让自己暴露在大雨或者寒冷天气中，或让自己腾出时间去参加一场音乐会）。从技术角度看，这次特定的训练课程的成本/收益演算，显示出了一个负平衡，尽管整个计划预期会取得客观收益。时间不一致问题的核心在于，整个计划的成本/收益考虑，与执行该计划所需的个别微观决策之间的不一致。即使所有决定均由一个人做出，这种不协调的情况也可能发生，更何况实际项目中，由于必须经历政府的多种变化，所以更可能发生这种情况。而且不协调的实例越多，总体规划中的细则未被执行的风险也就会越大。

另一个潜在的扭曲因素是贴现，这是一种用于估算未来收益和成本现值的过程。贴现，通常会对现有收益赋予比未来收益更高的价值，原因有两个："人易于急躁的特点"和收入增长的假设（Fisher，1930）。斯特恩（Stern，2007）和谢林（Schelling，1995）及其他一些人对传统贴现理论与全球气候变化等跨世代挑战的相关性已经提出了疑问。

当前政策的效果要在几十年后才得以显现，在某些情况下，甚至需要几个世纪。而且，未来的利益相关者将没有机会在选择政策时发出自己的声音，因为政策的选择是在诸多偏好被聚合后，在综合考虑的基础上做出的。在制定可持续发展目标时，我们面临参与程度和政治权力的"极端代际不对称性"。正如前文所提到的，措施实施和收益实现之间有很长的滞后期，这也就意味着那些能够采取有效缓解措施的人，必须支付大部分成本，但只享受因避免损失而产生的小部分收益。享受的收益越少，处在"上游"的世代更看重自身物质利益而非"下游"世代的利益。我们希望，该差距会因为那些真正关心子孙后代福祉的人而有所缩小。然而，如果谢林（Schelling，1995）所言属实，缓解措施的最大受益者就会更加"遥远"，这不仅是指世代方面的距离，更包括地理位置、种族、文化及集体身份等其他方面的距离。在条件相同的情况下，如果受益者能被感知的距离越遥远，那么自己买单而让他人获取最大收益的意愿就越会降低。这种激励差异加上政治权力的极端不对称，将给可持续发展项目带来纵向解体的严重风险。换言之，可持续发展目标中阐明的一系列雄心勃勃的目标和为实现这些目标所实际采取的政策及做法之间，有可能存在巨大的差距。

3.5   在规范基础上建立机构

为减少或避免这种不一致性，我们可以做些什么呢？一种策略就是引入制度安排，例如，任命监察员（专员）、监护人（受托人）或获得授权的代理人〔比如，科学与环境健康网络（Science and Enviromental Health Network）和 2008 年哈佛法学院国际人权诊所（International Human Rights Clinic at Harvard Law School 2008）〕。对许多国家来说，监察员或专员办事处只是用来保护个人（人类）权利的一个概念。而少数国家已经设立了保护子孙后代集体权利的专员办事处，其中先驱当数匈牙利和以色列。但是，这两个国家设立的办事处均未发展为长期性机构。在匈牙利，分配给办事处的事务，于 2012 年由基本权利事务专员办事处（Office of the Commissioner for Fundamental Rights）接管；在以色列，未来世代专员办事处（Office of the Commissioner for Future Generations）成立五年后，最终解散。若要根据少数几个国家的短暂案例来判断监察员或专员设置在未来几个世纪内的潜在作用，还为时过早。然而，值得注意的是，迄今为止，相比保护后代享有地球生命支持系统的集体权利，这种机构在保护个人和小群体权利方面的业绩表现更为优秀。

之所以如此，部分原因在于，这两种保护任务本来就在许多重要方面有所不同。在传统人权领域，监察员或受托人所处理的（个人）权利在国际公约、议定书及国家法律和条例中，均有相当具体和明确的阐述。因此，当侵权行为发生时，往往可以被监测到，随后可能纳入普通的法律程序。而且这种侵权行为的受害者通常是当代人，容易识别。相比之下，后代享有地球生命支持系统的集体权利，通常更为广泛，难以被实际监测到，也更难使用普通法律程序来实施。

　　有时，国内法院和国际法院都认为法律需要代际平等，并赋予那些力图代表后代的人以法律地位。例如，联合国国际法院在其咨询意见中，将核武器对后代福祉的影响视为考虑"核武器威胁或使用的合法性"的重要因素（International Court of Justice，1996）。但是，国际法院并没有因此宣布核武器不合法。尽管如此，国际法院承认"使用核武器可能对子孙后代构成严重危害"（International Court of Justice，1996）。同样值得注意的是，国际法院也拥护将环境广泛地定义为"人类，包括尚未出生人口的生活空间、生活质量和健康"（International Court of Justice，1996）。威拉曼特（Weeramantry）法官在其反对意见中陈述了以下理由，"后代的权利，已经通过主要条约、法律观点和文明国家承认的一般法律原则融入了国际法中"（International Court of Justice，1996）。

　　一些国内法院通过赋予后代法律地位的方式，为子孙后代设立了保护程序。1994 年，菲律宾最高法院授权 44 名未成年人代表自己和后代人，就该国不可持续采伐行为的影响起诉政府（Philippines Supreme Court，1994）。1999 年，美国蒙大拿州最高法院发现，其国家宪法的环境条款为公民和环保团体提供了对公共资源造成环境危害行为进行起诉的平台（Supreme Court of Montana，1999）。然而，并不是所有类似尝试都取得了成功。例如，2001 年，韩国首尔行政法院否定了一个儿童群体提出诉讼的法律立场，这些孩子希望通过诉讼来阻止一项政府主导的大型填海工程（Seoul Administrative Court，2001）。毫无疑问，首尔行政法院的裁决反映了世界各地国内法院的普遍规范，而非仅代表个例。

　　这些观察结果当然不能佐证体制改革无法成功保护后代人利益的结论。不过综合来看，上述观察的确表明：要想让体制安排变成保护后代人利益的有效机制，就必须有一个坚实的规范基础。这也表明：我们还需要一个建立在基本的可持续发展原则或可持续基本规范之上的策略。这样一个基本规范通过成为法律的基本原则，等同于公正、平等和自由等其他基本原则，从而实现对可持续发展政策与实践的引导（Bosselmann，2008）。目前，国家法律制度和国际法都缺乏这样一个基于后代权利的基本规范：禁止对生态系统的完整性造成严重或不可逆转的伤害。

"基本规范"的概念，通常被理解为可以解释和验证所有其他法律规范的基础性规范（Kelsen，1967）。一个基本规范就是法律制度所依据的基础。宪法是基本规范的有力证据之一，它使得法律制度的所有要素都富有活力、正当合理（Fisher，2013）。在概念上，基本规范独立于法律制度存在，但以结论规则的形式支持法律论证。例如，宪法的合法性是从法律制度的外部而非内部衍生出来的。因此，基本规范是"政治意识形态问题而不是法律意识形态问题"（Fisher，2013）。这种理解有别于汉斯·凯尔森（Hans Kelsen）的观点，而更接近康德（Kant）的论证，即任何积极的法律都必须以普遍认可、合理的自然规律为基础，以防止纯粹的任意性（Kim and Bosselmann，2015）。

上述概念导入，使得将可持续性原则作为基本规范的想法成为可能。可持续发展基本规范依赖于这样一个命题：从康德的意义上说，对地球安全边界——"人类对地球系统的安全运行空间"（Rockström et al，2009）的尊重，是一项道德责任（Kim and Bosselmann，2015）。在全球治理的具体情境下，我们可以将可持续发展原则理解为一个至高的规范（或目标），所有国际制度和组织在其具体活动中都必须为之奋斗，从而使可能分散甚至内部不一致的制度安排凝聚并一致（Kim and Bosselmann，2013）。在可持续发展中采纳基本规范，将与保护人权或促进贸易自由等基本规范相似，在其他问题领域充当国家行为合法性的衡量标准。如果缺乏类似的可持续发展基本规范，那么可持续发展构想便缺失力量，保护后代和环境的基础便不稳固。

理想情况下，一个可持续发展基本规范将包含为实现《2030年可持续发展议程》所构建的愿景。这个愿景还必须是明确的，且在全球范围内达成共识。正如《联合国千年宣言》所说的，开放工作小组的报告强调将消除贫困视为"当今世界面临的最大挑战"（Open

Working Group on Sustainable Development Goals，2014）。由此，"消除各地一切形式的贫困"当然值得被优先关注。但从实现长期可持续发展的角度来看，保护"地球处于必要的状态之中"（例如，气候稳定和生态系统功能保持），需被视为任何一种发展的前提条件（Griggs et al.，2013）。所有道德立场，包括颇为盛行的人类中心主义，都支持这一主张，因为当代和后代的福利都取决于地球生命支持系统的维持。当然，这些论述并不新鲜，类似言论早已出现在一系列有影响力的文本中，包括 1972 年的《斯德哥尔摩人类环境宣言》（*Stockholm Declaration on the Human Environment*）、1982 年的《世界自然宪章》（*World Charter for Nature*）、1992 年的《里约环境与发展宣言》和《我们想要的未来》。但这些文本远远不够，它们需要得到国家和其他行动者的实践支持。

建立一个可持续发展基本规范，需要承认如下命题，即"保持、维护和恢复地球生态系统的健康和完整性"，是国家和非国家参与者的一项核心义务（《里约环境与发展宣言》原则 7）。在人类世中，生态系统的完整性将意味着什么，这仍然是有争议的话题。但是为了实现可持续发展，并执行以目标为导向的治理机制，如可持续发展目标，对全球生态完整性商定出一个切合实际、以人类为中心的定义，还是有可能的，如生物多样性和生态系统运转过程的组合，即"全新世"（the Holocene）期间生物圈的特点（Bridgewater，Kim，and Bosselmann，2016）。因为这是我们所确定的唯一能够支持当代社会地球系统的一种状态，所以，"全新世"为我们实现这一目标提供了适当的预防性参考意义（Steffen et al.，2011）。

采纳和实施可持续发展基本规范，将需要对现有和新兴的国际治理体系进行重大改革。在全球层面上，国际社会需要一种新的类似于国家宪法这样级别的协议，重新界定人类与其他生命团体的关系（Kim and Bosselmann，2015）。比如，《环境与发展国际公约草案》（*The Draft International Covenant on Environment and Development*）就有望成为这种协议。该草案是许多著名学者和从业人员数十年来为编纂现行环境法而努力工作的成果（Internation Union for Conservation of Nature Enviroment Law Programme，2015）。公约草案在核心部分提出，要将尊重"自然整体和所有生命形式"及"地球生态系统的完整性"作为一项根本原则，这也就体现了可持续发展基本规范的相关内容（第二条）。最终，我们可能需要对《联合国宪章》（*Charter of the United Nations*）进行改革（Kanie et al.，2012）。

尽管这项整体努力很有价值，但要让可持续发展基本规范发挥实际作用仍有待时日。一旦此基本规范被完全接受，它将以多种方式生效。它可以作为跨时期优先事项选择的指导，呼吁当代人关注子孙后代的福祉，同时还能够保持一定程度的灵活性，来平衡子孙后代的需求与当代人的需求。这意味着在由人类主导的地球上，保护地球生命支持系统将是为后代提供与当代人享有相同机会的任何有效战略所必需的组成部分。可持续发展基本规范还可以指导对现有法律及惯例的解释，以此改善整套现有制度的一致程度。正如我们对水资源的案例研究所强调的那样，加强农业生产而采取的措施，无论对实现粮食安全能做出何种贡献，都可能导致水质严重恶化。作为一个潜在的"裁决规范"，基本规范通过把可持续发展目标及其子目标都视为实现基本目的的工具，进而作为共同项目的要素，建立有助于它们彼此之间合作的关系（Kim，2016）。

发展中国家可能犹豫是否支持这一想法，原因仍是他们不愿意接受任何可能降低经济发展重要性的言论。但是，他们没有必要担心可持续发展基本规范会有助于维护富人的特权。地球生命支持系统的主要威胁其实来自富人的过度消费，而不是穷人为满足其基本生存需求的挣扎。可持续发展基本规范将承认所有人都有权改善福祉，而可持续发展目标将有助于阐明该项权利的重要意义。可持续发展基本规范对任何特定世代成员之间的资源分配都很有意义。更重要的是，提出这样一个基本规范，其主要目标是：无论何时何地，都要始终强调谋求人类福祉这一前提。

3.6 结 论

有些人认为，可持续发展目标的提出在很大程度上就是第二轮千年发展目标的启动。这可以理解，但是可持续发展目标的制定及有效实施更具复杂性和挑战性。在这一背景下，将可持续发展目标的制定作为治理战略，实际上是同时回应两类人的合理诉求。这两类人分别是：那些谋求实现千年发展目标工作的人，以及那些致力于解决人类世中威胁人类福祉问题，并在此过程中为人类维护安全生存空间的人。应对此类情况的普遍做法之一，就是采用一种包容性的方式，即在所提出的"可持续发展目标"清单中，包含所有"阵营"的利益。开始时，它还需要通过"展望"（backcasting）的方法为未来绘制理想蓝图。但这并不是能获得成功的好方法。2012 年联合国可持续发展大会的成果文件提醒我们，目标应该"言简意赅"且"数量有限"（UNGA，2012，第 247 段）。可持续发展目标的制定者是否有能力实现这一要求，将对国际治理创新究竟能取得何种成效起决定性作用；而在下一个阶段，联合国系统及其成员国是否有能力建立体制机制和实施细则来支持这些目标也同样起决定性作用。这些体制机制和实施细则需要把那些有感召力的高层领导的需求和各重要利益相关者及可调动的必要资源结合起来（见第 9 章）。

参考资料

Bardach, Ann Louise. 2014. Lifestyles of the Rich and Parched. *Politico Magazine*. Available at: http://www.politico.com/magazine/story/2014/08/california-drought-lifestyles-of-the-rich-and-parched-110305.html.

Barrett, Scott. 2007. *Why Cooperate? The Incentive to Supply Global Public Goods*. Oxford: Oxford University Press.

Berkes, Fikret, Terry P. Hughes, Robert S. Steneck, James A.

Wilson,David R. Bellwood, Beatrice Crona, Carl Folke, et al. 2006. Globalization: Roving Bandits and Marine Resources. *Science*, 311: 1557-1558.

Bosselmann, Klaus. 2008. *The Principle of Sustainability: Transforming Law and Governance*. Aldershot: Ashgate.

Bridgewater, Peter, Rakhyun E. Kim, and Klaus Bosselmann. 2015. Ecological Integrity: A Relevant Concept for International Environmental Law in the Anthropocene? *Yearbook of International Environmental Law*, 25:61-78.

Chapin, F. Stuart, Gary P. Kofinas, and Carl Folke, eds. 2009. *Principles of Ecosystem Stewardship: Resilience-Based Natural Resource Management in a Changing World*. New York: Springer.

Cornell, Sarah E. , I. Colin Prentice, Joanna I. House, and Catherine J. Downy. 2012. *Understanding the Earth System: Global Change Science for Application*. Cambridge, UK: Cambridge University Press.

Fagin, Dan. 2013. *Toms River: A Story of Science and Salvation*. New York: Bantam Books.

Fisher,Douglas. 2013. *Legal Reasoning in Environmental Law: A Study of Structure, Form and Language*. Cheltenham: Edward Elgar.

Fisher, Irving. 1930. *The Theory of Interest*. New York: Macmillan Co.

Gleick, Peter, Newsha Ajami, Juliet Christian-Smith, Heather Cooley, Kristina Donnelly, Julian Fulton, Mai-Lan Ha, et al. 2014. *Biennial Report on Freshwater Resources*. vol. 8. The World's Water. Washington,DC: Island Press.

Griggs, David, Mark Stafford-Smith, Owen Gaffney, Johan Rockström, Marcus C. Öhman, Priya Shyamsundar, Will Steffen, et al. 2013. Sustainable Development Goals for People and Planet.

Nature,495:305-307.

International Court of Justice. 1996. Legality of the Threat or Use of Nuclear Weapons. Advisory opinion. *ICJ Reports*, 1996: 226-267.

International Union for Conservation of Nature Environmental Law Programme. 2015. *Draft International Covenant on Environment and Development*. Fifth edition. Gland:International Union for Conservation of Nature.

Kahneman,Daniel. 2011. *Thinking, Fast and Slow*. New York: Farrar,Straus and Giroux.

Kahneman,Daniel,and Amos Tversky. 1979. Prospect Theory: An Analysis of Decisions under Risk. *Econometrica*,47:263-291.

Kanie,Norichika, Michele M. Betsill, Ruben Zondervan, Frank Biermann,and Oran R. Young. 2012. A Charter Moment:Restructuring Governance for Sustainability. *Public Administration and Development*, 32:292-304.

Kelsen,Hans. 1967. *Pure Theory of Law*. Berkeley:University of California Press.

Kim, Rakhyun E. 2016. In press. The Nexus between International Law and the Sustainable Development Goals. *Review of European Comparative and International Environmental Law*.

Kim,Rakhyun E. , and Klaus Bosselmann. 2013. International Environmental Law in the Anthropocene: Towards a Purposive System of Multilateral Environmental Agreements. *Transnational Environmental Law*,2:285-309.

Kim,Rakhyun E. ,and Klaus Bosselmann. 2015. Operationalizing Sustainable Devel-opment: Ecological Integrity as a *Grundnorm* of International Law. *Review of European,Comparative & International. Environmental Law(Northwestern School of Law)*,24:194-208.

Kuo,Lily. 2014. China Has Launched the Largest Water-Pipeline

Project in History. *The Atlantic*, March 7.

Kydland, Finn E., and Edward C. Prescott. 1977. Rules Rather than Discretion: The Inconsistency of Optimal Plans. *Journal of Political Economy*, 85:473-491.

Lenton, Timothy M., Hermann Held, Elmar Kriegler, Jim W. Hall, Wolfgang Lucht, Stefan Rahmstorf, and Hans-Joachim Schellnhuber. 2008. Tipping Elements in the Earth's Climate System. *Proceedings of the National Academy of Sciences of the United States of America*, 105:1786-1793.

Little, Jane Braxton. 2009. The Ogallala Aquifer: Saving a Vital U. S. Water Source. *Scientific American*, March 1.

Muys, Bart. 2013. Sustainable Development within Planetary Boundaries: A Functional Revision of the Definition Based on the Thermodynamics of Complex Social-Ecological Systems. *Challenges in Sustainability*, 1:41-52.

Open Working Group on Sustainable Development Goals. (August 2014). Proposal of the Open Working Group for Sustainable Development Goals. UN Doc. A, 68/970:12.

Philippines Supreme Court. 1994. *Minors Oposa v. Secretary of the Department of the Environment and Natural Resources*. 33 ILM 173(1994).

Reisner, Marc. 1993. *Cadillac Desert: The American West and Its Disappearing Water*. New York: Penguin Books.

Rockström, Johan, Will Steffen, Kevin Noone, Åsa Persson, F. Stuart Chapin, III, Eric F. Lambin, Timothy M. Lenton, et al. 2009. A Safe Operating Space for Humanity. *Nature*, 461:472-475.

Sachs, Jeffrey D. 2015. *The Age of Sustainable Development*. New York: Columbia University Press.

Scanlon, Bridget R., Ian Jolly, Marios Sophocleous, and Lu Zhang. 2007. Global Impacts of Conversions from Natural to

Agricultural Ecosystems on Water Resources: Quantity versus Quality. *Water Resources Research*, 43. doi: 10. 1029/2006WR005486. 2007.

Schelling, Thomas C. 1995. Intergenerational Discounting. *Energy Policy*, 23: 395-401.

Science and Environmental Health Network and the International Human Rights Clinic at Harvard Law School. 2008. Models for Protecting the Environment for Future Generations. Available at: http://www. sehn. org/pdf/Models_for_Protecting_the_Environment_for_Future_Generations. pdf.

Seoul Administrative Court. 2001. Judgment 2000Gu12811 (known as the "future generations' lawsuit").

Steffen, Will, Åsa Persson, Lisa Deutsch, Jan Zalasiewicz, Mark Williams, Katherine Richardson, Carole Crumley, et al. 2011. The Anthropocene: From Global Change to Planetary Stewardship. *Ambio*, 40: 739-761.

Steffen, Will, Katherine Richardson, Johan Rockström, Sarah E. Cornell, Ingo Fetzer, Elena M. Bennett, Reinette Biggs, et al. 2015. Planetary Boundaries: Guiding Human Development on a Changing Planet. *Science*, 347: 1259855.

Steffen, Will, Angelina Sanderson, Peter Tyson, Jill Jäger, Pamela A. Matson, Berrien Moore, III, Frank Oldfield, et al. 2004. *Global Change and the Earth System: A Planet Under Pressure*. Berlin: Springer.

Stern, Nicholas. 2007. *The Economics of Climate Change: The Stern Review*. Cambridge, UK: Cambridge University Press.

Supreme Court of Montana. 1999. *Environmental Information Center v. Department of Environmental Quality*, 988 P. 2d 1236.

Underdal, Arild. 2010. Complexity and Challenges of Long-term Environmental Governance. *Global Environmental Change*, 20:

386-393.

UNGA, United Nations General Assembly. 2012. The Future We Want. UN Doc. A/RES/66/288.

von Weizsäcker, Ernst Ulrich, Oran R. Young, and Matthias Finger, eds. 2005. *Limits to Privatization: How to Avoid Too Much of a Good Thing*. London: Earthscan.

World Commission on Environment and Development. 1987. *Our Common Future*. Oxford: Oxford University Press.

Young, Oran R. 2013. *On Environmental Governance: Sustainability, Efficiency, and Equity*. Boulder, CO: Paradigm Publishers.

第 4 章　改善国家治理与政策的全球目标设定

弗兰克·比尔曼(Frank Biermann)，凯西·史蒂文斯(Casey Stevens)，
史蒂文·伯恩斯坦(Steven Bernstein)，阿尔蒂·顾普塔(Aarti Gupta)，
蟹江宪史(Norichika Kanie)，曼斯·尼尔森(Måns Nilsson)，
马歇尔·斯科比(Michelle Scobie)

本章的核心问题是讨论"能否将促进治理本身作为全球目标治理"这一主题，并主要关注全球目标治理体制中"治理目标"的内容及构成，尤其是可持续发展目标。可持续发展目标是在 2015 年 9 月举办的联合国大会上讨论商定的，该会议是联合国《2030 年可持续发展议程》的一部分。本章的讨论虽然受到可持续发展目标背景下治理目标和目标谈判的启发，但笔者并不局限于可持续发展背景下的治理整合，而是力求建立一种更广泛的分析方法。

我们将"治理"定义为政府行为主体对社会过程有目的的、权威的指导。因此，治理包括政府行为主体的传统手段，如法律、政策和法规，地方性的规划、规则体系和程序，以及非政府行为主体采取的某些行动，如民间社会网络或公私伙伴关系制定的标准。换言之，只要这些手段有权威性和合法性，且其目的是用来引导行为的，那么这些活动就属于治理的范畴。尽管关于治理的准确边界在文献著作中仍颇有争议，但普遍认为权威性和引导性是其两大核心要素(Rosenau，1995；Bernstein，2010；Biermann，2014)。此外，问题的确定、议程设置、信息收集和处理、谈判商讨、政策目标的制定及其实

施和监督等，都属于治理的范畴。确立全球目标如可持续发展目标，本身就是非常有力的治理工具，对政府行为、国际机构和非政府人员影响巨大。此方面内容详见本书第 2 章、第 3 章。

本章将着重研究并细致分析治理的三个核心特征（维度）：良好治理、有效治理和公平治理。良好治理强调治理的质量水平，如问责制、透明度、参与度与法治状况；有效治理关注提高解决治理问题的综合能力；公平治理侧重治理过程和分配结果的公平性，包括需要保护贫困和弱势群体的利益。

本章 4.1 部分讨论"治理"在国际发展议程上出现的情况，以及将其纳入可持续发展目标的情况。4.2 部分至 4.4 部分研究治理的三个不同维度，以及在可持续发展中的具体应用。4.5 部分反思将治理作为独立目标的利弊，或将其纳入国际机构、有关协定中具体议题目标的利弊。

4.1　国际议程治理

20 世纪 90 年代，在世界银行（World Bank）和国际货币基金组织（International Monetary Fund）的推动下，"治理"一词出现在了国际会议上（Sundaram and Chowdhury，2012）。结合制度经济学理论、新型公共管理和国家自然力的观点，这些机构在实践中的治理操作极具"技术统治性"（Andrews，2008）。此外，他们侧重于关注"良好治理"这一维度，诸如腐败、透明、问责、法治等问题，却不太关注有效治理和公平治理。另外，这些机构更重视治理的进程，而非治理的中短期成效和结果。在实践中，国际金融机构授权专家制定治理策略，然后运用这些策略提供援助，但最终的援助成效取决于良好治理指标的优劣（Best，2014a）。虽然国际金融机构在国家间倡导透明性、问责制和社会公民的参与性，但是这些机构本身未必践行了这些理念（Woods，2000）。

先前的讨论主要是技术性的，聚焦于各类复杂指标的提出与发展，重点关注减少腐败、支持法治、提高透明度、强化责任与参与。

20 世纪 90 年代，治理研究的关注点发生了变化，包括支持治理机构的复杂政治关系也发生了变化（Leftwich，1994；Sundaram and Chowdhury，2012）。以往的供应方关注治理，并以此来激励特定机构改善治理水平，而需求方则关注国际、国内大背景下的行为参与者，以求更优的治理。现如今，这一情况有所改变（Best，2014b）。尽管更广泛的参与者正在制定良好治理的指标，但世界银行和国际货币基金组织仍是这项工作的主力军。这些辩论的结果就是，参与者们也调整了他们以往"一刀切"的治理模式，现在他们倾向于采用《2010 年首尔发展共识》（2010 Seoul Development Consensus for Shared Growth）提出的"区别对待"方法（Stiglitz，2008）。

"良好治理能促进经济增长"，虽然这一假设在政策界被普遍认为是真理，但其准确性尚未得到有力证明（Sundaram and Chowdhury，2012）。自 1945 年以来，取得重大经济增长的一些国家已经尝试通过良好治理来促进经济增长（Wilkin，2011）。同样，西欧和美国的自由主义治理模式，被证明既非铁板一块，也非完美无缺。很可能是经济增长促进了良好治理，而不是良好治理促进了经济增长（Chang，2011）。

针对这种关系的多项研究表明，"国家必须通过发展以改善治理，而良好治理并不是发展的必要先决条件"（Sundaram and Chowdhury，2012；Holmberg and Rothstein，2011）。例如，权和金认为，"经验证据无法证明良好治理能够减贫的假设。良好治理只有在中等收入国家才能缓解贫困，而不是在欠发达国家"（Kwon and Kim，2014）。因此，尽管制度崩溃很可能与经济贫困有明显的相关关系，但这并不意味着在治理或发展的所有层面或环境中这一关系都是存在的（Wilkin，2011；Khan，2007；Aron，2000）。即使是限制腐败的治理议程，也面临着制度化挑战，并产生了不公平的结果。一些国家的经验研究并不支持"腐败限制了发展"（Meon and Weill，2010），一些反腐败项目已经被政府接管了（Mungiu-Pippidi，2006）。不过，其他研究则表明，"腐败对人均 GDP 增长有负面影响"（Ugur，2014）。当然，这一切都有重要的规范性理由，以此说明持续努力推进反腐败政策的重要性，包括考虑公平、合法性和对政府的信任。

至于可持续性，从狭义上讲，治理议程从一开始就包括发展中国家的可持续发展问题，比如，世界银行的出版物《从危机到可持续增长：撒哈拉以南的非洲，一项长期研究》(*From Crisis to Sustainable Growth*：*Sub-Saharan Africa*，*A Long-term Perspective Study*，World Bank，1989；Van Doeveren，2011)。然而，在这份报告及随后的诸多讨论中，国际经济机构把讨论的重点放在了经济可持续增长的治理上，而并未重视环境或社会的可持续性。

此外，大部分注意力都集中在国家层面的治理上。虽然许多学术研究分析了良好治理与国家政策有效实施之间的相关性，如福利政策与环境保护，但关于改善治理的国际标准是最近才开始讨论的(Hulme，Savoia，and Sen，2015)。长期以来，尽管"良好治理"等概念一直是有关发展合作治理讨论的核心内容，但在国际协议和机构中，良好治理的具体标准一直未予过多关注和讨论。例如，2000年通过的千年发展目标并没有明确的治理目标。一些人认为，这一缺陷明显限制了缓解世界贫困方面的努力(Sachs and McArthur，2005)，并使内容广泛的《联合国千年宣言》变得狭隘，而《联合国千年宣言》包括对公平、权利和更广泛治理议程的其他要素的注意(Browne，2014；Fukuda-Parr，Yamin，and Greenstein，2014)。

各国政府已开始着手解决可持续发展目标谈判这一问题。在2012年联合国可持续发展大会上，各国政府一致认为："无论在国家层面还是国际层面，良好治理和法治对持续、包容和公平的经济增长，对可持续发展，对消除贫困和饥饿，都至关重要。"同样，2014年，联合国开发计划署的报告指出，治理的质量"在支持可持续发展目标方面起决定性作用"(UNDP，2014)。联合国环境规划署组织的一项综合前景会议认为，"将治理与全球可持续性的挑战结合起来"是与全球环境相关的最紧迫的新问题(UNEP，2012)。

要求在国际层面实现具体治理目标的呼声，在广大的非政府组织和民众当中也越来越高。联合国高级别名人小组认为，治理应该作为可持续发展目标的一部分，这将有助于实现"一项根本性的转变，即把和平与良好治理视为福祉的核心要素，而非可选择的附加因素"(United Nations，2013)。可持续发展解决方案网络提出的"行动议程"也发出了类似的呼吁。50 个公民社会组织在 2014 年的《透明与问责倡议》(*Transparency and Accountability Initiative*，2014)中也说明了这一问题。其他组织已经呼吁将治理与特定议题目标相结合，例如，水、食物或性别问题(UNDESA，2014)。

另外，还有一些国家试图将国家治理方面的进展与全球治理机构的转型联系起来。例如，国际发展法组织(Development Law Organization，2014)认为："法治(被普遍认为是良好治理议题的一部分)在全球层面也与贸易、投资、知识产权和技术转让、应对气候变化等法律和制度框架有关，更加公平的规则将创造更加平等、更加包容和更加可持续的发展模式。"从概念上讲，这一讨论超出了可持续发展目标的范围，因为理论上，良好治理的目标可以被纳入众多国际机构和协定中，包括大多数多边环境协定。

在资源投入不同的情况下，各国政府支持将治理作为围绕可持续发展目标协商的 11 个主题领域之一。《2030 年可持续发展议程》第 9 段指出："在我们设想的世界里……国内国际的民主、良好治理和法治及有利环境，对可持续发展至关重要，包括持续的经济增长、社会发展、环境保护与消除贫穷和饥饿。"(UNGA，2015)此外，虽然没有明确地使用"治理"一词，但可持续发展目标 16 呼吁各国"创建和平与包容的社会，促进可持续发展，为所有人提供公平的机会，并在各级建立有效、负责和包容的制度"。可持续发展目标 16 包括加强法治、减少腐败、加强机构参与和问责、强化决策透明度等。其他一些具体目标也呼吁治理整合，例如，可持续发展目标 6 有关淡水的可获得性中指出，要在各级开发综合性的水资源管理制度。

全球治理议程发展的具体方式表明，需要重视本章所指出的三个不同的治理维度。虽然在大多数治理目标建议中都有一个假设，即实现"良好治理"将导致"有效"和"公平"的治理，但是在实际治理过程中，这一关系并不那么清晰、明确。现有的治理指标既不能证明也不能说明这种潜在的关系(Thomas，2010；Gisselquist，2014)。

例如，在中美洲，虽然治理议题集中在政府的腐败问题上，但它在私人资本积累和不平等现象加剧问题上也一样收效甚微（Horton，2012）。因此，不同治理维度之间的因果关系缺乏经验支持，需要根据其自身的术语进行分析。

4.2　良好治理

正如上述讨论所显示的，在治理的各个方面，追求良好治理受到了最广泛的关注，包括参与度、透明度、问责性、公众获取信息、打击腐败、人权和加强法治等各种问题。这些关注大多强烈反对"一刀切"的治理方法："一刀切"方法通常遵循的是工业化国家的政治制度，而不是考虑各国不同的政治条件（Overseas Development Institute，2013；UNDP，2014）。

考虑到良好治理的内容广泛，我们采用许多指标来衡量国家层面的治理质量，并利用索引、专家编码和感知调查等多种组合方法（见表4-1）。①

表 4-1　治理指标

治理指标	组织	组织类型	指标的主要确定方法	问题
腐败感知指数	国际透明度	非政府组织	感知调查	调查可能无法获得所有利益相关者的意见
民主指数	经济学人智库	营利性	专家评估	公司以营利为目的
经济和国家风险	信息管理服务	营利性	专家评估	公司以营利为目的
世界自由	自由之家	非政府组织	专家评估	

---

① 感谢文森特·桑托斯（Vincent Santos）协助编写本节数据。

续表

治理指标	组织	组织类型	指标的主要确定方法	问题
盖洛普世界民意调查	盖洛普公司	营利性	感知调查	随机抽样可能不包括少数群体或存在其他不平等
全球民主动态调查	拉美民意调查秘书处	非政府组织	感知调查	地区努力程度差距很大
全球信息评级权	欧洲法律民主中心信息权办公室	非政府组织	专家评估	仅基于立法，没有其他信息自由的限制
治理效能指标	世纪挑战集团	美国政府	指数	与美国发展议程相关
易卜拉欣非洲国家治理指数	易卜拉欣基金会	非政府组织	指数	与非洲公民社会的联系尚不明确
法治指数	世界正义工程	非政府组织	专家评估	
社会机构和性别指数（SIGI）	经济合作与发展组织	国际组织	指数	是否可以使用更关注经济合作与发展组织国家经验的指标
转换指数	贝塔斯曼基金会	非政府组织	专家评估	
联合国法治指标	联合国	国际组织	专家评估	应用程序是否健全尚不明确
全球治理指标	世界银行	国际组织	指数	与国际金融机构"良好治理"的议程紧密联系在一起
世界价值观调查	世界价值观调查协会	非政府组织	感知调查	随机抽样可能不包括少数群体或存在其他不平等

良好治理的指标通常会收集多维度的数据，以生成国家的总体治理分数。例如，全球治理指标（World Bank，2014）、易卜拉欣非洲国家治理指数（Mo Ibrahim Foundation，2014）、治理效能指标（Millennium Challenge Corporation，2014）、社会机构和性别指数（OECD，2014b）（参见 Gisselquist，2014）。这是第一种方法。

衡量国家治理质量的第二种方法，是邀请全球或地方专家填写调查问卷，然后对结果进行量化。例如，民主指数（Economist Intelligence Unit，2014）、世界自由（Freedom House，2014）、经济和国家风险（原名"环球透视"，IHS，2014）、法治指数（World Justice Project，2014）、全球信息评级权（Right to Information Europe and Center for Law and Democracy，2014）、转换指数（Bertelsmann Stiftung，2014）、政府质量数据集（Teorell，Dahlstrom，and Dahlberg，2011）和联合国法治指标（United Nations，2014）。

第三种方法是收集公众调查数据。这些数据聚焦于对特定问题的感知，从特定群体成员或一般人群中随机抽样。比如，盖洛普世界民意调查（Gallup，Inc.，2014）、世界价值观调查（World Values Survey Association，2014）、全球民主动态调查（Global Barometer，2014）、腐败感知指数（Transparency International，2014）。

衡量发展中国家良好治理指标的第四种方法，是使用国家同行审查机制。尽管不使用跨国治理指标，但该机制可基于上述指标并继续完善和发展。例如，非洲同行审查机制（African Union，2014）、经济合作与发展组织的发展援助委员会（Development Assistance Committee，OECD，2014a）的同行评议。

如上所述，在许多方面，建立严格治理指标体系的主要组织是国际金融机构。其指标常常强调保护产权、反腐败和法治是良好治理的关键内容。世界银行的全球治理指标是公认的治理指标体系，截至本书写作时，它已收集 32 个不同来源的数据，以构建复杂的多指标体系（Kaufmann，Kraay，and Mastruzzi，2010）。该指标体系严重依赖对精英们的认知调查，而且基本上忽略了不同指标之间的联系（Kurtz and Schrank，2012；Thomas，2010；Andrews，2008），此外也存在争议。

不过，全球治理指标并不是良好治理的唯一标准。还有一些指标是由活动组织、智库、经济研究组织或其他国际组织编制的，结果往往或明或暗地带有各自的偏见，这可能会削弱它们在某些国家和某些情况下的合理性。然而，这些措施的方法和经验仍然可以用于评估良好治理某些方面的进展。一个例子是脆弱国家"G7＋"联盟的重要系统指标，包括所有参与国认同的几个普遍指标，并附有一个指标菜单，允许各国选择一些他们认为最符合自身国情，同时能够与其他发达国家互补的指标（G7＋，2012）。此外，各国也有机会创造性地使用代理指标，并创建新的指标，以包括良好治理的其他维度（Andrews，2008）。

大多数良好治理的目标和指标都受政治争论的影响。虽然一些目标（如遏止腐败或打击洗钱）可能会达成共识，但是衡量这些目标的指标可能会受到质疑。特别是发展中国家，关于"良好治理"的目标和指标在官方发展援助、技术转让或贸易利益的计划项目中，发挥的潜在作用十分敏感。把重点放在实施协议的总体努力上，可能有助于消除这一分歧。例如，2014 年公民社会的提案，强调了关于可持续发展项目的透明度和信息自由的目标（Transparency and Accountability Initiative，2014）。然而，对于技术和人力资源有限的发展中国家来说，这种报告要求烦冗。因此，促进监督和报告的治理，对于提高发展中国家的透明度和问责制非常重要。所以，理论上而言，需要解决的问题是：确定每种情况下的发展赤字（无论在国家层面、组织层面还是社区层面），在考虑社会、经济、环境现状（如报告能力有限、腐败、生产率低、竞争力等）的前提下，制定出能促进发展的最佳治理目标。

2015 年 9 月通过的可持续发展目标 16，结合了良好治理的不同方面并将其作为"创建和平与包容的社会，促进可持续发展，为所有人提供公平的机会，并在各级建立有效、负责和包容的制度"总体目标的一部分（UNGA，2015）。目标包括良好治理议程的诸多元素，如"促进国内国际法治、确保平等正义"（子目标 16.3），"大幅减少所有形式的腐败和贿赂"（子目标 16.5），"建立有效的、负责的和透明的各级机构"（子目标 16.6），"确保响应、包容、具有参与性和代表性的各级决策"（子目标 16.7），"依照国家法律和国际协议，确保公众获取信息和保护公民的基本自由"（子目标 16.10）。

在明确整合良好治理要素的同时，可持续发展目标大大超出了千年发展目标的范围，即便它（可持续发展目标）已经获得了各国法律的认可，但仍显宽泛。总体而言，在今后几年，这种宽泛性也可能促使国际上达成一些新的协议，在优先事项、能力和经验不同的国家之间建立联盟，并提供新的机会，将良好治理的不同方面与目标框架的实践相结合，把不同利益的国家联系在一起。

最后，良好治理不仅是政府和政府间组织的问题，而且涉及非政府类参与者。考虑到可持续发展的伙伴关系、行动网络及跨国治理安排的扩散性，涵盖良好治理标准的问责机制可能也适用于它们。正如伯恩斯坦（见第 9 章）所指出的，可持续发展目标和联合国治理进程可能会促进联合国的自愿问责框架应用到任何与可持续发展有关的伙伴关系或跨国治理中。这一焦点与研究结果相互呼应，即公私伙伴关系中良好的内部治理，对其有效性和合法性非常重要（Biermann et al.，2007；Backstrand et al.，2012；Backstrand and Kylsater，2014）。

4.3　有效治理

有效治理的问题在于，政府是否能够在评估治理体系能力的一系列措施上达成共识，从而有效地解决当今复杂的可持续性挑战。在全球环境变化和非可持续发展道路的背景下，加强长期决策的制度基础和可持续发展政策的一体化尤为重要（Nilsson and Persson，2012；Kanie et al.，2014）。政府不需要就长期决策和政策一体化的具体制度基础达成一致，而是要提高现有机构在地方、国家或区域层面上的治理能力，甚至可能在非传统治理领域内运作，如合作伙伴关系或跨国治理机制与计划，增强治理的权威性。

在这种情况下，可持续发展目标实现的过程，往往要么将有效治理定义为一种"实现方式"（聚焦官方发展援助和技术转移，尽管后来明显扩展到国内资源调动、汇款、私人金融、技术能力和其他手段及机制），要么专注于对机构有效性等具体问题的讨论，而对围绕可持续发展目标制定长期的、综合的政策能力的提高问题关注有限。此外，就执行方式达成政治共识也是复杂的，聚焦于国家目标设定和长期政策展望上的目标，比关注实施方式的政策更容易实现。

在可持续发展目标中，有效治理最终被融合到一些特定问题的目标中。在 17 个可持续发展目标中，有 9 个目标涉及改善资源管理和社会问题。例如，有关教育问题的目标 4 指出，"到 2030 年，确保所有学习者能够获得促进可持续发展所需的知识和技能，包括通过教育来实现可持续发展、可持续生活方式、人权、性别平等、提倡和平与非暴力文化、全球公民、肯定文化多样性及文化对可持续发展的贡献"（子目标 4.7）。有关水和卫生的目标 6 包括"在所有层面实施综合水资源管理"（子目标 6.5）与"当地社区参与改善水质和卫生管理"（子目标 6b），从而将地方社区纳入卫生规划。虽然具体的实施情况才能决定这些方面的成效，但它们为更有效的治理提供了机会。此外，目标 16 明确指出了治理的有效性，例如，号召"建立有效的、负责的和透明的各级机构"（子目标 16.6），"加强国家相关机构合作，包括通过国际合作，提高各级能力建设，防止暴力和打击恐怖主义与犯罪，尤其是在发展中国家"（子目标 16.a）。

总之，有效治理强调加强长期规划的能力，而不仅仅是实现的手段。有效治理的相应目标常常包含在针对特定问题的可持续发展目标中。制订国家可持续发展计划，统计和进行其他相关监测，提高数据收集和分析能力，治理领域的人力资源和决策能力等，都是实现有效治理应该优先考虑的事项。

4.4　公平治理

最后，有关治理的讨论，不能不考虑公平。治理对于分配结果起着至关重要的作用。因此，争取以公平、公正的方法来解决公共政策问题非常重要，"不让一个人掉队"的概念体现了公平治理在《2030 年可持续发展议程》总体背景下的重要性(UNGA，2015)。

很多指标有利于测度公平治理，并使其成为国际机构内部的治理目标。基尼系数最为典型，它代表了一个国家或地区的收入或财富分配情况。在基尼系数中，当财富分配的指数值为零时，所有公民的财富平等；当指数值最大时，公民财富极不平等。基尼系数可以适用于各种资产的衡量(包括财富、收入、教育等)，并能够随着时间的推移进行动态监测。虽然基尼系数可能是国际机构治理目标的一部分，但国内收入分配仍然与各国之间的价值差异紧密相连，这使得通过减少基尼系数的量化协议来实现平等变得非常困难。此外，由于财富不均与少数群体权利、妇女权利和其他具体国情之间相互影响，收入不均状况和决策权的获取在不同国家各不相同。

因此，一些人认为，这些指标可以被分解为不同社会类别的指标，这也是将公平纳入全球治理目标考虑的主要手段(Sustainable Development Solutions Network，2015)。不过，目前来看，良好治理或有效治理指标都不是很分散。这可能为改进各种指标提供了机会，使其除了良好治理和有效治理外，将治理过程和结果的公平也纳入其中。另一种选择是，各国政府就定性的主张达成一致，将改善国内不平等程度高的不利状况视为全球包容、可持续发展进程的关键要素，对精确的目标值暂不做特殊要求。

此外，公平的结果也会以"绝对目标"的形式运作，特别是针对某一社区或某一国家最贫穷的人群给予特殊保护的协议(Doyle and Stiglitz，2014)。千年发展目标中，有关消除贫困、减少饥饿和营养不良的全球协定就是如此。千年发展目标规定了国家财富或收入分配中不能接受的最低门槛，否则需要紧急的政治行动。在可持续发展目标的协商中，各政府讨论了以下问题：社会群体之间的不平等，社会群体内部的不平等，边缘性群体的权利，追求性别平等，加强社会保障体系，促进社会最贫穷民众的收入增长，就业机会与经济机会的均等，特别是妇女和女童问题（Open Working Group，2014）。

目前，可持续发展目标包括许多关于治理分配结果方面的子目标和指标。例如，目标 10"减少国家内部和国家之间的不平等"包括减少国家内部和国家之间财富或收入的分配不均。目标 5"实现性别平等，保障所有妇女和女童的权利"，要求妇女被授予平等获得经济技术资源的机会和权利。然而，具体的指标还有待制定，应该谨慎地衡量关于平等方面不同目标和指标的进展，例如，在最贫穷人群中妇女的受教育问题。此外，可持续发展目标下一阶段的问题就是能否及如何将这些目标转化为具体的制度安排，这要求政府设计政策，减少差距并进一步消除贫困。还有一个悬而未决的问题：在未来十年中，目标 10 能在多大程度上减少"国家之间"的差距（Edwards and Romero，2014）。

4.5　将治理概念转化为单独的或综合的目标

以上三个方面的治理维度为我们提供了一个有益视角，即考虑是否将治理作为国际机构和协议中独立的治理目标，还是将其融合到特定议题的目标中去，并对两者的优势和劣势进行对比。考虑到政治联盟、可用指标和动员可能性等方面均有不同，不同治理维度的表现方式也有所不同。因此，这一节反映了两种立场的利弊，即单独的治理目标，或在特定议题目标中对治理进行交叉整合，这两者都是《2030 年可持续发展议程》的一部分。

可持续发展目标中的两个小节都专注于治理，但都没有指明治理的重要维度。目标 16"创建和平与包容的社会，促进可持续发展，为所有人提供公平的机会，并在各级建立有效、负责和包容的制度"，突出了良好治理的一般性内容，但忽视了有效治理和公平治理这两个方面。目标 16 中有几项相关内容，包括：呼吁促进法治，"确保平等正义"（子目标 16.3），呼吁各国"建立有效的、负责的和透明的各级机构"（子目标 16.6）。消除平等的障碍是子目标 16.9 的核心内容，而不只是对平等的大力推崇，"到 2030 年，为所有人提供合法的身份，包括出生登记"（子目标 16.9）；"促进与实施非歧视性法律和政策，促进可持续发展"（子目标 16.b）。良好治理的焦点主要是消除腐败，改善法治，提高透明度、责任感和参与度等，并不包括决策能力的一致性及公平治理方面的内容。

可持续发展目标 17 目前包括"政策和制度一致性"下的 3 个子目标，然而，这也面临着无法衡量的挑战。首先，虽然有许多指标可能会满足具体需求，如有效治理能力指标，但是仍没有普遍接受的关于国家行政和法律能力的标准（Hulme，Savoia，and Sen，2015）。其次，在不同的国家和政治背景下，能力的含义有所不同。将有效治理集成为单独目标的潜力，可以通过治理评估指标（例如，评估问题解决能力的指标）来实现。在这个过程中，蒙古提出了一项关于民主治理的千年发展目标倡议，这一目标始于一项评估程序，这项程序能够公开评估民主质量。最后，还存在一个风险，即在治理方面完全独立的目标会淡化治理结果的公平性，特别是在发展指标方面。

在《2030 年可持续发展议程》中，有个类似的平行方法，是将与治理有关的维度整合到特定议题目标上，例如，水和卫生（目标 6）、健康和福利（目标 3），或者性别平等（目标 5）。这种方法会面临诸多挑战，其中之一就是可能会导致注意力集中在最简单或最具有政治吸引力的治理方面，而忽略了那些与环境长期可持续性、与公平性相关的更困难或更有争议的治理方面。考虑到某些议题领域（如水和卫生）的整合要先于其他领域（如教育），这就使得问题更为复杂了。《2030 年可持续发展议程》中，统合治理三个维度的挑战非常明显，在良好治理方面，有些地区更强调水和卫生，有些地方则更强调消除贫困、获取能源或健康等。

将有效治理包括在特定议题目标中，会让"执行方式"和"可持续发展全球伙伴关系"之间造成潜在重叠，这两者都包括在目标 17 中。对于这些家喻户晓的条款，联合国故意含糊其辞，目的是增强其政治可行性（为了达成协议）。但众所周知，这会在国家规划者和决策者之间制造混乱。

此外，评估有效治理方面的进展，需要国家提高其在测度、收集、报告和结果评估方面的能力，进而，有效治理的这些组成部分就可以集成到其他现行的全球目标中去（见第 5 章）。然而，各组成部分之间可能缺乏整体一致性，而且质量或者说定性类的指标（教育质量、营养等）可能受到的关注较少。更重要的是，要区分有效治理的过程与结果。过程是指要通过能力建设或为这项活动所需的工作人员提供资金，以支持监测过程和数据收集。结果是指可以用于决策的数据质量。

公平治理的某些方面已被纳入特定议题的可持续发展目标。例如，性别分类指标已经被多次推广，不仅在可持续发展目标 5 中，而且成为贯串子目标和指标治理议题的核心组成部分。一些已经囊括不平等指标的领域可能也需要进行有效整合，明显的例子就是，在目标 10（减少国家内部和国家之间的不平等）和目标 17（加强执行手段，重振可持续发展全球伙伴关系）之间就有必要建立一些关联指标。这两个目标都能确定类似的机制——援助、贸易、资金流动、税收等，但只有认真对待目标 10 中的子目标和具体指标，目标 17 才能公平实现，而目标 10 中的子目标是专门针对最需要帮助的国家和社会团体的。正如上面的例子所展示的，就公平治理而言，最大的差距在于各国是否能足够关注治理。

4.6　结　论

总之，将治理目标纳入国际机构和协定，对于实现可持续发展目标非常重要。可持续发展目标包括各类子目标和具体指标，这些子目标和具体指标可以依据良好治理的进展评估治理质量，还可以评估治理在解决问题方面的有效性，比如，在国家和地方层面提高治理能力，还可以评估治理的分配结果，特别是减少极端差距和保障穷人利益。尽管这些目标囊括了所有这三个维度的要素，但它们对这三个维度的处理方式截然不同。良好治理主要体现在可持续发展目标 16 中，但有效治理出现在一些针对特定议题的目标及目标 16 中，公平治理出现在一些特定的可持续发展目标及目标 10 中。

良好治理、有效治理和公平治理之间不确定的关系，表明了监测指标的重要性。这些指标与不同程度的集成概念有关，它们都与特定目标、特定国家或地区的情况有关。很明显，人们必须对这方面进行审视治理，从而在三个治理维度之间的关系和要求上产生共鸣，为能力建设和技术进步提供资源，提高可持续发展的治理程度。此类分析作为《全球可持续发展报告》(Global Sustainable Development Report)的常规组成部分，通过促进对各种治理安排、要素和治理能力、质量和技术结合的科学研究，最终促进关于治理的学习。同样，在可持续发展和其他(全球、区域或国家层面)高级别政治论坛上，治理必须是一个常规性议题。在这些论坛上，审查和学习机制是可持续发展目标后续行动的一部分。最后，可持续发展目标的这种"不让一个人掉队"的共同发展精神，需要良好和有效的治理来实现每个目标。总之，政策科学和治理研究本身应该作为科学—政策对接的一个有机组成部分，以此支持可持续发展目标的实现。

参考资料

African Union. 2014. African Peer Review Mechanism. Available at http://aprm-au.org/.

Andrews, Matt. 2008. The Good Governance Agenda: Beyond Indicators without Theory. *Oxford Development Studies*, 36: 379-409.

Andrews, Matt, Roger Hay, and Jarrett Myers. 2010. Governance Indicators Can Make Sense: Under-five Mortality Rates are an Example.

Research Working Paper Series 10-015. Available at http://research. hks. harvard. edu/publications/getFile. aspx? Id = 541. Accessed April 1,2014.

Aron,Janine. 2000. Growth and Institutions: A Review of the Evidence. *World Bank Research Observer* ,15:99-135.

Bäckstrand,Karin,Sabine Campe,Sander Chan,Ayşem Mert,and Marco Schäferhoff. 2012. Transnational Public-Private Partnerships. In *Global Environmental Governance Reconsidered* , ed. Frank Biermann and Philipp Pattberg,123-147. Cambridge,MA:MIT Press.

Bäckstrand,Karin,and Mikael Kylsäter. 2014. Old Wine in New Bottles? The Legitimation and Delegitimation of UN Public-Private Partnerships for Sustainable Development from the Johannesburg Summit to the Rio+20 Summit. *Globalizations*,11(3):331-347.

Bernstein,Steven. 2010. When is Non-State Global Governance Really Governance? *Utah Law Review* ,2010(1):91-113.

Bertelsmann Stiftung. 2014. Transformation Index. Available at http://www. btiproject. org/.

Best,Jacqueline. 2014a. *Governance Failure: Provisional Expertise and the Transformation of Global Development Finance.* New York:Cambridge University Press.

Best, Jacqueline. 2014b. The 'Demand Side' of Good Governance:The Return of the Public in World Bank Policy. In *The Return of the Public in Global Governance* , ed. Jacqueline Best and Alexandra Gheciu, 97-119. New York, NY:Cambridge University Press.

Biermann, Frank. 2014. *Earth System Governance: World Politics in the Anthropocene.* Cambridge,MA:MIT Press.

Biermann, Frank, Man-san Chan, Ayşem Mert, and Philipp Pattberg. 2007. Multistakeholder Partnerships for Sustainable Development:Does the Promise Hold? In *Partnerships,Governance and Sustainable Development. Reflections on Theory and Practice*, ed. Pieter Glasbergen, Frank Biermann and Arthur P. J. Mol, 239-260. Cheltenham: Edward Elgar.

Browne, Stephen. 2014. A Changing World: Is the UN Development System Ready? *Third World Quarterly*, 35 (10): 1845-1859.

Chang, Ha-Joon. 2011. Institutions and Economic Development: Theory, Policy and History. *Journal of Institutional Economics*, 7: 473-498.

Doyle, Michael D., and Joseph E. Stiglitz. 2014. Eliminating Extreme Inequality: A Sustainable Development Goal, 2015-2030. *Ethics & International Affairs*, 28(1): 5-13.

Economist Intelligence Unit. 2014. Democracy Index. Available at http://www. eiu. com/public/thankyou _ download. aspx? activity = downloadandcampaignid=Democra cyIndex12.

Edwards, Martin S., and Sthelyn Romero. 2014. Governance and the Sustainable Development Goals: Changing the Game or More of the Same? *SAIS Review (Paul H. Nitze School of Advanced International Studies)*, 34(2): 141-150.

Freedom House. 2014. Freedom in the World. Available at http://www. freedomhouse. org/report-types/freedom-world.

Fukuda-Parr, Sakiko, Alicia Ely Yamin, and Joshua Greenstein. 2014. The Power of Numbers: A Critical Review of Millennium Development Goal Targets for Human Development and Human Rights. *Journal of Human Development and Capabilities*, 15(2-3): 105-117.

G7+. 2012. International Dialogue on Peacebuilding and State-building Working Group on Indicators. Available at: http://www. newdeal4peace. org/wp-content/uploads/2012/12/progress-report-on-fa-and-indicators-en. pdf.

Gallup, Inc. 2014. Gallup World Poll. Available at http://www. gallup. com/strategicconsulting/en-us/worldpoll. aspx? ref＝f.

Gisselquist, Rachel M. 2014. Developing and Evaluating Governance Indexes: 10 Questions. *Policy Studies*, 35(5): 513-531.

Global Barometer. 2014. Global Barometer surveys. Available at http://www. globalbarometer. net/.

HIS, Markit. 2014. Economics and Country Risk Index. Available at www. ihs. com/products/global-insight/index. aspx.

Holmberg, Sören, and Bo Rothstein. 2011. Correlates of Democracy. The Quality of Government Institute, University of Gothenburg, Working Paper 10.

Horton, Lynn. 2012. Is World Bank "Good Governance" Good for the Poor? Central American Experiences. *Comparative Sociology*, 11: 1-28.

Hulme, David, Antonio Savoia, and Kunal Sen. 2015. Governance as a Global Development Goal? Setting, Measuring and Monitoring the Post-2015 Development Agenda. *Global Policy*, 6(2): 85-96.

International Development Law Organization. 2014. Policy Statement: Conflict Prevention, Post-Conflict Peacebuilding and Promotion of Durable Peace, Rule of Law and Governance. Eighth Session of the Open Working Group on the Sustain-able Development Goals. Available at http://www. idlo. int/news/policy-statements/ conflict-prevention-post-conflict-peacebuilding-and-promotion-durable- peace-rule-law-and-governance.

Kanie, Norichika, Naoya Abe, Masahiko Iguchi, Jue Yang, Ngeta Kabiri, Yuto Kitamura, Shunsuke Managi, et al. 2014. Integration and Diffusion in Sustainable Development Goals: Learning from the Past, Looking into the Future. *Sustainability*, 6(4): 1761-1775.

Kaufmann, Daniel, Aart Kraay, and Massimo Mastruzzi. 2010. *The Worldwide Governance Indicators: Methodology and Analytical*

Issues. Washington,DC:World Bank.

Khan, Mushtaq H. 2007. Governance, Economic Growth and Development since the 1960s. United Nations Department of Economic and Social Affairs Working Paper 54. New York: United Nations Department of Economic and Social Affairs.

Kurtz,Marcus J. ,and Andrew M. Schrank. 2012. Perception and Misperception in Governance Research:Evidence from Latin America. In *Is Good Governance Good for Development?*,ed. Jomo Kwame Sundaram and Anis Chowdhury,71-99. New York:Bloomsbury Academic.

Kwon, Huck-ju, and Eunju Kim. 2014. Poverty Reduction and Good Governance: Examining the Rationale of the Millennium Development Goals. *Development and Change*,45(2):353-375.

Leftwich,Adrian. 1994. Governance,the State and the Politics of Development. *Development and Change*,25(2):363-386.

Meon,Pierre-Guillaume,and Laurent Weill. 2010. Is Corruption an Efficient Grease? *World Development*,38:244-259.

Millennium Challenge Corporation. 2014. Government Effectiveness Indicator. Available at http://www. mcc. gov/pages/selection/indicator/government-effectiveness-indicator.

Mo Ibrahim Foundation. 2014. Ibrahim Index of African Governance. Available at http://www. moibrahimfoundation. org/iiag-methodology/.

Mungiu-Pippidi, Alina. 2006. Corruption: Diagnosis and Treatment. *Journal of Democracy*,17:86-100.

Nilsson,Måns,and Åsa Persson. 2012. Can Earth System Interactions Be Governed? Governance Functions for Linking Climate Change Mitigation With Land Use,Freshwater and Biodiversity Protection. *Ecological Economics*,75:61-71.

OECD,Organisation for Economic Co-operation and Development. 2014a. DAC Peer Review. Available at http://www. oecd. org/dac/peer-reviews/.

OECD, Organisation for Economic Co-operation and Development. 2014b. Social Institutions and Gender Index. Available at http://genderindex. org/.

Open Working Group. 2014. Open Working Group on Sustainable Development Goals. Letter from the Co-Chairs, February 21. Available at http://sustainabledevelopment. un. org/focussdgs. html.

Overseas Development Institute. 2013. Are We Making Progress with Building Governance into the Post-2015 Framework? Available at http://www. odi. org. uk/publications/7295-progress-governance-post-2015-millennium-development-goals-mdgs. Accessed April 1,2014.

Overseas Development Institute. 2014. Governance Targets and Indicators for Post 2015: An Initial Assessment. Available at http://www. odi. org. uk/sites/odi. org. uk/files/odi-assets/publications-opinion-files/8789. pdf. Accessed April 1,2014.

Right to Information Europe and Center for Law and Democracy. 2014. Global Right to Information Rating. Available at http://www. rti-rating. org/.

Rosenau, James. 1995. Governance in the Twenty-first Century. *Global Governance*, 1(1): 13 43.

Sachs, Jeffrey D. , and John W. McArthur. 2005. The Millennium Project: A Plan for Meeting the Millennium Development Goals. *Lancet*, 365(9456): 347-353.

Stiglitz, Joseph E. 2008. Is There a Post-Washington Consensus Consensus? In *The Washington Consensus Reconsidered : Towards a New Global Governance*, ed. Narcís Serra and Joseph E. Stiglitz, 41-56. New York: Oxford University Press.

Sundaram, Jomo Kwame, and Anis Chowdhury. 2012. Introduction: Governance and Development. In *Is Good Governance Good for Development*, ed. Jomo Kwame Sundaram and Anis Chowdhury, 1-28. New York: Bloomsbury Academic.

Sustainable Development Solutions Network. 2013. An Action Agenda for Sustain-able Development: Report for the UN Secretary-General. Available at http://unsdsn. org/resources/publications/an-action-agenda-for-sustainable-development/Accessed April 1, 2014.

Sustainable Development Solutions Network. 2015. Leaving No One Behind: Disag-gregating Indicators for the SDGs. Available at http://unsdsn. org/wp-content/uploads/2015/10/151026-Leaving-No-One-Behind-Disaggregation-Briefing-for-IAEG-SDG. pdf. Accessed May 1, 2016.

Teorell, Jan, Carl Dahlström, and Stefan Dahlberg. 2011. The QoG Expert Survey Dataset. The Quality of Government Institute, University of Gothenburg. Available at: http://qog. pol. gu. se.

Thomas, M. A. 2010. What Do the Worldwide Governance Indicators Measure? *European Journal of Development Research*, 22: 31-54.

Transparency and Accountability Initiative. 2014. Governance and the Post-2015 Development Framework: A Civil Society Proposal. Available at http://www. globalintegrity. org/wp-content/uploads/2014/01/CSO-position-on-Post-2015-and-governance-Jan-2014-hi-res-version1. pdf. Accessed April 1, 2014.

Transparency International. 2014. Corruption Perception Index.

Ugur, Mehmet. 2014. Corruption's Direct Effects on Per-Capita Income Growth: A Meta-Analysis. *Journal of Economic Surveys*, 28(3): 472-490.

UNDESA, United Nations Department of Economic and Social Affairs. 2014. Techni-cal Support Team Issues Brief: Conflict Prevention, Post-conflict Peacebuilding and the Promotion of Durable Peace, Rule of Law and Governance. United Nations Department of Economic and Social Affairs. Available at http://sustainabledevelopment. un. org/content/documents/2639Issues%20Brief%20on%20Peace%20etc_

FINAL_21_Nov. pdf.

UNDP, United Nations Development Programme. 2014. Governance for Sustainable Development. Integrating Governance in the Post-2015 Development Framework. Discussion paper. Available at http://www. worldwewant2015. org/node/429902. Accessed April 1, 2014.

UNEP, United Nations Environment Programme. 2012. 21 Issues for the 21st Century: Result of the UNEP Foresight Process on Emerging Environmental Issues. Nairobi: United Nations Environment Programme.

UNGA, United Nations General Assembly. 2015. Transforming Our World: The 2030 Agenda for Sustainable Development. Draft resolution referred to the United Nations summit for the adoption of the Post-2015 development agenda by the General Assembly at its sixty-ninth session. UN Doc. A/70/L. 1.

United Nations. 2013. A New Global Partnership: Eradicate Poverty and Transform Economies Through Sustainable Development. The Report of the High-level Panel of Eminent Persons on the Post-2015 Development Agenda. Available at http://www. un. org/sg/management/pdf/HLP_P2015_Report. pdf. Accessed April 1, 2014.

United Nations. 2014. UN Rule of Law Indicators. Available at http://www. un. org/en/events/peacekeepersday/2011/publications/un_rule_of_law_indicators. pdf.

Van Doeveren, Veerle. 2011. Rethinking Good Governance: Identifying Common Principles. *Policy Inquiry*, 13:301-318.

Wilkin, Sam. 2011. Can Bad Governance be Good for Development? *Survival*, 53:61-76.

Woods, Ngaire. 2000. The Challenge of Good Governance for the IMF and the World Bank Themselves. *World Development*, 28:823-841.

World Bank. 1989. *From Crisis to Sustainable Growth. Sub-Saharan Africa: A Long-term Perspective Study*. Washington, DC:

The World Bank.

World Bank. 2014. World Governance Indicators. Available at http://info. worldbank. org/governance/wgi/.

World Justice Project. 2014. Rule of Law Index. Available at http://worldjusticeproject. org/rule-of-law-index.

World Values Survey Association. 2014. World Values Survey. Available at http://www. worldvaluessurvey. org/.

第5章 测度可持续发展目标的实施进程

拉斯洛·品特(László Pintér),马赛尔·科克(Marcel Kok),多拉·阿尔玛西(Dóra Almássy)

可持续发展目标带来的动力,促使各国开展测度工作。测度已成为目标实施方式的重要元素之一,联合国统计委员会及统计司(UN Statistical Commission and Division)在该方面发挥着关键作用。然而,这已不是联合国和各国政府首次发起建立可持续发展指标体系活动,联合国可持续发展委员会(UN Commission on Sustainable Development,UN,2007)之前已为成员国提供了三个版本的详尽指南,但都未能使指标成为决策的主要依据。之所以无法取得突破,不仅因为上述做法提供的指标存在着技术性问题,或始终存在数据可获得性问题,还因为设定指标的工作被限定在技术和统计层面,同时因为缺乏有力的政治支持和社会关注,从而未能处理各种与治理层面有关的问题,即新的测度方式如何改变政策、政策实施和问责制度。诚然,技术和统计问题仍有待解决,但若不从治理和政治经济学这样更宏观的角度来看待测度工作,这个问题将无法得到解决。

观察、测度和评估,是战略管理和治理的关键,对认识、理解和处理与可持续性相关的问题至关重要。从个人、社会到企业、政府、民间团体和多边组织,测度对他们都具有重要作用。因为测度为决策提供信息——无论决策是关于理解旧问题还是关于当前的管理,抑或是关于探索地球系统及其前期筹备工作。

《21世纪议程》第40章强调了可持续发展测度，尤其是指标的重要性。自20世纪80年代后期开始，人类就已经认识到这一点，并将其发展为全球性运动。2012年联合国可持续发展大会的报告也强调了这一点。此次大会认为，指标是后续工作的捷径和要素。对可持续背景下测度问题的关注，不再限于公众监督和报告，还包括私人部门通过联合报告和民间组织跟踪发布的指标和数据。这些指标和数据由分散于各地的民众观测后得到（Herzig and Schaltegger，2011；Conrad and Hilchey，2011）。本章认为，在可持续背景下看待测度，不仅要认识到它在制定议程、实施政策和自我评估方面的作用，还要将一系列问题置于政策和政治领域，而这一领域已超出其一贯的技术性特征。

测度，可以被视作一种技术运用，强调通过大范围监测、调查统计和遥感探测的方式，收集和呈现证据。但是，将测度和可持续发展背景相结合也引发了若干问题。这些问题既与方法和工具有关，也与潜在主题即测度的主体、客体和意义有关。除技术层面外，可持续背景下的测度也成为质疑标准、价值和权力结构的切入点，测度客体这一概念就是建立于这些基础之上的。这说明，指标不仅能评估世界的发展状态（这种状态源于对人类福祉至关重要的价值观），还能作为对社会进行概念化，以及重构可持续性和福祉的基础（Meadows，1998）。

可持续性及其引申而来的可持续发展目标，在许多政策领域都要求制定改革和转型议程。鉴于维持现状的风险会越来越高，制定这些议程很有必要（Loorbach and Rotmans，2006；van Vuuren and Kok，2012；Özkaynak et al.，2012）。基于政治合法化目标的子目标和指标，可以将转型途径的建设置于更具体的基础上。正如为可持续发展目标设定指标的若干努力所表明的那样，这些工作可以建立在已经使用的子目标和指标的基础之上（Pintér，Almássy，and Hatakeyama，2014；Sustainable Development Solutions Network，2015）。同时，全球多数可持续性相关评估指出，当今不可持续发展的显著特征是由先前某些测度体系和机构所推崇的发展模式导致的，所以不能完全依赖这些体系和机构。

　　国际社会议定的目标需要更强的执行力和责任感；同时，重新确定发展目标和实施方式时，需要对社会经济及环境数据的产生和使用进行改革。这两种需求不谋而合。斯蒂格利茨委员会（Stiglitz-Sen-Fitoussi Commission，又称 Stiglitz Commission）开展的测度经济绩效和社会进步的项目（Stiglitz，Sen，and Fitoussi，2008），联合国秘书长独立专家咨询组（UN Secretary-General's Independent Expert Advisory Group）开展的可持续发展数据革命项目（UN，2014b）及"超越 GDP"（Beyond GDP，European Commission，2007）倡议，是近期试图引起关注并制定更大背景下测度改革议程的最著名的例子。

　　本章假设，全球测度的改革与确立及实施全球性目标可以合作共赢。可持续发展目标即全球性目标的典型代表。我们进一步论证了先前提议的正确性，即理解和利用这种合作共赢关系，需要考虑与可持续性相关的测度，以及测度工具的使用，这是治理的关键（Hezri and Dovers，2006；Boulanger，2007）。除统计、沟通和管理外，我们建议用更宏观的政治经济视角来理解在主要参与者和机构衡量可持续发展目标制定的实施议程将产生的影响时，测度如何与其利益及选择相互影响。创建测度体系时，非常重要的一点是，要保证所选取的指标都能考虑到不同的参与者（如企业、社区问题联盟、市政府、供应链倡议、公民团体等），从而使各方参与者都愿意为实现可持续发展目标承担责任。当这些参与者在一系列普遍相关的子目标和相关指标上达成一致，并同意将测度体系作为次全球性目标后续实施工作的一部分时，可持续性的总体意图就不再神秘，可持续发展目标的总体愿景也变得具体。如此，有义务提供解决方案的参与者，即可尽心尽责地着手开展工作（Pintér，1997；Hajer et al.，2015）。

　　如何重新定位与全球性目标同样宽泛的测度改革议程，以适应可持续过渡中的转型潜力，这既是挑战也是机遇。为了有效实施可持续发展目标，与其他测度和指标进程（国家、生态系统、商业、供应链和产品层面的）保持一致并相互融合十分必要。只有如此，我们才能找到发展动力，并促使可持续成为新常态。

本章将讨论测度与主要参与者和机构的利益选择之间相互影响的若干方式，这些方式会影响可持续发展目标的前景。良好的实施措施有赖于指标之间相互关联，以及被不同参与者团体理解并能帮助这些团体承担起实现可持续发展目标的责任。因为此类措施凸显了他们在取得进展中的特殊作用，对可持续发展目标的监控必须成为《2030 年可持续发展议程》的关键。

若可持续发展目标及其关注不同目标间相关性的潜在子目标的综合概念框架得以形成，那么也需要直接反映在目标监控中，并与国家和次国家的监控及核算框架相关联。

这也将促使经济监测、核算和报告机制与可持续发展报告达成一致。因此，这也是重新定义国家发展指标的机遇。这些指标依然对测度经济增长有举足轻重的作用，并将更加强调环境的可持续和社会的可持续。

5.1 治理视角下的测度体系改革

测度，在本章被概念化为治理的一个关键方面，以帮助人们定性和定量地表达、记录和驾驭复杂的社会生态系统各层面的发展。尽管在可持续发展话语体系中，围绕测度最常见的问题是用哪种指标，但更复杂的分析必须认识到其他维度。若测度是根据其推动可持续发展的潜力而做出贡献，则必须考虑其作用和功能（Pintér et al.，2012）。

测度体系通常是完整的、根深蒂固的，因此也是治理中相对保守、变化缓慢的内容。这一点在官方统计中最为明显。为便于长期分析，自第二次世界大战以来，统计方面的监控、测度和报告在时间、空间上基本保持一致。随着全球的经济增长，全球化的测度应运而生，尤其是关于国家核算体系如何适应新的经济形势（Smith，2003；Lynch and Clayton，2003）。尽管并未形成一致说法，但测度体系和指标[如国内生产总值(GDP)和国民生产总值(GNP)]的建立，并非经济全球化进程中被动的工具，而是对人们大致了解当今国民财富和发展有积极作用。在宏观经济领域，对债务、赤字、收支平衡、进出口数据和衍生指标，如国民经济信用评级的测度，将仍是各国进入资本市场、科技领域和生产消费等其他方面的决定因素。这些测度是决定一个国家基本经济状态和评估信誉或援助资格的关键因素(即标准化和可比性)，更重要的是，它有助于巩固和传播过去数十年支撑物质经济取得前所未有大发展的价值体系和思维模式。除这些因素的重大经济影响外，其他统计测度在推动发展模式向以人为本的转变中也发挥了重要作用。1990 年联合国开发计划署(United Nations Development Programme，UNDP)引入人类发展指数(Human Development Index，HDI)概念后，便随之形成了比较各国卫生与教育领域发展成效、人均收入，以及鼓励政府勿将眼光局限于 GDP 的国际测度。如今，许多国家将该测度融入国家监管体系，以评估进展情况，并和其他国家进行横向比较。

在环境方面，与经济和社会领域通用性测度的发展同步，具有科学可信度的测度方式的发展(如臭氧层损耗或大气温室气体平衡)，对发现问题也至关重要。尽管不如经济指标突出，但这些指标对环境领域各种多边协议的执行必不可少。例如，关于温室气体排放的数据，与气候变化相关协议，以及国家统计和自然资本核算中环境经济核算体系下的测度、查证和报告机制有关(Breidenich and Bodansky，2009；Herold and Skutsch，2009)。

不过，现行测度体系可以继续充当治理体系中暂时保持稳定错觉的工具，而这只是权宜之计，主要是因为现行测度体系忽视了主导发展模式产生的社会和自然资源赤字及债务。这会带来很大风险，因为已有科学证据表明，地球系统现状和发展轨道已经处于前所未见的情境(Pronk，2002)。近期研究表明，因对环境问题不作为而产生的代价极高(Stern，2007；TEEB，2010)，并且由于某些关键方面的地球承载力极限被突破，以及在确保人性社会底线方面的滞后，地球系统已经处于不安全的运作环境(Rockström et al.，2009；

Raworth，2012)。作为替代方案，前所未有的地球系统需要前所未有的应对机制，包括新的治理方法。测度及其相关的监控、报告和查证功能尤其引人注目，这不仅因其具备巨大影响力和改革潜力，更因其在合作共赢方面也有巨大潜力。这在过去数十年不同范围内各类参与者团体的测度改革倡议中展露无遗。这些参与者包括政府部门、企业、非政府组织和大众科学等。可持续发展目标在政治方面的前景是：可以为多样的测度和报告工作提供强制平台以达成一致，提供更可靠的问责机制，将治理的重心转移到实现目标所需的重组上，实现更大范围的改革——实现目标本身就包含这一点。

为了报告可持续发展目标的进展，也为了推进全球测度改革更广泛的议程，我们认为，除常规技术方面外，构建案例也需要以测度改革的治理维度为导向。我们进一步论证，这意味着需要同时考虑概念、主要参与者及其利益、相关机制和机构，以及测度工具。尽管测度工具位列最后，但它通常是测度工作的重点，其他维度反而被忽略。下面我们大致列出这些被忽略的治理方法的核心。

5.1.1 概念

这一维度包括决定何为社会重要测度客体的世界观和思维方式，也包括测度在决策中的作用。测度的概念基础通常包括反映潜在世界观的理论框架发展。可持续发展、福利和进程测度等宽泛概念往往是出发点。就可持续发展目标而言，要理解可持续，必须同时考虑发展的社会经济和环境层面内容，而且它们普遍相关。此外，官方程序中并无正式框架可以作为出发点。同样，由于缺乏框架，导致千年发展目标中对环境部分的陈述支离破碎。尽管可以将现有的通过社会协商产生的可持续发展目标分类视作主题框架，但此框架缺少能分辨优先性和关联性的结构和等级，而从实施的角度看，这一点至关重要。

从概念层面来看，测度那些历来与"经济发展"相关的因素，如人均收入、消费、生产等各种宏观经济绩效的指标，以及增长代价和风险相关指标间的关系尤为重要。尽管可持续发展目标能在安全、公正的范围内测度人类发展——这一观点已普遍为人所接受，但就其可能产生的代价，人们仍知之甚少(Raworth，2012)。最终，与可持续发展目标及其实施相关的概念不一致的情况，需要在指标层面进行调和，也需要对实现可持续发展目标、子目标和指标采取的举措做出可信的解释。解释内容、解释主体，以及这些解释与各指标之间的关联，都会对可持续发展目标的实施内容和方式产生巨大影响。

5.1.2　参与者

虽然从严格意义上讲，测度通常属于技术行为(如统计、评级和遥感)，但在测度过程中起重要作用的参与者的数量和类型，以及测度结果，都远远超出技术领域。从可持续发展目标这一更广泛的角度来看，测度包括那些被政治、经济或其他方面利益的受测度客体和方式所影响的参与者。比如，测度改革倡议，旨在从各层面创建"可持续发展指标"，以便很容易并且合理地涵盖各种参与者。所有被评估的主体均可切身体会测度方式对此类评估结果的影响。参与者及其利益也可与测度现状相结合，考虑如金融市场对宏观经济数据的依赖这类问题，这些数据是准寡头类信用评级机构评估的基础。以上例子阐明了这些参与者对信息生产和使用所做出的巨大贡献，同时也说明，在诸多领域，人们担忧相应的概念与方法有误，亟待对此做出改变(Weber，Scholz，and Michalik，2010；White，2012；Costanza，Hart，and Posner，2009)。

5.1.3　机制与机构

改变保守的测度体系，需要相关参与者的认同及合法的强制性机制。这一机制可能有不同形式，从统计机构的审查机制，如近期对联合国统计委员会关于环境统计修订框架的采用，到发展更综合的社会、环境和经济核算的尝试，再到试图在社区、国家或其他层面发展交叉指标体系的平民倡议。在指标开发领域，始于20世纪90年代早期，范围更大的"社会化"或对统计部门以外参与者和机构开放的运动，催生了众多新倡议。这些倡议均具备不同的构想和稳定性，并且通常在方式上大相径庭。相比于更根深蒂固的指标体系如国家经济与贸易核算，较新的指标体系，如与环境相关的，可能包含更多非正式审查，因此，灵活性更强（Smith，Pintér，and Thrift，2013）。联合国秘书长独立专家咨询组开展的可持续发展数据革命项目，就曾论及形成更宽泛的测度范式，可能会对现有机制的充分性、主导机构的权限和能力及其与合伙人和受众的关系造成冲击（UN，2014a）。

5.1.4　工具

此处的测度工具主要指数据、指标，以及真正用于跟踪进展的相关报告机制。确定、改变或调整测度工具往往是关键，也是测度行为最显著、最客观的特征。广义的测度工具也包括数据采集机制，这一机制必然会使用指标。尽管信息技术和众包模式正通过社交网络丰富选择，但建立并维持此般性能耗时耗财。报告机制也面临同样的情况。报告机制中的静态纸质产品，正逐步被动态发展的互动式工具取代。通过实时数据存取及自定义搜索显示，这些工具可以在产生、分析、获取信息方面提高透明度并搭建更高的平台，对既得利益和权力结构均产生影响。近期联合国环境规划署推出的UNEPLive平台就是一例。这类信息系统除改进信息获取能力外，还旨在改进平台同步功能，并支持多尺度评估。

除供应层面，从治理角度改变测度体系，还必须考虑需求层面。对测度的使用（包括误用）可能也确实存在于定期更新的可获得指标中，从碳排放到失业数据，再到最新GDP或每日股市的波动。社会上使用的指标亦很普遍，并在某种程度上影响所有参与者、部门及环境和发展领域。诸多公共或私人部门的参与者，均就现行及期望指标制订了战略计划和实施方式，进而对这些指标的常规可获得性产生了依赖和兴趣。改变指标会使既定决策模式受到质疑（Meadows，1998），因此，改变指标的潜在困难不言而喻，但一旦改变了，就会产生重要的级联效应。参与者数量、利益多样性，以及形成惯例的高昂成本和潜在深远影响，或许可以解释为什么之前的可持续测度议程总是成效有限或模糊不清。当中国开始尝试构建和引入"绿色 GDP"概念时，初衷是将对环境行为的测度纳入国家主流核算体系，而非重新建立一套相应的指标体系。然而，中国最终决定撤销此项目，则说明了其对这一概念的理论复杂性和技术复杂性预估不够。与此同时，它也反映了其中的政治复杂性，因为根据环境成本而调整的 GDP，易使国家和次国家层面的经济绩效数据受到质疑，也使市场和决策者对中国及其他地方的增长率低于预期的新闻紧张不已（Li and Lang，2010）。这也暴露了人们对于将环境成本纳入国家核算知之甚少。

　　作为可持续发展目标实施的一个组成部分，改革测度体系显然前途无量。但正如历史经验表明的，这个体系也非常复杂。核心问题不单是调整进程的测度标准，还要将关于进程定义、利益主体和取得成效的讨论开放化并透明化。若不同时考虑测度的供求层面，并理解以前及现在的理论、实践和工具如何发生改变，那么对可持续发展目标的测度，便无异于一项普通技术性的进展报告。要实现其改革潜力，从可持续发展测度评估的最佳实践原则中取经，将大有裨益（Pintér et al.，2012）。这些原则包括重视通过中级目标，支撑可持续发展目标的长期视角和愿景。同时，需要利益相关者的参与，以围绕共同的社会价值观，构建测度体系的概念框架和主题焦点，在这个过程中树立并增强参与者的主人翁意识。与此相关，要认识到诸多参与者和参与规模之间存在系统性关联，并且会影响更高水平、更长时期的成效，亦需保留可持续发展观的广泛性，也需要战略和政策的固有特征——"边学边适应"（Swanson and Bhadwal，2009）。可持续发展目标的指标及其评估，通过提供短期和长期反馈，将发挥重要作用。这些反馈主要是关于目标实施的多层次性和一些复杂项目。

5.2 测度全球目标进程的前期经验

我们将在本部分把上述概括的四维框架应用到当前的全球性目标中，这在多边环境协议和早期的千年发展目标中均有所体现，有助于理解进程测度体系的特征和发展演化情况。这种回顾性分析表明，虽然测度框架的基本概念始终如一，但相关参与者的范围有所扩大，机构间的相互影响也有所加强。替代性测度方法虽然发展势头良好，但并未取代在经济和社会政治领域尚占据统治地位的测度范式，而是与它们并行不悖。

5.2.1 概念

关于概念研究，过去30年涌现出了若干可持续发展问题的进程测度框架。早期广泛使用的框架是"压力—状态—反应"模型，这一模型有若干变体，包括联合国统计司（UN Statistical Division）开发的"活动—影响—反应"模型，以及"驱动力—状态—反应"模型和"驱动力—压力—状态—影响—反应"模型（Bartelmus，1994；Meadows，1998）。这一由世界银行最先开发的以资本为基础的框架，基于维持一国国民财富，并将资源的四个基本类型考虑在内，即经济资本、自然资本、人力资本和社会资本（UNECE，2009）。有专家建议，在这一框架基础上，把以资本为基础和关注人类福利的方法相结合，从而可以将最终目的、中间目的、中间手段和最终手段，与资本的四种不同类型对应联系起来（Meadows，1998）。

其他主要概念研究包括关于主题分类的指标设定，例如，由联合国可持续发展委员会协调的国际进程，提出了可持续发展指标。千年发展目标中的多数指标，也是基于联合国可持续发展委员会提出的指标和其他单项指标，这些单项指标测度多种国际环境与发展协定的实施进程。近期由联合国环境规划署和经济合作与发展组织支持的绿色经济和绿色增长指标，就是建立在前期工作基础上的，是主题概念化的结果（UN DESA，2007；OECD，2011；UNEP，

2012）。这些模型将继续共存，并应用于各类评估，以及千年发展目标的报告和前景。

5.2.2　参与者

对全球目标的测度，通常遵循自上而下的方法，即国际性机构收集、评估、组织、分析国家统计机构和部门报送的数据。例如，对《维也纳公约》(Vienna Protocal)、《联合国气候变化框架公约》和《生物多样性公约》(Convention on Biological Diversity)下耗蚀臭氧层物质和温室气体排放的测度。在《生物多样性公约》中，"2011—2020 年生物多样性战略计划"(Strategic Plan for Biodiversity 2011—2020)包含了一套详细的目标和子目标及相关指标，这些指标包括扩大测度系统，以向社会展示生态系统价值(Secretariat of Convention on Biological Diversity，2010)。同样，国际性机构如联合国教科文组织(UNESCO)和世界卫生组织(WHO)，也跟踪教育和卫生目标的进程。数据收集和报告往往也按自上而下的方法独立进行，但这不利于鉴别并整体评估不同环境领域和社会经济方面目标间的关联。

对千年发展目标的进程测度和报告，因其广泛性，得以在全球脱颖而出，并且有可能将全球目标的进程报告推广为适用于不同国家的通用模式。为确保千年发展目标在数据收集方面的一致性和稳健性，收集过程需要全球和次全球更多元参与者的参与。除技术性机构外，应用千年发展目标的发展中国家的那些非政府组织和私营企业都要广泛参与。

5.2.3　机制与机构

与其他全球测度和报告体系如世界发展指标不同，千年发展目标的进程报告不仅包括对指标状态的报告，更与目标和子目标相联系。此类目标的全球报告数据来源丰富，所以数据不一致是这些报告与分析的短板。为协调各类参与者的数据收集、分析和报告工作，跨部门机构和专门针对千年发展目标指标的专家组成立了，联结联合国秘书处和其他联合国机构，国际、区域和次区域组织，政府机构，国家统计部门和发展机构。

这一举措旨在利用测度和报告结果，帮助决策者在计划和战略中对各类问题进行优先性排序，对关键问题的改善或恶化进行评估，并及时发现一些亟待处理的热点问题。例如，许多专家认为，千年发展目标的指标对一些发展类目标的识别、优先顺序安排及整合到国家计划中都很重要。此外，在很多情况下，这类指标也和传统经济指标一起成为年度监控活动的一部分。然而，因为焦点在于千年发展目标中各类主题的优先顺序，而非综合评估和所议问题（如能源、环境领域或财政体系）之间的主要差距，所以作为总体进程报告的一种机制，关于千年发展目标的报告并不符合标准。

得益于更宽泛的测度改革运动，除千年发展目标外，社会和环境领域中的数据收集、监测和报告工作在过去 20 年中也有进展。在某些情况下，监测能力逐渐提高。全球综合评估报告，如联合国环境规划署的《全球环境展望报告》(Global Environment Outlook)和联合国开发计划署定期发布的《人类发展报告》(Human Development Reports)，提供了比指标报告更能说明情况的分析。但由于《全球环境展望报告》主要关注环境，《人类发展报告》主要关注人类，这些报告虽有"综合"特质，但不能称为全球可持续发展报告。

5.2.4 工具

独立的全球目标数据和关于千年发展目标的指标，一直是通过传统统计和遥感机构与方法收集的。然而，人力和财力资源有限、方法差异、数据获取途径缺乏，以及数据质量参差不齐的情况始终存在。信息技术的进步，对于传播那些去中心化的、公民主导式的监测和报告，以及对于大数据的日益增多居功甚伟。然而，在这些成果及骤然增加的"大数据"还未被系统地用于报告全球性目标进程时，从新千年伊始，人们就明显关注用自下而上的方式收集统计指标(Stiglitz, Sen, and Fitoussi, 2008; Pintér, Hardi, and Bartelmus, 2005)。比如，联合国秘书长独立专家咨询组开展的可持续发展数据革命项目，就反映出近期高层努力呼吁各国从政治上重视数据问题，并将其作为优先战略(UN，2014a)。

尽管这些方法的覆盖面、可信度和实用性因各国倡议不同而有所区别，但努力提高这些方法的一致性，可大幅增加其在未来的有效性和使用率。在应用方面，政府已将设定可持续发展目标引入或扩展到不同层面。诸多地方政府和市政当局都认识到结合当地情况的重要性，纷纷开发了自己的指标和报告方式。此外，许多非政府组织也着手开发自己的指标体系，通常为具体问题领域(如环境、能源或社会发展)而设定，并兼用综合指标(IISD，2016)。

这类自下而上的方法很有可能改善全球发展目标的数据收集和监测工作，但这些潜力尚未被完全挖掘。如北美社区指标联盟(Community Indicators Consortium in North America)或经济合作与发展组织的维基进步(Wikiprogress)，旨在汇聚此类倡议，并提供一个学习和信息共享的平台。然而，要处理好这些不同倡议并将其置于一个共同的分析、制度或政治框架中，以在更广泛的全球范围内得到应用，仍需多方努力。

5.3　测度可持续发展目标进程

在全球层面，与千年发展目标相关的指标和报告机制算是测度全球目标的典型先例之一。虽然这类目标的指标测度经验确实会对日后相关工作有所帮助，但就可持续发展目标而言，它们之间仍有显著差异。部分原因在于可持续发展目标涵盖范围更广泛，而且要求对所有国家具有普适性。可持续发展目标要求同时大范围调查极其复杂并高度相关的问题。这将是一个不断试验、逐渐变化、反复修正和重新排序的过程，在此过程中，短期突变可能会破坏长期稳定。在这种高度不确定的情况下，几乎不可能找到最佳政策，只能是在相关领域寻求包容性强、边做边学的政策，仔细监控与评估政策效力，并依据长期目标情境及时做出关键选择和调整。其中，指标是以上工作的核心工具。

在更高级的政策议程中，关于测度以及测度在各类政策机制中的地位，亦有其他一些重要的语境差异。过去十年，在最广泛层面和国际层面，对测度的某些核心指标如 GDP 替代方案的讨论，即使尚未广泛采用，也愈发受欢迎。2012 年联合国可持续发展大会就是很好的例子。会上许多观察家表示，期待测度广泛社会进步或福利的新指标未来几年可以达成更大共识(UNCSD，2012)。在某些国际环境发展协定中，如《联合国气候变化框架公约》的测度、报告及核实，测度也成为重要的跟踪手段。在更低的层面上，公共和私人部门参与者强调测度的影响力，例如，对多用于组织、供应链或生态系统层面的可持续性相关标准的测度行为，表明测度是能够影响政策及其实施的重要且普遍的杠杆。全球报告倡议这样的机制，导致企业报告越来越频繁使用各类指标(Roca and Searcy，2012)，而生态系统层面(Jørgensen，Xu，and Robert，2010；Bartelmus，2015)、供应链(Hassini，Surti，and Searcy，2012)和社区(Stevens，2014)使用的指标也逐步增加。

虽然这类测度倡议可能会对特定组织的可持续绩效有所作用，但正如可持续发展目标表明的那样，其真正改变的可能是围绕关键优先问题的指标体系间的战略一致性(Hoekstra et al.，2014；van der Esch and Steuer，2014；Measure What Matters，2015)。可持续发展目标的指标可能对政策一致性尤其有效，因为它们必须以既简洁又具体的形式表述不同参与者的规范、利益和期望，并能连接规范领域和政策实施领域。我们认为，通过治理视角下四个维度来看待可持续发展目标的测度，可以促进可持续发展目标的进一步实施。

5.3.1　概念

可持续发展目标需要长远的目光，需要能在分清轻重缓急的同时，留意复杂的社会生态系统要素。因目标本身而被成员接受的框架，也可充当确定子目标和指标的出发点，这些子目标和指标共同促使可持续发展目标成为一个全球相关的议程。

然而，在政治进程中，可持续发展目标被认为缺乏较高层次正式的概念框架，不能代表协议各方对以下问题的一致意见，即应该如何构建可持续发展目标并将其与各方关联，或者说如何测度可持续发展(Pintér et al.，2012)。由于指标必然来源于目标，那么可推断可持续指标同样缺乏概念框架。多数对测度的注意力，都集中在确保有足够的监控、数据收集和报告资料，这些均来源于《联合国秘书长综合报告》(Secretary-General's Synthesis Report，UN，2014c)和联合国秘书长独立专家咨询组的报告(UN，2014a)，但对测度的概念框架仅提供了有限指导。其他全球性工作中，可持续发展解决方案网络的工作聚焦于 10 项重要挑战。联合国统计司的工作聚焦于围绕这些目标找到相关指标，采纳与可持续发展解决方案网络类似的主题框架(ECOSOC，2016；SDSN，2015)。

尽管在围绕目标自身的主题框架中找到相关指标对于追踪目标进程非常必要，但仅有主题框架并不能明确区分发展的成本和收益。因为框架虽然具备所有通常意义上的要素，但并未将指标呈现为一个体系，不能清晰地指出社会、经济或生态资本间的关系。

在全球层面，将可持续发展目标建构或重构为目标、子目标和指标间彼此相连的系统的前期工作已经启动(Le Blanc，2015)，也有建立围绕概念框架的"目标—子目标—指标体系"来区分最终手段和目的的例子(Pintér，Almássy，and Hatakeyama，2014)。这些都说明，可以组织甚至开发出围绕概念框架的可持续发展目标和指标。这些概念框架可以直观反映发展的驱动力和成效间的因果联系。可持续发展目标的监控和分析，可能要直接采用这样的框架，才能对实施情况产生影响。

监测框架需要与主要政策重点和政策偏好相联系，进而强化国家和次国家层面的责任意识。监测需要与国家现行监测框架保持一致，或在其基础上发展，包括更高层次的可持续发展报告中的经济报告框架。正如学术和政策流派所提倡的那样，借此契机，重新将国家发展的最终目的和指标定义为人类福祉而非单纯的经济增长，这一点尤其重要(Costanza，Hart，and Posner，2009)。尽管技术基础均具备，现在又因可持续发展目标而具备了政治动力，但要想产生必要的变化，仍然需要一个连贯且概念上合理的表述和一个过渡性战略。

5.3.2 参与者

因关注点和适用性更广泛，可持续发展目标既与大量普通参与者有关，也和那些特别关注测度问题的参与者有关。要理解机构在测度可持续发展目标中的作用，需要采取供需视角，结合与供需相关的"工具选择"（Voß and Simons，2014）。和以前的经验相比，供需视角与"工具选择"可能均会产生新的影响。关于测度的文献，历来由供应方利益主导，采取隐晦的"只要建立指标就会有效果"的观点。然而，正如"2016 年美国社区指标联盟年会暨'影响峰会'"（2016 Annual Conference of the US-based Community Indicator Consortium as the "Impact Summit"）的名称所示，近期对指标使用及其影响的更多关注表明，地方上的测度倡议需要打破这一思维，在可持续发展目标中做到这点，甚至更为重要。

正如联合国秘书长独立专家咨询组的可持续发展数据革命项目报告和其他前期报告所示，供应方面需要继续增强参与者一直发挥的监测和观察能力，包括统计和遥感机构，如联合国统计司或国际层面的地球观测集团（UN，2014a）。但由于参与者兴趣愈加浓厚，相关科技应用愈加广泛，从民间团体到私营部门，越来越多的参与者在进行监测和观察（van der Esch and Steuer，2014）。无论是社区、地区、国家、部门、商品还是组织体系，有组织的综合监测和可持续指标的应用已形成传统，并且可能围绕广泛的参照体系得到进一步发展（Rydin，2010；Hák，Moldan，and Dahl，2012）。其中多数监测体系拥有宽泛的主题，但往往只涉及可持续发展目标整体议程的某些特定部分。在可持续发展目标中，整合源自多种途径的可持续信息将更为重要。这既需要新的参与者提供信息，也需要强化当前参与者的数据提供与整合功能。越来越多像 UNEPLive 一样的平台和组织，正致力于帮助人们获取全球传统及非传统参与者最终提供的观察和测度信息。这些都有助于监测可持续发展目标，但在国家层面，可能也需要特定平台和组织，甚至符合目标实施进展报告需求的新型授权机构。目前尚不清楚可持续发展目标框架是否有助于实现这些倡议，但考虑到它涵盖的主题广泛、信息需求量大，以及目标框架形成过程中已经建立起来的政治支持，很显然，其具备这种潜力。

与供应方面类似，需求方面对监控可持续发展目标及其指标感兴趣的，主要是那些一直以来处于可持续发展议题外围的参与者。能否真正参与可持续发展目标的测度，从某种程度上取决于这些参与者是否能公开、及时地获取监测信息，这是透明度的问题。发表最新指标信息，是主流测度报告机构很有兴趣并做得很出色的领域。尽管这会面临一些新的挑战，因为要整合多种来源的数据，而且有些可能还涉及个人隐私。

然而，需求方面更具挑战性的问题是，若可持续发展目标确实成为普遍相关的议程，那么希望使用各自测度方式的参与者的数量和类型将会增加，进而，可持续发展目标的指标使用和更多传统指标类型使用之间的潜在冲突可能也会随之愈加激烈。指标使用本身是多维的，包括从象征性使用到政治性或技术性使用，或者几类混合使用，使用类型将从根本上决定指标是否会对实际政策和结果产生影响（Bell and Morse，2001；Hezri and Dovers，2006；Hildén and Rosenström，2008）。指标的使用受主人翁意识的影响，与整个可持续发展目标的物主身份直接相关。就这一点而言，尼尔森和佩尔森（Nilsson and Persson，2015）讨论了双轨方式的重要性。通过这种方式，国家层面、特定背景下的子目标和指标可以确保相关参与者的利益最大化，而常规报告框架中更高层面的国际指标体系至少可以确保部分相似性和可比性。这两条轨道不会直接重合，但会在关乎整体层面的问题上合二为一，并通过主要参与者和利益相关者的参与，建立起他们对可持续发展目标的主人翁意识。

5.3.3　机制与机构

作为本话题被引用最多的研究成果之一，梅多斯（Meadows，1998）认为，选择指标的过程与指标本身同样重要。就可持续发展目标而言，正如尼尔森和佩尔森讨论的那样，现阶段可从两个不同层面——全球和次全球层面来看待测度和指标体系的发展（Nilsson and Persson，2015）。在全球层面，指标呈集中式发展，并紧跟开放工作小组确定的目标；在次全球层面，指标将呈分散式发展，并由有地域、领域、组织或其他特定偏好的国家或次国家参与者所领导。尽管两者很相似，但在程序问题和选择上截然不同。全球程序的目的就是要建立一套与常规统计标准尽可能一致的指标体系，并设定一个先例，以确定究竟哪些是可持续发展目标的关键可测度内容。

既然任何特定目标均可通过多种方式测度，并且指标选择会对所定子目标产生重大影响，那么实施方式、利益主体、测度体系发展、指标选择及全球层面选择指标的方式都至关重要。考虑到诸多情况下测度体系的成功与否，取决于次国家参与者形成的分散网络是否乐于并能够收集、报告数据，因此，全球指标选择过程的参与度和透明度将极为关键，这将显著影响参与者的主人翁意识与接受度。该进程也需要联合国统计司的协调和领导，来公正地反映政治与技术视角，并提供表达与调和不同立场的平台。

除指标选择外，测度体系的开发同样需要数据的收集、监控和报告过程。可持续发展目标的监控应该摆脱单一、自上而下的数据收集和监控方式，考虑采纳自下而上，以参与者团体为中心或社区主导的新倡议。这很重要，不仅因为这些替代方式潜力巨大，更因为其能确保利益相关者都参与监控，从而增强其重要性与接受度。分散的监测和数据收集可以增强利益相关者的社会意识，提高其主人翁意识并降低成本。联合国秘书长独立专家咨询组呼吁建立全球性的"数据创新网络"，重点投资统计和地理空间的数据收集，免费获取可以了解可持续发展目标进程的数据，建立激励机制，鼓励创新和效能优化。

此外，可持续发展目标的测度体系需要直接支持进程评估与报告，这些评估与报告对各国增强责任意识和学习进步都必不可少。随着报告框架的进一步发展演化，全球层面的指标需要更加有助于《全球可持续发展报告》的生成，并在联合国授权后公开发表（UN，

2015)。鉴于可持续发展目标的不确定性，以及投资和政策方面的巨大风险，问责在全球协商中成为政治敏感问题。一些参与者呼吁采取更强有力的问责措施，而其他参与者则更倾向于增强灵活性。为了增加可信度，报告需要及时、可验证、不受政治干预、基于稳健方法，并且广泛、公开、可获得。这些有助于报告工作更受重视，相关参与者(无论是政府、企业还是民间团体)会更认真地对待测度结果并利用信息，调整和适应行动。

　　虽然全球层面的测度体系和指标开发集中于联合国及其附属机构，但是它们在次全球层面的实施需要有其自身程序。除次全球程序可以利用全球程序的结果(全球指标设定和报告模板)为起点外，许多与全球层面可持续发展目标及其指标的测度体系相关的问题同样适用于次全球范围。然而，尽管官方的统计、遥感和报告机构可以发挥核心作用，但在次全球层面，更广泛的各式各样的参与者已经在运行自己的测度程序和体系。可持续发展目标的测度可以借用这些程序和体系。这可以使参与者竞相关注测度，开放产品市场和思想，以跟踪进程及其驱动因素，并草拟出可提高未来绩效的方案。无论在全球还是各国，这都为分歧和融合开辟了可能性：分歧是指并行和竞争的测度及报告进程可能得出不同的结论，促使替代性的实施战略和方式产生；融合是指这些过程中包含的"凭感觉决定"，可能使不同的参与者实现共同利益，满足其协同行动的需要。

5.3.4　工具

　　可持续发展目标的工具维度涵盖诸多与指标选择和设计相关的问题，但也与指标交流、报告甚至指标使用的工具相关。作为关键考虑因素，工具需要尽可能贴切地直接反映目标和子目标所体现的理想抱负，并与之相关。由于若干原因，这对可持续发展目标而言是重大挑战。尽管先前的测度倡议已经体现出这些挑战，但在可持续发展目标中，由于这些问题代表着更复杂、更明显的政治利益，所以这些挑战就更易于被暴露并受到更多关注。诸多设计选择均涉及艰难的权衡取舍问题，延伸到对可持续发展目标的全球商讨，更让参与者充分认识到所做的选择对目标实施至关重要。

重要考虑之一就是，所选择的指标应该作为一揽子计划的一部分，直接以目标和子目标为基础（Pintér et al.，2013）。由于在开放工作小组 2014 年的提案中，目标和子目标的数量众多，共有 17 个目标和 169 个子目标（UN，2014），所以已经开发的指标体系不可避免地——至少在最初——非常复杂。的确，在 2015 年年初的工作报告草案中，联合国统计委员会主席团提出了包含 304 个潜在指标的清单，且这还未涵盖全部 169 个子目标（UN Statistical Commission，2015）。尽管没有客观的方法来确定最佳指标数量，但长期以来，实践者们均赞同需要将数量限制在"可控"水平（Hardi and Zdan，1997；Mitchell，1996）。可持续发展目标面临的挑战在于，因为可持续发展目标一揽子计划的要素之间紧密耦合，而且目标和子目标要优先于指标，所以保持指标数量可控而又限制目标和子目标的数量，就会造成不一致。然而，全球层面削减目标和子目标数量的政治意愿极低，这不仅因为通过开放工作小组围绕目标和子目标达成共识方面已经付出很多努力，还因为协议方不愿放弃来之不易的、对自己特别重要的目标和子目标。

虽然可持续发展目标的指标体系没有完美的先例供借鉴，但许多早期的指标开发过程通常都优先确定并使用一套核心指标（Departmentx for Environment，Food and Rural Affairs，2013；European Environment Agency，2005）。私营部门也优先采用基于选择标准的指标，在这些部门中，主要绩效指标是管理体系的固有组成部分，其使用需要聚焦于主要管理目标（Shahin and Mahbod，2007）。一套核心指标如果在全球范围不具备政治可行性，那么，这套指标就有可能率先出现并应用于次全球层面，并作为国家层面依据当地情况确定目标和子目标的一部分。随着时间的推移，在这种反复的情境化程序中，根据国家和其他参与者最常优先选择的指标，可能会出现一套更严格的国际通用指标，抑或会有更多建议要求优先确定核心指标。通过自下而上的方法制定全球性指标，虽然并非没有风险（例如，如何确保涵盖所有重要的全球性问题，像与地球边界有关的问题），但它和强调指标体系发展边做边学和持续发展进化的观点不谋而合（Meadows，1998；Hák，Moldan，and Dahl，2012，Pintér，Hardi，and Bartelmus，2005）。

关于工具，另一个问题是在决策中开发和使用总指数或综合指数（Nardo et al.，2005；Böhringer and Jochem，2007；Mayer，2008）。鉴于可持续发展目标和子目标的性质，以及它们对指导政策和测度工作的需要，当前的工作重点是开发指标而不是指数。考虑到选择更透明的指标带来的挑战，开发"超集"（superaggregate）可持续指数在协商时并未纳入政治议程。然而，至少有三个原因说明在某些情况下，应该将指标的综合看作高发事件。

第一，可持续性领域外有许多主流指数在决策中发挥核心作用。虽然有大量文献研究和评论可持续指数和指标的使用、不用和滥用（Lehtonen，2015；Böhringer and Jochem，2007），但目前也有许多与可持续理念无关的指标体系和综合指数（如股票市场指数，GDP或与贸易有关的指数）正在被使用，甚至这些指数存在众所周知的错误和歪曲（Kubiszewski et al.，2013；Castro-Martínez，Jiménez-Sáez，and Ortega-Colomer，2009）。若要使《2030 年可持续发展议程》与可持续发展目标能够对政策制定产生影响，那么它们需要提供强大、可靠的方案，以代替过去那些被边缘化、基于可持续视角的测度体系。"强大"意味着指标体系可能需要与基于国民核算体系并正式被联合国统计委员会采用的环境经济核算体系进行对接。鉴于许多目前在用的测量体系都存在整合或者说综合的现象，某些情况下也应该考虑开发和使用与可持续发展目标相关的指数。

第二，即使不像主流经济指数那样被广泛使用，在过去几十年中，几个与某些关键可持续领域相关的综合指数也得到了很大发展，如人类发展指数和环境绩效指数。这些指数由优秀组织使用标准方法制定，依靠最佳可用数据和大量时间序列数据，被用于标记和比较，多数成为定期发布政策评估报告的基础。其中大部分指标都包含在可持续发展目标的提议指标集中。无论是否调整其结构，考虑把它们用作规划可持续发展目标实施、监测、报告体系的一部分才合乎逻辑，也才能与那些被决策者熟知的测度工具保持连续性和一致性。要赋予其更大的作用，可能需要更明确地将其与《2015 年后发展议程》的背景和可持续发展目标相联系。

关于聚合，还要考虑一点。许多目前在用指数的部分问题，在于其聚合算法太复杂或不够透明，这使得它们对决策者而言就相当于一个黑盒子。这要么会限制其使用（如许多可持续相关指数），要么会导致其被滥用（如 GDP），并会造成决策过程中的思维模式僵化，这些一定是不可持续的（Costanza，Hart，and Posner，2009）。然而，或许可以通过开发指标体系的概念结构来解决这一问题，这个结构以透明的方式将单个指标聚合使用。哥伦比亚政府早前提出的建议，是建立关于《2015 年后发展议程》的全球显示表。它既可作为展示和支持决策的工具，也可帮助跟踪可持续发展目标的实施进程（Government of Colombia，2013）。20 世纪 90 年代的可持续显示表（能同时呈现可持续指标和聚合）已经编制完成，并随后被应用于千年发展目标的指标（Joint Research Centre，2015）。

虽然已超出严格意义上的测度领域，但指标有望成为可持续发展目标进程报告的要素。报告是目标实施和问责的关键，而报告的工具和方式将在其有用性方面起关键作用。尽管显示表和基于网络的互动式进程报告平台可以发挥作用并提供最新信息，但仅靠简单的基于指标的分析不足以揭示更深层次的内在结构联系，而这一联系对理解和解决复杂的可持续问题的细微差异至关重要（Fukuda-Parr and McNeill，2015）。由于这些细微差异多数甚至无法被测度，所以，可持续发展目标的指标和基于指标的模型结果需要通过定性信息来实现，这些信息可以通过恰当的综合评估框架和报告范式获取（Beisheim et al.，2015）。《全球可持续发展报告》指定高级别政治论坛为全球报告的官方机构（UN DESA，2013）。

与全球报告类似，国家也必须有报告工具和程序，因为可持续发展目标的实施将主要集中在国家层面，这可能是报告最重要的方面（de la Mothe，Espey，and Schmidt-Traub，2015）。国家层面的报告本身可能是一个多层次报告系统，不同参与者根据其参与实施可持续发展目标的具体活动，领导各自主题、地域、部门或组织层面的措施。与千年发展目标相比，可持续发展目标的实施可能涉及其他众多部门，而不是各级政府。尽管各国因发展水平不同而大相径庭，但民间团体和企业部门参与报告千年发展目标的情况很普遍。私营部门的自愿报告可以利用公司可持续发展报告的经验，比如，采用全球报告倡议标准，甚至发起倡议来确定与国家相关的可持续发展目标、子目标和相关指标，并探索企业如何对此做出更大贡献。匈牙利就曾做过这类努力，其可持续发展商业委员会（Business Council for Sustainable Development）作为世界可持续发展工商理事会（World Business Council for Sustainable Development）的国家成员，领导了可持续发展目标国家倡议（BCSDH，2015）。诸如国际标准化组织（ISO）和欧洲生态管理与审计计划（European Eco-Management and Audit Scheme）等的管理标准，也涵盖了管理体系中不可或缺的报告协议，为跟踪和报告可持续发展目标的指标提供了逻辑依据。

5.4　结　论

可持续的测度和指标介于科学与政策的交叉领域，但即便指标开发逐步向公众，尤其向社区层面开放，测度仍常被认为主要是科学和技术的运用。正如麦库尔和斯坦奇（McCool and Stankey，2004）所指出的，即使参与同一个测度体系的开发过程，政府、企业、民间团体和科学家的利益也各不相同，他们出于不同目的并使用不同指标。了解测度体系发展和应用的不同方面出现这些差异的原因，并将其考虑在内，有助于为全球和国家层面可持续发展目标的实施奠定坚实基础。

关于开发可持续发展目标的指标开发责任，相关全球进程中已经出现了分歧。形式上，开发指标的责任被委托给一个技术机构——联合国统计委员会，然而，随着协商的进行，2015 年 4 月召开的开放工作小组会议上，各国对指标选择是否也需要各国政府通力合作提出了疑问。虽然有些国家已经准备像确定目标和子目标那样详细商讨有关指标，比如，孟加拉国强调"若无细致框架，所有数据均可被操控"，但事实上这项任务已经交给了联合国统计委员会。同时，大量指标和相应技术细节都经过详细协商谈判来制定也不太现实(Lebada，Offerdahl，and Paul，2015)。

本部分阐明了我们关于可持续发展目标测度体系的若干观点。尽管早期文献(Meadows，1998)清楚地指出，指标代表了复杂体系的重大影响力和影响因素，但政策制定者往往将测度视为纯技术应用。将指标开发委托给联合国统计委员会，最初被认为是合情合理的，只有当来自可持续发展目标协商的代表们意识到指标体系开发可能产生重大影响时，才会出现对这一过程是否具有充分代表性的担忧。联合国可持续发展委员会在开发早期指标体系时并未出现类似忧虑，即认为该过程自始至终仅是一项技术和统计应用，对政策影响有限，尽管有《21世纪议程》的提议，但各国甚至连环境—经济核算体系(System of Enviroment-Economic Accounting)也未实施(UNDPCSD，1996；Pintér，Hardi，and Bartelmus，2005)。可持续发展目标的指标体系要以目标和子目标的设定为基础，对目标实施和成效有明确预期。在这种情况下，指标不再是边缘性的和纯技术的，而是核心的和政治性的。正是出于这个原因，我们认为应该在治理框架下考虑指标问题，而不仅仅衡量它们是否与目标和子目标匹配。本章中，我们提议建立一个以概念、参与者、机制与机构、工具为四要素的政治经济框架。我们已论证可以用这种框架来分析与千年发展目标相关的评估测度方法，并展示了其与分析可持续发展目标的相关性，证明它不仅可以为学术所用，也可以为战略、政策服务。

随着可持续发展目标的实施，指标的政策相关性和政治影响力愈加清晰。股市指数、经济增长数据、就业和通货膨胀数据等主流指标都作用巨大，能从根本上影响机构和个人行为。若可持续发展目标的指标要产生影响，则需要与广泛使用的经济指标在同一决策场中争夺注意力并胜出。这需要对与技术发展相关的问题、指标在政策中的应用等有更深入细致的了解，后者直到最近，依然是公共政策学者和指标实践者相对忽视的领域。聚焦指标应用的研究表明，应用形式不同，会产生迥然不同的效果，并且有意识地使用指标，可以对指标体系的开发产生重大影响（Hezri，2006；Lehtonen，2015）。这在国家层面尤为重要，因为可持续发展目标预计主要还是在国家层面实施。

可持续发展目标测度体系的发展，既是一个新型科学—政策挑战，也是一个在借鉴现有可持续发展指标经验和千年发展目标经验基础上建设的新领域。在高层次目标和子目标基础上开发可持续指标体系似乎会有风险，也许还会导致对指标开发过程与结果的严密政治审查。此外，可持续发展目标指标的开发，可以更有策略地借鉴过去 20 年里那些与概念模型、程序设计和指标使用相关的经验。

参考资料

Bartelmus, Peter. 1994. Towards a Framework for Indicators of Sustainable Development. United Nations Department for Economic and Social Information and Policy Analysis, Working Paper Series 7. New York: United Nations.

Bartelmus, Peter. 2015. Do We Need Ecosystem Accounts? *Ecological Economics*, 118: 292-298.

Beisheim, Marianne, Hedda Løkken, Nils aus dem Moore, László Pintér, and Wilfried Rickels. 2015. *Measuring Sustainable Development: How Can Science Contribute to Realizing the SDGs? Working paper*. Berlin: German Institute for Security and International Affairs. Available at: http://www.swp-berlin.org/fileadmin/contents/products/arbeitspapiere/Beisheim-et-al_WorkingPaper_MeasuringSD.pdf.

Bell, Simon, and Stephen Morse. 2001. Breaking through the Glass Ceiling: Who Really Cares About Sustainability Indicators? *Local Environment*, 6(3): 291-309.

Böhringer,Christoph,and Patrick E. P. Jochem. 2007. Measuring the Immeasurable: A Survey of Sustainability Indices. *Ecological Economics*,63(1):1-8.

Boulanger,Paul-Marie. 2007. Political Uses of Social Indicators: Overview and Application to Sustainable Development Indicators. *International Journal of Sustainable Development*,10(1):14-32.

Breidenich, Clare, and Daniel Bodansky. 2009. *Measurement, Reporting and Verification in a Post-2012 Climate Agreement*. Washington,DC:Pew Center on Global Climate Change.

Business Council for Sustainable Development in Hungary. 2015. Action 2020. Budapest: Business Council for Sustainable Development in Hungary. Available at: http://action2020. hu/en/ action-2020-hungary/.

Castro-Martínez, Elena, Fernando Jiménez-Sáez, and Francisco Javier Ortega-Colomer. 2009. Science and Technology Policies:A Tale of Political Use,Misuse and Abuse of Traditional R&D Indicators. *Scientometrics*,80(3):827-844.

Conrad,Cathy C. , and Krista G. Hilchey. 2011. A Review of Citizen Science and Community-based Environmental Monitoring: Issues and Opportunities. *Environmental Monitoring and Assessment*, 176(1-4):273-291.

Costanza, Robert, Maureen Hart and Stephen Posner. 2009. Beyond GDP:The Need for New Measures of Progress. The Pardee Papers,4, The Pardee Center for the Study of the Longer-Range Future,Boston University.

de la Mothe, Eve, Jessica Espey, and Guido Schmidt-Traub. 2015. Measuring Progress on the SDGs:Multi-level Reporting. Global Sustainable Development Report 2015 Brief. New York:Sustainable Development Solutions Network. Available at:https://sustainabledevelopment. un. org/content/documents/6464102-Measuring%20Progress%20on%20 the％20SDGs％20％20％20Multi-level％20Reporting. pdf.

Department for Environment, Food and Rural Affairs. 2013. Sustainable Development Indicators. London: Department for Environment, Food and Rural Affairs. Available at: https://www. gov. uk/government/uploads/system/uploads/attachment_data/file/ 223992/0_SDIs_final_2_. pdf.

ECOSOC, United Nations Economic and Social Council. 2016. Report of the Inter-Agency and Expert Group on Sustainable Development Goal Indicators. E/CN. 3/2016/2/Rev. 1*. Available at: http://unstats. un. org/unsd/statcom/47th-session/documents/ 2016-2-SDGs-Rev1-E. pdf.

European Commission. 2007. Summary notes from the Beyond GDP conference. Highlights from the presentations and the discussion. Available at: http://ec. europa. eu/environment/beyond_ gdp/download/bgdp-summary-notes. pdf.

European Environment Agency. 2005. EEA Core Set of Indicators—Guide. Copenha-gen: European Environment Agency.

Fukuda-Parr, Sakiko, and Desmond McNeill. 2015. Post 2015: A New Era for Accountability? Presented at The Development of an Indicator Framework for the Post-2015 Development Agenda: Towards a Nationally Owned Monitoring System for the SDGs. Workshop of the United Nations Statistical Commission, February 27, 2015, New York. Available at: http://unstats. un. org/unsd/ statcom/statcom _ 2015/seminars/Post-2015/docs/Panel％ 201. 3 _ FukudaParr％20. pdf.

Government of Colombia. 2013. A Global Dashboard for the New Post-2015 Development Agenda. Available at: https://sustainabledevelopment. un. org/content/documents/3621colombia. pdf.

Hajer, Maarten, Måns Nilsson, Kate Raworth, Peter Bakker, Frans Berkhout, Yvo de Boer, Johan Rockström, et al. 2015. Beyond

Cockpit-ism：Four Insights to Enhance the Transformative Potential of the Sustainable Development Goals. *Sustainability*, 7 (2)： 1651-1660.

Hák，Tomás，Bedrich Moldan，and Arthur Lyon Dahl，eds. 2012. *Sustainability Indicators： A Scientific Assessment.* Vol. 67. Washington：Island Press.

Hardi，Péter，and Terrence Zdan. 1997. *Assessing Sustainable Development： Principles in Practice.* Winnipeg： International Institute for Sustainable Development.

Hassini，Elkafi，Chirag Surti，and Cory Searcy. 2012. A literature review and a case study of sustainable supply chains with a focus on metrics. *International Journal of Production Economics*，140：69-82.

Herold，Martin and Margaret M. Skutsch. 2009. Measurement，Reporting and Verification for REDD ＋：Objectives，capacities and institutions. In *Realising REDD*，ed. Arild Angelsen，Markku Kanninen，Erin Sills，William D. Sunderlin，and Sheila Wertz-Kanounnikoff，85-100. Bogor：Center for International Forestry Research.

Herzig，Christian，and Stefan Schaltegger. 2011. Corporate sustainability reporting. In *Sustainability Communication：Interdisciplinary Perspectives and Theoretical Foundations*，ed. Jasmin Godemann and Gerd Michelsen，151-159. Dordrecht：Springer.

Hezri，Adnan A. 2006. Connecting Sustainability Indicators to Policy Systems. Doctoral dissertation，Canberra，Australian National University.

Hezri，Adnan A. ，and Stephen R. Dovers. 2006. Sustainability Indicators，Policy and Governance：Issues for Ecological Economics. *Ecological Economics*，60(1)：86-99.

Hildén，Mikael，and Ulla Rosenström. 2008. The Use of Indicators for Sustainable Development. *Sustainable Development*，16(4)：237-240.

Hoekstra，Rutger，Jan Pieter Smits，Koen Boone，Walter van Everdingen，Fungayi Mawire，Bastian Buck，Anne Beutling，et al. 2014. Reporting on Sustainable Development at National，Company and Product Levels：The Potential for Alignment of Measurement Systems in a Post-2015 World. Statistics Netherlands，Global Reporting Initiative，and The Sustainability Consortium.

IISD，International Institute for Sustainable Development. 2016. Compendium—A Global Directory to Indicator Initiatives. Winnipeg，MB：International Institute for Sustainable Development. Available at：https：//www. iisd. org/measure/compendium/.

Joint Research Centre. 2015. Millennium Development Goals Dashboard. Available at：http：//www. webalice. it/jj2006/MdgDashboard. htm.

Jørgensen，Sven E. ，Liu Xu，and Costanza Robert，eds. 2010. *Handbook of Ecological Indicators for Assessment of Ecosystem Health*. Boca Raton，FL：CRC press.

Kubiszewski，Ida，Robert Costanza，Carol Franco，Philip Lawn，John Talberth，Tim Jackson，and Camille Aylmer. 2013. Beyond GDP：Measuring and Achieving Global Genuine Progress. *Ecological Economics*，93：57-68.

Lebada，Ana Maria，Kate Offerdahl，and Delia Paul. 2015. Summary of the third session of intergovernmental negotiations on the Post-2015 development agenda：23-27 March，2015. *Earth Negotiations Bulletin*，32（16）. Available at：http：//www. iisd. ca/download/pdf/enb3216e. pdf.

Le Blanc，David. 2015. Towards Integration at Last? The Sustainable Development Goals as a Network of Targets. DESA Working Paper，141. United Nations Department of Economic and Social Affairs. Available at：http：//www. un. org/esa/desa/papers/2015/wp141_2015. pdf.

Lehtonen，Markku. 2015. Indicators：Tools for informing，

monitoring or control-ling? In *The Tools of Policy Formulation. Actors,Capacities,Venues and Effects*, ed. A. J. Jordan and J. R. Turnpenny,76-99. Cheltenham:Edward Elgar.

Li, Vic, and Graeme Lang. 2010. China's "Green GDP" experiment and the struggle for ecological modernisation. *Journal of Contemporary Asia*,40(1):44-62.

Loorbach,Derk,and Jan Rotmans. 2006. Managing Transitions for Sustainable Development. In *Understanding Industrial Transformation. Views from Different Disciplines*,ed. Xander Olshoorn and Anna J. Wieczorek,187-206. Dordrecht:Springer.

Lynch, Robin, and Tony Clayton. 2003. Globalisation: New Needs for Statistical Measurement. *Statistical Journal of the United Nations Economic Commission for Europe*,20(2):121-134.

Mayer,Audrey L. 2008. Strengths and Weaknesses of Common Sustainability Indices for Multidimensional Systems. *Environment International*,34(2):277-291.

McCool,Stephen F. ,and George H. Stankey. 2004. Indicators of Sustainability: Challenges and Opportunities at the Interface of Science and Policy. *Environmental Management*,33(3):294-305.

Meadows,Donella H. 1998. *Indicators and Information Systems for Sustainable Development. A Report to the Balaton Group.* Hartland Four Corners,VT:The Sustainability Institute.

Measure What Matters. 2015. Monitoring for Sustainable Development: The Need for Alignment. Background Paper 3. Available at:http://measurewhatmatters. info/wp-content/uploads/ 2015/07/MWM-IRF-Retreat-7. -Monitoring-for-Sustainable-Development-The-Need-for-Alignment. pdf.

Mitchell, Gordon. 1996. Problems and Fundamentals of Sustainable Development Indicators. *Sustainable Development*,4(1): 1-11.

Nardo, Michela, Michaela Saisana, Andrea Saltelli, Stefano Tarantola, Anders Hoffmann, and Enrico Giovannini. 2005. Handbook on Constructing Composite Indicators. Organisation for Economic Co-operation and Development Statistics Working Paper. TSD/DOC 3. Paris: Organisation for Economic Co-operation and Development. Available at: http://www. oecd. org/std/42495745. pdf.

Nilsson, Måns, and Åsa Persson. 2015. How Do We Get Real National Ownership of the Post-2015 Agenda? Draft research note for Workshop on Implementing the Sustainable Development Goals, Arizona State University, April 25-26, 2015. Avail-able at: http://conferences. asucollegeoflaw. com/sdg2015/files/2012/08/17-Nilsson-and-Persson-input-to-ASU-SDG-workshop-April-2015. pdf.

OECD, Organisation for Economic Co-operation and Development. 2011. *Towards Green Growth : Monitoring Progress*. Paris: OECD.

Özkaynak, Begüm, László Pintér, Detlef P. van Vuuren, Livia Bizikova, Villy Christensen, Martina Floerke, Marcel Kok, et al. 2012. Scenarios and Sustainability Transformation. In *Global Environment Outlook* 5. Nairobi: United Nations Environment Programme.

Pintér, László. 1997. De-mystifying Sustainable Development through Performance Measurement. In *Sustainable Development — Implications for World Peace*, ed. A. R. Magalhães, 61-73. Austin, TX: Lyndon B. Johnson School of Public Affairs and The University of Texas at Austin.

Pintér, László, Dóra Almássy, Ella Antonio, Sumiko Hatakeyama, Ingeborg Niestroy, Simon Olsen, and Grazyna Pulawska. 2013. *Sustainable Development Goals for a Small Planet : Connecting the Global to the National Level in 14 countries of Asia-Pacific and Europe. Part I : Methodology and Goals Framework*. Singapore: Asia-Europe Foundation.

Pintér, László, Dóra Almássy, and Sumiko Hatakeyama. 2014.

Sustainable Development Goals for a Small Planet：*Connecting the Global to the National Level in* 14 *Countries of Asia-Pacific and Europe. Part II*：*Measuring Sustainability*. Singapore：Asia-Europe Foundation. Available at：http://www. asef. org/images/stories/publications/documents/ENVforum-Part_II-Measuring_Sustainability. pdf.

Pintér，László，Péter Hardi，and Peter Bartelmus. 2005. Indicators of Sustainable Development：Proposals for a Way Forward. Discussion paper. UN Division for Sus-tainable Development，EGM/ISD/2005/CRP. 2. Available at：http://www. un. org/esa/sustdev/natlinfo/indicators/egmIndicators/crp2. pdf.

Pintér，László，Péter Hardi，André Martinuzzi，and Jon Hall. 2012. Bellagio STAMP：Principles for Sustainability Assessment and Measurement. *Ecological Indicators*，17：20-28.

Pronk，Jan. 2002. The Amsterdam Declaration on Global Change. In *Challenges of a Changing Earth*（proceedings of the Global Change Open Science Conference，Amsterdam，The Netherlands，10-13 July 2001），eds. Will Steffen，Jill Jäger，David J. Carson and Clare Bradshaw，207-208. Berlin：Springer.

Raworth，Kate. 2012. A Safe and Just Space for Humanity：Can We Live Within the Doughnut? *Oxfam Policy and Practice*：*Climate Change and Resilience*，8（1）：1-26.

Roca，Laurence Clément，and Cory Searcy. 2012. An Analysis of Indicators Disclosed in Corporate Sustainability Reports. *Journal of Cleaner Production*，20（1）：103-118.

Rockström，Johan，Will Steffen，Kevin Noone，Åsa Persson，F. Stuart Chapin III，Eric Lambin，Timothy M. Lenton，et al. 2009. Planetary Boundaries：Exploring the Safe Operating Space for Humanity. *Ecology and Society*，14（2）：32.

Rydin，Yvonne. 2010. *Governing for Sustainable Urban Development*. London：Routledge.

SDSN, Sustainable Development Solutions Network. 2015. Indicators and a Monitoring Framework for the Sustainable Development Goals. Launching a Data Revolution for the SDGs. Sustainable Development Solutions Network. Available at: http://unsdsn. org/wp-content/uploads/2015/05/FINAL-SDSN-Indicator-Report-WEB. pdf.

Secretariat of Convention on Biological Diversity. 2010. The Strategic Plan for Biodiversity 2011-2020 and the Aichi Biodiversity Targets. Decision adopted by the Conference of the Parties to the Convention on Biological Diversity at its Tenth Meeting. Available at: https://www. cbd. int/doc/decisions/cop-10/cop-10-dec-02-en. pdf.

Shahin, Arash, and M. Ali Mahbod. 2007. Prioritization of Key Performance Indicators: An Integration of Analytical Hierarchy Process and Goal Setting. *International Journal of Productivity and Performance Management*, 56(3):226-240.

Smith, Philip. 2003. An Overview of the CES Seminar on "Globalization and its Impact on the World Statistical System." *Statistical Journal of the United Nations Economic Commission for Europe*, 20(2):77-82.

Smith, Robert, László Pintér, and Charles Thrift. 2013. *Review Mechanisms of Environmental and Sustainability Indicator Systems. A Report for Environment Canada*. Winnipeg: International Institute for Sustainable Development.

Stern, Nicholas. 2007. *The Economics of Climate Change: The Stern Review*. Cambridge, UK: Cambridge University Press.

Stevens, Chantal. 2014. *Translating Indicators into Action: Data, Stories, Impact. Conference report*. 2014 *CIC Impact Summit*. Issaquah, WA: Community Indicators Consortium. Available at: http://www. communityindicators. net/system/publication _ pdfs/89/original/2014ImpactSummitReport. pdf? 1416511555.

Stiglitz, Joseph E. , Amartya Sen, and Jean-Paul Fitoussi. 2008.

Report by the Commission on the Measurement of Economic Performance and Social Progress. Available at: http://www. stiglitz-sen-fitoussi. fr/documents/rapport_anglais. pdf.

Swanson, Darren, and Suruchi Bhadwal, eds. 2009. *Creating Adaptive Policies: A Guide for Policy-making in an Uncertain World*. New Delhi: Sage Publications, and Ottawa: International Development Research Centre.

TEEB, The Economics of Ecosystems and Biodiversity. 2010. *The Economics of Ecosystems and Biodiversity Ecological and Economic Foundations*, ed. Pushpam Kumar. London: Earthscan.

UN, United Nations. 2007. Indicators of Sustainable Development: Guidelines and Methodologies. Third Edition. New York: United Nations. Available at: http://www. un. org/esa/sustdev/natlinfo/indicators/guidelines. pdf.

UN, United Nations. 2014a. A World That Counts. Mobilising the Data Revolution for Sustainable Development. A report by the Secretary General's Independent Expert Advisory Group on a Data Revolution. New York: United Nations.

UN, United Nations. 2014b. United Nations Secretary-General Appoints Independent Expert Advisory Group on the Data Revolution for Sustainable Development. Available at: http://www. un. org/millenniumgoals/pdf/Press% 20 Release _ Announcement _ Secretary% 20General's% 20Independent% 20Expert% 20Advisory% 20 Group% 20on% 20 Data%20Revolution. pdf.

UN, United Nations. 2014c. The Road to Dignity by 2030: Ending Poverty, Transforming All Lives and Protecting the Planet. Synthesis Report of the Secretary General on the Post-2015 Development Agenda. New York: United Nations. Available at: http://www. un. org/disabilities/documents/reports/SG_Synthesis_Report_Road_to_Dignity_by_2030. pdf.

UN，United Nations. 2015. Global Sustainable Development Report. Advance unedited version. New York：United Nations. Available at：https：//sustainabledevelopment. un. org/content/documents/1758GSDR％202015％20Advance％20Unedited ％20Version. pdf.

UNCSD，UN Commission on Sustainable Development Secretariat. 2012. Current Ideas on Sustainable Development Goals and Indicators. Rio 2012 Issue Briefs No. 6. Available at：https：//sustainabledevelopment. un. org/content/documents/327brief6. pdf.

UN DESA，United Nations Department of Economic and Social Affairs. 2007. Indicators of Sustainable Development：Guidelines and Methodologies. New York：United Nations Department of Economic and Social Affairs.

UN DESA，United Nations Department of Economic and Social Affairs. 2013. Global Sustainable Development Report. Building the Common Future We Want. Prototype Edition. New York：UN United Nations Department of Economic and Social Affairs. Available at：https：//sustainabledevelopment. un. org/content/documents/975 GSDR％20Executive％20Summary. pdf.

UNDPCSD，United Nations Department for Policy Coordination and Sustainable Development. 1996. Indicators of Sustainable Development：Framework and Metho-dologies. New York：United Nations.

UNECE，United Nations Economic Commission for Europe. 2009. Measuring Sustainable Development. Geneva：United Nations.

UNEP，United Nations Environment Programme. 2012. Measuring Progress Towards a Green Economy. Nairobi：United Nations Environment Programme.

UN Statistical Commission. 2015. Technical report by the Bureau of the United Nations Statistical Commission on the Process of the Development of an Indicator Framework for the Goals and

Targets of the Post-2015 Development Agenda. Working draft. Available at: http://unstats. un. org/unsd/broaderprogress/pdf/technical%20report%20of%20the%20unsc%20bureau%20(final). pdf.

van der Esch,Stefan,and Norav Steuer. 2014. *Comparing Public and Private Sustainability Monitoring and Reporting*. The Hague: Netherlands Environmental Assessment Agency.

van Vuuren,Detlef,and Marcel Kok,eds. 2012. *Roads from RIO+20. Pathways to Achieve Global Sustainability Goals by 2050*. The Hague:PBL Netherlands Environmental Assessment Agency.

Voß,Jan-Peter,and Arno Simons. 2014. Instrument Constituencies and the Supply Side of Policy Innovation: The Social Life of Emissions Trading. *Environmental Politics*,23(5):735-754.

Weber,Olaf,Roland W. Scholz,and Georg Michalik. 2010. Incorporating Sustainability Criteria into Credit Risk Management. *Business Strategy and the Environment*,19(1):39-50.

White,Allen L. 2012. *Redefining Value:The Future of Corporate Sustainability Ratings. Private Sector Opinion* 29. Washington,DC: International Finance Corporation.

第 2 部分　以史为鉴

第6章 观念、信念与政策的关联：
源自粮食、水和能源政策的教训

彼得·M. 哈斯(Peter M. Haas)，凯西·史蒂文斯(Casey Stevens)

联合国为制定可持续发展目标付出巨大努力，是受一种信念的驱使，即需要建立更为综合的全球政策框架，需要围绕复杂问题建立更多国际性的行动团体，以整合各种分散的问题(UNGA，2012；Jeremis and Sachs，2013)。观念是联合国主要可用的资源之一(Thakur，Cooper，and English，2005；Jolly，Emmerij，and Weiss，2009)。如果没有充足的物质资源促使成员国改变行为，那么联合国就不得不重新依靠其说服教育能力(Luck，2000；Thakur，Cooper，and English，2005)。可持续发展目标和其他高级的联合国宣言倡议一样都是政治工具，旨在通过创造与发展相关的有力话语来集中注意力和行动力；通过连接政策共同体，引导发展共同体的资金流向来表达共同愿望，设定具体目标，创造学习过程，扩大可持续发展的支持群体(McArthur，2013；Osborn，2013)。

本章运用恩斯特·B. 哈斯(Ernst B. Haas)关于议题关联的观点，推断、分析了此类互相联系的可持续问题的前景(Haas，1980)。学界普遍认为，要将真正可持续发展议题综合联系起来，需要在手段上达成技术共识，以及在目的和目标上达成规范共识。在缺乏这些共识的情况下，基于小范围共识基础的战略联系将难以跟上可持续发展的议程。现有理论可以解释共同标准和共识的出现，并可在一定程度上评估当前国际层面的专家们对现存可持续目标的共识度，以及对其技术实现方式的理解程度（Haas，2013）。

联合国处理议题的方式始终基于两个战略：全面综合法（例如，2012 年联合国可持续发展大会关于"绿色经济"的讨论）和递增议程（例如，开放工作小组的做法）。我们认为，在综合性的可持续目标未达成共识的情况下，通过可持续发展目标来实现可持续的集中方式只会有增无减，因为专家和各国可以在分散的目标及其联系上达成一致，并采取一致政策。

关于可持续发展目标潜在受众的定位比较难以确定：是政府、民间团体还是私营部门？可持续发展目标的设计与主要受众息息相关。经典的会议策略是谋求设定具有法律约束力的国际责任。民间团体试图通过如联合国非政府组织联络处的政策简报（*UN Non-Governmental Liaison Service Policy Briefs*）或者利益相关者论坛来提高公众意识。私营企业试图建立全球商业道路的自愿基准和规则（United Nations Global Compact，2013）。就创建综合性全球可持续发展议程这样更为庞大的议题而言，受众定位至关重要。

我们重点将国家作为可持续发展目标的主要受众对象。因为可持续发展目标的开发过程完全是由各国政府通过联合国控制的，所以我们假定在实践中受众是政府，并运用关于政府如何参与联合政治的相关理论进行论述。

国际社会自 1972 年以来，一直因循施策的思路开展环境治理，有选择性地处理环境事宜（第 1 章；MacNeill，Winsemius，and Yakushiji，1991；Caldwell，1996）。这种做法的问题在于，治理过程中大多是孤立处理环境事宜，造成了政策脱节、分散的弊端。政策网络无法向主要决策者传递信息或资源，不能指出和把握议题间的外部性与协同作用。如果不考虑相关议题间的复杂联系，那么全球治理工作将会低效甚至无效，这也被公认为可持续发展目标之前的千年发展目标的主要局限。分领域单独解决减贫、卫生、不平等和环境问题，有碍于从整体上推进议程实施（UNDP and UNEP，2013）。

递增计划方法在国家实践方面已经取得丰硕成果，但在国际层面上，多年来各种声明和认可并未引发广泛共识或重要实践（Susskind，Lawrence，and Ali，2014；Young，2011）。许多人担忧，在联合政策共同体的经济和社会正义框架下，如果把这种方法应用于可持续发展，可能会破坏环境。例如，由于不同政策共同体之间的资源严重不对称，如同偶尔质疑发展与环境之间的关联一样，民间团体和学术界一直广泛质疑环境与安全之间的关联。然而，一些国家层面的关联，尤其在援助领域（援助与人权、援助与性别、援助与环境），已经出现并有所增加（Groves and Hinton，2013）。20世纪 60 年代后期，学术界就开始认识到在治理的广泛系统理论中，各类耦合议题所面临的挑战（Young，1968；Simon，1981；Perrow，1984），加州大学伯克利分校早期开展的工作就是典型的例子。由于相关科学团体（Haas，Williams，and Babai，1977），以及与这些团体联系密切的国际组织（E. B. Haas，1990）存在共识，所以政治学家认为，复杂耦合系统的治理取决于人们对这些项目的社会认知（后来被称为"社会建构"）（Haas，1975；LaPorte，1975；Ruggie，1975；Ruggie and Haas，1975）。

　　恩斯特·B. 哈斯认为，关联能在多大程度上得到识别和管理，属于主体间感知问题。这些关联是由社会建构的，并以参与团体为自身利益而游说的能力为基础（Haas，1980；Haas and Haas，1995）。

　　围绕知识（因果论证）与原则性规范方面的共识，哈斯给出了一个简单矩阵（Haas，1980）。共识主要是在政府和政治精英层面达成，尽管政治共识的基础观念是由国内认知团体形成，并自下而上向国际认知团体和规范倡导者渗透的。两类政治程序推动议程选择：实质关联和策略关联。实质关联通过社会性学习而产生；策略关联则是通过更传统的互助机制和扩张形成新联盟的方式而产生。

　　仔细研究可以发现，哈斯讨论的是共识的方向，而非绝对的共识。事实上，他的模型试图解释基于主体间动态变化的结果。虽然理想协商类型的数量实际上已相当庞大，足以解释不同政治参与者在知识和规范目标上的变化方向，但哈斯的分析仍然颇有价值。随着目标（规范）的扩大，加之专家之间越来越多的共识（Haas，1980），政策议程会进一步增加，以反映外交家们认为有内在联系的要素。或者，外交家将根据他们本国的需要或更广泛的地缘政治期望，选择性地适时组合各种要素。

关于实质关联和策略关联是怎样形成的，以及它们的政治基础如何，近期的分析填补了该领域的空白。规范改变的机制，是规范倡导者和跨国行动网络（Finnemore and Sikkink，1998；Keck and Sikkink，1998）。因果信念改变的机制是认知共同体，通过国际组织运作，抑或在科学小组或专家小组内组织，为主要参与方提供一致建议（Haas，1992；Haas and Stevens，2011；Cross，2012；Haas，2012；Dunlop，2013）。认知共同体阐明的因果信念也由国际组织裁定。认知共同体的因果信念，通过他们撰写的文章和精英访谈都可以得到明确界定。认知共同体内部争议的容忍程度，由它们的参与者团体集体确定。相关的认知共同体拥有一个坚定的核心共同信念，还有一些零散的分歧，但它们已就如何解决分歧达成共识。将这些转化为政策建议可能会遇到更多的分歧，分歧的多少取决于认知共同体的特殊性质。

有了认知共同体和关于需要扩展一项议程的规范共识，我们期望看到在规范论证的支持下，在专家（认知共同体）和国际组织支持的基础上，对可持续发展目标进行挑选。信念与相应政策共同体的融合，将产生更广泛的社会性学习的政治进程。社会性学习很有可能产生更稳健的议程，由于子目标可以反映专家们的认识，所以这些议程能够从国际社会调配资源，进而取得更有效的成果。其他情况下，在缺乏动态因果共识时，我们期望看到策略关联（Oye，1979；Sebenius，1983）。这些目标有助于扩展人们对复杂性全球议题中各要素间相互联系的学习和理解。策略关联不太可能产生广泛的学习过程，也不太可能具有政治弹性。表6-1呈现了各种规范和认知安排中关于可持续的议题关联的前景，以及若使这些议题出现在国际议程中所需要的政治程序。

表 6-1 议题关联的前景

因果共识	规范共识	
	通过规范倡导者和跨国行动网络，规范共识收敛于互联目标	缺乏规范倡导者和跨国行动网络，规范共识无法收敛于互联目标
通过认知共同体和独立国际组织，关于因果观念的共识可以汇集	社会性学习议题：水安全、粮食安全、能源安全	增加的策略关联
缺乏认知共同体，关于因果观念的共识无法汇集	增加的策略关联议题：性别平等、人权、社会和平、法治、可持续消费与生产	增加的策略关联议题：教育、可持续城市、交通、就业、通信与技术

本章中我们探寻关于可持续发展目标议程的相关议题是否存在清晰的共识和具体争论。分析过程中，我们发现主要对话者在不同国际论坛上对问题的定义及其一般性解决办法确实达成过共识。如上所述，这并非绝对共识，即并不意味着分歧的消除，而是规范倡导者或认知共同体能够把争论放在次要地位或将其进一步细分，以最终加强共识。分析过程中，我们将焦点放在国际层面，主要是国际组织，因其与可持续发展目标的创建最直接相关。可能这一层面观察到的共识并不符合其他层面的共识和争论情况。但需再次强调，这可能是共识的方向而非绝对共识，并且所涉及的参与者可能会狭义地阐释共识。

目前似乎不存在与可持续发展目标相适用的更高层次的规范标准以主宰广泛共识。即便是《联合国宪章》规定的义务、联合国的干预责任和对千年发展目标的遵守，也仍然存在争议和不同阐释（Doyle，2011）。共同但有区别的责任仍然仅限于《联合国气候变化框架公约》和《京都议定书》（*Kyoto Protocol*），在协商形成可持续发展目标的过程中，试图将此扩大到更大议程的努力便备受争议。"可持续发展"本身是《布伦特兰委员会报告》（*Brundtland Commission*

Report，Timberlake，1989；Haas，1996)的一项战略协定。目前关于可持续发展的讨论，由于南北财政承担方面持续不断的分歧和冲突而破裂。经济发展、环境保护、人权、安全和司法之间的诸多关联在有限范围内主宰着共识，但极少有关于如何治理这些关联的因果共识。"地球边界"在科学界广受争议，至于如何管理社会活动以避免超出此类全球极限(global limits)则缺乏完整关联。

环境保护也缺乏普遍甚至主流规范的支持，因为很多主要国际环境条约均缺乏一个对解决当前问题具有重要作用的国家的认可或支持(Iwama，1992；Sand，1992；Choucri，Sundgren，and Haas，1994；Beyerlin，2007；Sands and Peel，2012)。在这方面，臭氧层破坏物质方面的条约是个例外。对于解决气候变化、生物多样性丧失、荒漠化和预防性贸易协定问题，均有某些主要国家尚未参与的情况。人权可能就是此类可以支持可持续发展目标更高层次的规范标准，并被认为是 2012 年联合国可持续发展大会及随后一系列协商的基础。然而，人权和可持续发展并未得到充分发展，以至于不能够提供一致的规范(Darrow，2012)。

扬及其同事们建议的基本规范(见第 3 章)，可能提供了一种机会，可以在后续事物与可持续发展目标之间建立更长期的关联。在未就因果程序达成共识的情况下，这样的规范将会使不同议题项目间建立策略关联的可能性大大提高。

总的来说，千年发展目标的经验似乎证实了这一理论方法。减贫是成功的，因为它反映了共同规范和因果共识(Fukuda-Parr，2011；Fukuda-Parr and Hulme，2011)。基于共同因果信念和规范共识，一些卫生目标已基本实现(Murray，Frenk，and Evans，2007；Arregoces et al.，2012)。千年发展目标的其他组成部分却不尽如人意，为可持续发展目标发出了警示。因为千年发展目标的指标和基准是由独立于各国政府的联合国秘书处开发设定的，所以联合国各成员国对此抱有疑虑。鉴于这一经验，在开放工作小组进行的为期两年的联合国大会协商期间，各国一直谨慎监控协商谈判的结果。

6.1 因果共识、规范和可持续发展目标

那么，可持续发展目标的前景如何？由于缺乏关于议题间一般内在关联的普遍信念，可持续发展目标的实现必须依赖于个体目标确定后的共识，而不是基于假设，它需要一系列综合议题的自上而下的过程。我们考虑的是，那些可能满足我们方法中使用的因果和规范要求的个体议题领域。随着时间的推移，我们希望聚焦于这类个体主题，能够激发对议题间内在关联的政策学习。

对于由 2012 年联合国可持续发展大会文件《我们想要的未来》发展而来的可持续发展目标，我们考虑了多种其他广泛的选择，比如，关于科学与可持续发展的专家组会议报告，开放工作小组议程，以及在此过程中提出的其他议题。后者包含大量议题，有些来自千年发展目标，有些属于自我衍生，还有一些是由诸多议题混合而成的。

在筹备 2012 年联合国可持续发展大会时，代表团将"绿色经济"和低碳或零碳工业体系的转型视为会议基本目标之一，然而，这个问题最终因为财政和利益分配的南北分歧，并未得到有力支持（Barbier，2011；Barbier，2012；Bina，2013）。结果是关于可持续发展目标的讨论对议题采取了包容做法，而非围绕减贫和增强可持续性。这在开放工作小组的相关成果中表现得尤为突出，开放工作小组在大多数时间要同时讨论 17 个不同目标。

认知共同体和规范倡导者发起的论坛调整了关于可持续发展目标的讨论。联合国、环境条约体制以及其他如世界贸易组织（World Trade Organization）和世界经济论坛（World Economic Forum）这样的国际论坛，对这些问题的类似讨论也一直是诸多参与者青睐的领域。目前对可持续发展目标议程的一致认识相当有限，这可能还要借其他论坛来努力说服。分析跨议题领域的共识是很困难的，参与者还可能利用共识来缩小其他参与者反对的空间。如上所述，我们衡量共识的方法，主要集中于 2010—2015 年国际共识的增多或减少。评估 2012 年联合国可持续发展大会、世界可持续发展商业理事

会(World Business Council on Sustainable Development)和世界经济论坛等各种论坛上讨论的一致性，可以更广泛地理解因果共识和规范共识。这种做法的局限性在于可能对某些共识产生误判，认为参与者已停止争议。实际上他们仍然存在深层分歧，并且对于其中某些问题的争议可能与其他层面而非国际层面最为相关。然而，在剖析可持续发展目标产生的过程时，我们就会发现，此处衡量的结果是功能共识可能与该产生过程最相关，因其识别了相关参与主体之间的理解程度。

表 6-1 揭示了上一部分解释的理论方法中一系列关于可持续发展目标的重要议题。2015—2020 年可持续发展目标的实施，可能会改变其中许多议题的布局和安排，但这确定了大部分议题形成过程中的认知和规范基础。①

6.1.1　共识度低的领域

教育和城市可持续等问题缺乏明确的因果关系和规范基础，这可能是因为因果关系、部分因果共识，以及围绕认识论和规范原则的核心辩论均存在高度不确定性。教育讨论就印证了这些特点。虽然教育是在国际层面已经制定了目标和子目标的首批议题领域之一，但该领域仍然很宽泛，主要聚焦于教育及其他诸多领域未经讨论但已达成广泛共识的议题(Beatty and Pritchett，2012)。虽然联合国教科文组织和其他组织的报告已探讨过这些议题，但 1990 年的乔木提恩(Jomtien)会议和 2000 年的达喀尔(Dakar)会议上制定的，后来综合为千年发展目标的治理目标，仍然仅仅侧重普及教育和缩小性别差异(Goldstein，2004；King，2007)。尽管联合国教科文组织的全民教育(Education for All)联盟致力于解决这些问题，但明确的指导

①　由于参与者和机构以迥然不同的方式处理这些问题，所以某些可持续发展目标问题并未囊括在表 6-1 中。有关和平/正义、海洋和实施方式的问题就是如此。尽管这些方面可能存在共识，但在国际层面与可持续发展目标一起讨论的问题所涉范围太广，我们的方法至多期望在部分问题上实现越来越多的战略联系。

仍然有限（UNESCO and UN Children's Fund，2013）。通信和技术或许是解决这些议题较为理想的方式，但其整个议程当中，主要还是聚焦于和特定领域相关的技术，因而关于其和可持续发展其他方面相互作用的因果共识与规范理解的努力和成效有限。环境与发展参与者呼吁通信与技术议题相互作用，但就如何相互作用并未达成明确共识。其他议题，如城市的可持续性和可持续交通，由于其领域内的分歧，也并未达成因果或规范共识（城市可持续性的例子参见Williams，2010）。

各国就气候变化、荒漠化、土地侵蚀及公共卫生（广义上），已经达成因果或规范共识，但目前要将此扩展到可持续发展议程的其他方面则颇受限制。很明显，在气候变化方面，各国就达成基本的因果理解、政策运用知识和动态规范等已经做了大量努力，但是将其运用到可持续发展议程中仍然充满了不确定性。一些卫生议题在千年发展目标指导下虽然取得了重大进展，但若要扩展到更一般的公共卫生领域，则会有更大的争议（Haffner and Shiffman，2013）。如果把适应气候变化和《2015 年后发展议程》中的其他议题关联起来，形势更不容乐观（IPCC，2012）。沙漠化和土地侵蚀，一些卫生议题，甚至海洋议题也有类似情况。在这些个别的议题领域形成因果理解并不能确保议题间形成关联理解，但是随着可持续发展目标的发展演化，以及策略关联产生的更高级的社会动态，这些议题领域很可能会有所改变。我们将在最后一部分探讨这一过程。

政府和非政府参与者已就性别平等、人权、和平社会及治理等议题投入很多，用来为行动构筑坚实的规范基础，但这远超因果共识。虽然规范推动者对于强调和突出这些议题非常关键，但可持续性往往以"灵丹妙药"或"一蹴而就"的观点呈现，而对其与各种可持续议题之间的具体关联则轻描淡写。例如，有主要参与者致力于将人权列入可持续发展目标议程，但明确侧重强调个体人身自由。这些参与者包括著名的非政府组织、国际组织和政府。然而，对于相互关联和相互作用的表述，很少是基于某些因果共识，而是通常采用一种人权的"灵丹妙药"式表述，即只是强调人权对任何一类其他议题都必不可少。

讨论可持续发展目标时，各国对待这些议题往往忽视轻重缓急，也没有区分各类关联的重要性或者价值；相反，这些讨论把议题推向了普遍一体化（可持续发展目标和千年发展目标都有这种问题，参见 Alston，2005）。关于性别平等与各类议题之间的因果关联，目前肯定正在形成更为深刻的理解与共识（OECD，2010）。然而，在实践中处理这些关联仍有不同的方法（Chant and Sweetman，2012）。因为在某些具体议题上（如取消化石燃料补贴和肥料管理），存在着坚定的规范共同体，所以，可持续消费与生产就形成了一个具有独特理解与共识的议题领域，但可持续消费与生产缺乏整体性的规范理解。联合国环境规划署推广"绿色经济"框架，这种做法就提供了关于这一议题和部分框架的一些共同但并不太充分的理解。

6.1.2　共识度高的领域

已经显著形成因果共识和规范共识的领域有：粮食安全和营养，水资源安全，能源安全。正如我们所调查的作者和专家组援引的那样，人们对这些概念的应用过于简单。

共识程度的高低，部分取决于参与者是否主动就分散议题间的关联建立起新的联系。① 然而，有些共识仅仅基于不同议题领域的参与者对明显彼此相关议题的前期理解。虽然这三个议题领域都未达成完全一致的因果共识，但均实现了一定程度的共识，减少了争议。

————————————

① 相关努力中的典型例子就是各种议题关联的会议。随着关于"虚拟水"和农产品进口取代国内消耗的讨论逐渐升温，20 世纪 90 年代后期，在全球管理中，将粮食安全、能源安全和水资源安全相关联的想法应运而生。2011 年波恩会议上，三者联结为议程的重要部分。起源于世界经济论坛，旨在影响 2012 年联合国可持续发展大会，德国政府聚集一大批利益相关者，以全面地发展治理理念。各国在政策回应中均关注水资源、粮食和能源问题，并随后召开一系列重要会议，其中多数侧重"世界水行动十年"（World Decade on Water Action）。近期讨论中也常涵盖气候问题。

2007—2008 年全球粮价飙升之后，由于将农业人口融入更大供应链的举措日益增多，粮食安全领域的共识愈发增强。尽管就是否放贷给这类农业人口、转基因作物的使用及其他一些重要议题仍然存在很大争议，但共识依旧有所增强。在水资源综合管理的大框架下，水资源议题方面的共识同样有所增强。由于水资源综合管理在国际议程上占据一席之地，早期关于水资源新自由主义和水资源管理范围争论的重要性日益下降（Mukhtarov and Cherp，2015）。水资源综合管理中，仍未达成关于实施和运营方式的共识。能源安全议题在不干预全球能源市场，同时努力逐步将经济生产与排放脱钩方面保有共识。然而，核议题依然不容乐观。

6.2　案例研究

近年来，粮食安全、水资源和能源安全方面的共识不断增强，现在，我们更详细地分析促成这三个领域共识形成或增强的条件。

6.2.1　粮食安全

粮食议题有助于说明增强共识的条件及这种共识的潜在影响。尽管关于粮食议题的部分重要内容仍然存在很大争议和讨论余地，但自 2007—2008 年粮价飙升以来，"粮食安全"的规范框架及不同群体对供应链问题的共同关注都增强了共识。我们重点关注这一案例，是因为它强调了与水资源和能源相关的议题，这在随后也会讨论。

2007—2008 年全球粮价飙升之前，粮食安全方面几乎没有形成共识。世界经济论坛的 21 世纪中期报告没有强调小农经济，而是强调国家层面的大规模农业发展。相关议程仅仅关注全球农业贸易招致激烈反对，集中体现在"粮食主权"运动中。2007—2008 年的全球粮价飙升与更大型的金融危机和能源价格飙升密切相关，震惊了世界（Karapinar，2010；Piesse and Thirtle，2009）。21 世纪初，世界经济论坛倡导的自由市场方法日益受到各类参与者的挑战（McKeon，2014）。尽管在许多方面，尤其是在可持续农业、农民信贷可获得性及转基因作物等议题上，各国依然存在巨大争议，但就强调地方土地所有者的粮食安全供应链观点，各国仍然达成了一定程度的共识。政策问题被视为造成低效供应链的原因之一，解决方案是使当地农民融入这些供应链。随着关注饥饿相关议题的联合国系统和关注农业贸易自由化的各组织间的步调日益一致，这种共识逐渐达成（Margulis，2013）。

全球粮价飙升让大多数政府和国际参与者非常吃惊，因为"过去20年中粮食实际价格已经下跌，而且这种下跌趋势中的粮价波动很小"（Jayasuriya，Mudbhary，and Broca，2012）。虽然价格没有回到上一次世界粮食危机，即1973—1975年危机之前的水平，但基本粮食价格自2006年8月以来已经开始大幅上涨，其中大米价格最能反映全球粮价飙升（Dawe and Slayton，2011）。虽然导致粮食危机的原因非常复杂，但许多国家的决策者都对日益严峻的粮食危机做出了反应，约有40个国家禁止或限制粮食出口（Mittal，2009）。粮价冲击、决策者的惊讶，以及这些国家的应对举措，共同创造了各机构在全球层面进行重新评估的条件。粮价短期稳定以后，在2010—2011年再次上涨。

几十年来，联合国已经有大量机构关注饥饿和更一般性的农业生产议题，包括联合国粮食及农业组织（UN Food and Agriculture Organization，FAO）、世界粮食计划署（World Food Programme）、国际农业发展基金（International Fund for Agricaltural Development）等。这些机构，尤其是联合国粮食及农业组织和世界粮食计划署，涌现出了一些杰出的人物。他们在对抗饥饿问题上有着丰富的经验，在世界各地消除饥饿工作和制定农业政策中发挥着重要作用。然而，"联合国在2007—2008年的全球粮食价格飙升危机中却出人意料地准备不足，也没有召开关于粮食安全的重大会议"（Lang and Barling，2012）。相关机构对这些难题有规范化的侧重，也为在中短期消除饥饿和促进农业生产做出了大量努力，但针对粮食安全的长期治理途径并未形成明确共识。由于缺乏有效组织的国际协作及供各国选用的一揽子政策，联合国系统在2008年年初开始有所行动。

联合国系统全球粮食危机高级别工作组（UN System High-level Task Force on the Global Food Security Crisis）于 2008 年 4 月成立，定于 6 月举办生物能源大会，同时讨论粮食安全问题（Lang and Barling，2012）。

联合国系统内最重要的机构转型，是世界粮食安全委员会（Committee on World Food Security）的改革。世界粮食安全委员会虽然成立于 20 世纪 70 年代粮食危机期间，但其大多数时候"在国际政治中发挥的作用较小，加之成员国对其缺乏兴趣和信任，机构预算也极为有限，其表现通常消极且低效"（Duncan and Barling，2012）。2008 年决定对其进行重大改革，经过世界粮食安全委员会主席团与各利益相关者的商讨，全新改革后的机构在 2009 年之前产生。由此，机构职能得到加强，会议更富成效，其与民间团体的联系也有所增强。此次改革并未强调把粮食供应链和供应体系作为粮食安全议题的重要组成部分，然而，到 2011 年，粮食链议题在讨论中占据重要地位。随着可再生能源被视为将发展中国家农业人口融入全球粮食供应体系的关键要素，这些讨论的一个重要方面在于其经常被视为能源安全和粮食安全议题之间关联的桥梁，这也和本章的主要讨论点有所相关。

由于过去十年中农业贸易谈判大部分是以稳定价格为基础的，所以世界贸易组织同样未能很好地应对粮食冲击。另外，许多世界贸易组织成员方采取排外政策以保护本国（或本地区）的粮食资源，这被视为在形成机构核心原则时面临的新挑战（Karapinar，2010）。2008 年 7 月召开的世界贸易组织定期会议关注了农业贸易问题，但未能达成实质性协议。粮价飙升被急需结束贸易自由化议程的国家利用，同时也被希望维持国家政策以应对危机的国家利用。因此，2007—2008 年的粮价飙升，为此时正在进行的世界贸易组织谈判带来了诸多难题。谈判重心随后转向研究措施，"让发展中国家放心，世界市场会成为负担得起的粮食供应来源"（Konandreas，2011）。联合国粮食权特别报告员（UN Special Rapporteur on the Right to Food）呼吁，要对世界贸易组织的有关规定和全球解决粮价上涨问题的措施进行"兼容性检查"，尤其强调改善全球粮食供应体系的速度和覆盖面。反映在 2008 年 7 月世界贸易组织关于粮食危机的会议上，一项由欠发达国家组织的政策强调了这一点。讨论的核心问题是，世界贸易组织的规定是会阻碍对危机做出反应，还是能为解决粮食危机提供契机。与会代表对以下问题提出了疑问：结构调整方案，对生物燃料的关注，将诸多发展中国家排除在区域和全球粮食供应链之外。尽管贸易自由化仍是世界贸易组织的总体目标，但它努力将该问题与主要关注粮食安全的供应链问题联系起来，这已经开始被视为世界贸易组织基于自身规则而对粮价飙升做出的反应。

除这两个机构以外，亦有其他机构采取了明显的行动。二十国集团(G20)在 2011 年开始着手处理这一问题，他们的首个行动计划聚焦于促进发展中国家农业生产和提高市场透明度（Clapp and Murphy，2013）。尽管二十国集团的讨论对议程产生了重大影响，甚至会排挤其他行动（Clapp and Murphy，2013），但他们对粮食安全供应链方面的关注，在很大程度上是联合国系统和世界贸易组织内部讨论结果的自然延伸。在那些已就粮食安全问题采取行动的其他组织中，如联合国贸易和发展委员会（UN Commission on Trade and Development）、经济合作与发展组织，议题都很相似。在世界贸易组织和联合国系统的领导下，这些组织的行动也都是主要聚焦于价格飙升后的粮食供应链问题。

过去几十年来，粮食安全一直是讨论的主题之一。截至 1990 年，知识网（Web of Knowledge）已有 25 篇关于"粮食安全"的文章。粮食安全也成为 20 世纪 90 年代在饥饿和营养不良方面有组织的一项国际讨论。《世界粮食安全罗马宣言》（*Rome Declaration on World Food Security*，以下简称《罗马宣言》）于 1996 年发布，它侧重于"全面实现粮食安全，继续消除全球饥饿，中短期目标是，最晚于 2015 年将营养不良人口减少至当前水平的一半"（FAO，1996）。这一目标最终成为关注饥饿和营养的千年发展目标的核心。《罗马宣言》对食品安全的关注，重点强调三个不同方面：主要粮食的可得性、供应稳定性及这些供应的普惠性（Mechlem，2004）。会上，非政府组织论坛对这一核心议程提出了挑战，鼓励大家更多地关注土地改革以支持小农经济，质疑全球经济结构，特别是围绕知识产权建立起来的治理体系，以及工业农药和转基因作物的滥用。第一个挑战是在1996 年 4 月特拉斯卡拉农民之路会议（La Via Campesina Tlaxcala Conference）上，若干非政府组织提出了一个竞争性"粮食主权"的概念框架。这一框架聚焦于农村生计，对《罗马宣言》聚焦于全球市场的做法提出了疑问。《罗马宣言》在很大程度上对利用生物技术和转基因作物解决饥饿和营养不良问题持怀疑态度，这也是罗马会议后科学和管理讨论中的主要争论点。联合国粮食及农业组织设立了粮农组织生物技术论坛（FAO Biotechnology Forum），以处理关于生物技术的争论，在它们 2000 年召开的第一次会议上，中心议题就是关于生物技术和饥饿议题的"极端化"观点。有关的争论形式不同，因为不同国家（尤其是美国和欧洲国家，见 Falkner，2007）、不同国际组织甚至非政府组织或者强调将生物技术作为解决发展中国家生产问题的手段，或者强调这类技术应用中需加强管制并谨慎待之。

然而，对粮食供应链，特别是各机构采用具体方法的关注，已经成为全球有关机构的具体侧重点。未来几十年，粮食安全压力还会持续增加，很可能需要"与粮食生产相关领域的社会和自然科学革命"（Godfray et al.，2010）。政治机构，尤其是世界粮食安全委员会以及与此有联系的民间团体（Clapp and Murphy，2013），为着力解决粮食安全问题提供机会，也可以很好地解决那些相互影响的可持续问题。

6.2.2　水资源

关于水资源议题的共识仅限于整体水管理，特别是水资源综合管理和水资源安全的概念构想。在实践中，这两个想法并不相互排斥（Cook and Bakker，2012），但将两者相结合，已经对全球决策讨论产生了重大影响。整体水管理具有悠久的国际传统，至少可以追溯到 1977 年的联合国水资源大会（UN Conference on Water）。尽管许多参与者在 20 世纪 80 年代和 90 年代初期，尝试进行整体水管理，但直到有了 90 年代中期成立的世界水理事会（World Water Council），水资源综合管理框架才真正开始变得重要。这一非政府类智库组织了一系列国际活动，推广水资源综合管理和一些具体政策，如水资源完全定价和改善供水系统。截至目前的六届世界水论坛（World Water Forum），世界水理事会汇集了各类利益相关者，不断呼吁采用和完善水资源综合管理（Rahaman and Varis，2005）。在呼吁以水资源综合管理的特殊形式进行全面水资源管理方面，世界水理事会并非孤立无援，而且它是主要的议程制定者。2000 年第二届世界水论坛后，科学出版物数量大幅增加，企业和非政府组织开始在诸多项目中进行水资源综合管理。

20 世纪 90 年代和 21 世纪初期，针对水资源和水坝的私有化问题，各参与者之间产生了严重分歧，总之，围绕水议题形成规范共识依然有不少困难。此外，虽然很多政府也承认水资源综合管理非常重要，但在实践中很难实施，而且许多参与者发现整体政策的阐述有很大问题（Pahl-Wostl et al.，2011；Pahl-Wostl et al.，2013）。尽管如此，水资源综合管理业已成为"全球水治理的'通用语言'"，"在解决水资源领域若干敏感冲突方面发挥了作用，如关于水治理新自由化的争论、关于水资源管理最优规模的争论，以及各类政策主体的角色和责任等"（Mukhtarov and Cherp，2015）。水资源综合管理似乎已就诸多讨论但尚未完全成形的政策途径初步达成了共识。水资源综合管理的定义仍然比较模糊，有关实践更多地强调让参与者认可这一框架，而不是形成具体的相关政策知识。

尽管水资源综合管理在 21 世纪初已成综合之势，但水资源安全的规范形态则相对更晚（2005 年以后）才出现。从世界可持续发展商业理事会 2002 年发布的《穷人之水》（*Water for the Poor*）报告开始，商业与经济共同体开始重点关注和制定水资源安全议程（Goldman，2007）。自 2008 年世界经济论坛接手这一议题起，相关讨论越发组织有序。世界银行和国际货币基金组织同样围绕水资源安全建立了相似的政策框架，但仍未形成明确的国际议程。在国家和国际层面，供水的私有化和企业化引发了巨大争议。企业和其他参与者之间组成的粮食安全联盟（以支持技术创新和改善水定价为重心），已开始制定水资源分散治理标准的纲要（World Economic Forum，2011）。正如联合国水资源组织 2013 年关于水资源安全的报告所指出的那样，"水资源规划、分配和定价需要政策指导，进而通过提高工业、农业和家庭用水的效率来提高水资源安全"（UN-Water，2013）。

由于"生命之水十年行动（2005—2015）"（2005—2015 Decade of Action on Water for Life）和 2013 国际水合作年（2013 International Year of Water Cooperation）的一些活动，人们对水资源问题日益关注。围绕水资源综合管理成立的组织（如联合国水资源组织、联合国教科文组织水务组等）和围绕水资源安全成立的组织[如世界经济论坛和全球水伙伴（Global Water Partnership）]，借此契机获得了人们对这些核心议题更多的关注。这些进程在上述两类组织间有所重合。诸多报告和活动都强调水资源安全是水资源综合管理的一部分。核心争论仍然在于水资源综合管理，尤其是关于管理过程中运营操作和参与团体的争论，以及对水资源的不同观点，有的将其视为基本人权，有的则仅将其视为一种商品（见第 12 章）。

6.2.3　能源安全

能源安全讨论的核心是一种信念，即市场和技术创新将成为减少能源供应脆弱性的关键。这是多种因素和过程造成的，包括全球能源供应问题日益复杂（传统石油价格问题中又加入了天然气问题），分散能源供应体系，为所有人提供稳定、可靠能源的初期尝试失败，治理能源供应的竞争性国际机构[如石油输出国组织（OPEC）和国际能源署（International Energy Agency）]数量减少（Cherp and Jewell，2011）。这些讨论产生了先进的市场模型，供各国理解它们的能源安全；也衍生出大量指标，以测度各国能源的脆弱性和风险（Cherp and Jewell，2013）。

在上述背景下，能源安全应用于"绿色经济"框架，主要侧重于减少能源市场的波动，扩大先进电力供应，并努力减少碳排放。国际组织已将提升能源效率和促进能源转型视为实现经济产出和与能源投入脱钩的关键。2013 年国际能源署的报告详细指出，"研究结果表明，将经济增长（尤其是能源生产与利用）和实际环境影响脱钩具有巨大潜力"（International Energy Agency，2013）。同样，2012 年联合国可持续发展大会围绕"脱钩变革"的相关重要会议上，联合国能源组在若干不同的报告中均强调了效率和脱钩，而联合国人人享有可持续能源（UN Sustainable Energy for All）项目主要关注能源实践与能源效率的脱钩问题。智能电网应用、大力发展可再生能源，以及普遍提高效率，被认为是稳定能源供求关系的重要途径。关于创建体系以鼓励世界经济论坛所谓"智慧全球化"运动的协定，以及在燃料、技术、终端工程知识等领域贸易关系的改善，有可能促使这些国际组织形成一个连贯一致的规范和认知目标。

能源安全主要依靠市场机制实现长期转型，旨在减少价格波动，但这一过程的具体实施细节仍然存在巨大争议。将核能作为解决能源安全问题的途径，就是一个典型的例子。就在 2010 年日本福岛核灾难发生前，国际能源署还支持重新增加核能投资，以减少碳排放。国际可再生能源署（International Renewable Energy Agency）早些年还一直因为处理核问题的方式而备受质疑，最终导致该机构负责人宣布核能不在其权限范围内（Van de Graaf，2013）。

虽然这些模型中关于供应和脆弱性指标的经济学知识越来越先进，国际组织也越来越支持技术化和市场导向的解决方案，但它们可能并不能准确反映我们所期望看到的认知与规范共识。有影响力的参与者之间达成规范共识或许会有助于创建认知共识。经济学模型在能源体系中的主导地位和主要机构参与者的重要地位，可能会使一些问题和挑战难于被发现。不过，策略性运用这项工作可能会创建一种功能性的认知共识，从而产生相同效果。

6.3 多层级可持续议程的动态演化及相互作用

粮食安全、水资源和能源安全不仅在各自的政策共同体中具有重大一致性，而且和其他议题之间也有潜在的政策关联。值得注意的是，过去几年，世界经济论坛、联合国经济和社会事务部（UN Department of Economic and Social Affairs）及斯德哥尔摩环境研究所（Stockholm Enviroment Institute）于 2011 年和 2014 年分别组织的关联会议等，均聚焦于"关联"，三大议题之间的相互作用备受重视。然而，目前并未形成关联共同体，相互作用仍然限定在某个不同的政策共同体中。这一领域仍由不同的议题所决定。

随着形势的发展，其中一些议题和关联可能会通过社会性学习得以进一步拓展。这里，最有可能的议题就是粮食安全与水资源安全之间的相互作用，因为这些议题领域密切相关，并且两个共同体在过去几年中已经开始相互作用和影响。虽然能源往往也被纳入粮食安全领域的其他一些议题中，但这种关联似乎仅限于生物量（biomass）生产及其对粮食安全的影响，参与度也极为有限。

这些议题可以和其他缺乏充足的社会性学习条件的议题之间建立一些关联。能源安全及可持续消费和生产可以与化石燃料补贴和采矿产生协同效应。同样，粮食安全、可持续城市和就业等议题也很有可能彼此关联。可能存在一种政策空间，聚焦于农村就业，但可连接起这三大领域。这可能需要从现在开始对粮食安全的规范和认知关注做一些过渡（或许可以整合一些零饥饿型的规范），它们存在过渡空间，并且有些初始概念上的关联可能也会有所帮助。

除了议题间的实质性学习外，还有机会进行更传统的议题关联和议题互助。水、能源和粮食议题都为将资金和技术转移与政策变化相关联提供了机会。虽然 2008 年讨论粮食安全问题，最初是旨在尝试激发农村地区的再投资，但各国都没有什么持续的、具体的支持与做法（McMichael and Schneider，2011）。例如，虽然粮食安全和农村就业之间的学习性关联是有可能的，但更可能的还是传统型交涉。同样，随着水资源综合管理的进一步细化，以及其获得的越来越多的资金支持，各方都承认水资源和生态系统议题（包括生物多样性和海洋）之间的联系，这可能会有助于达成共识。有关水资源的讨论也强调了治理议题，并在商讨可持续发展目标时始终关注人权。世界经济论坛和世界可持续发展商业理事会对水资源、能源和粮食议题的处理方式，体现了这三大议题间的一些策略关联。普及、拓展一些可以同时解决这三大议题的技术，往往是讨论的焦点，在处理各种问题时也会尽量妥协（World Business Council for Sustainable Development，2009）。在这一点上，世界经济论坛、世界可持续发展商业理事会及其他主体关于水资源、粮食和能源之间关联的各种讨论，仍然主要是策略关联，并非围绕相互关联议题的实质性共识。联合国可持续发展目标形成过程中的讨论也体现了这一点。尽管各国已经对此建立了一些关联，而且很重视彼此之间的内在关联，但关于粮食、水资源和能源议题之间的关联在它们各自的整体情境中仍颇受限制，最终的目标列表里仅呈现有限互联，大部分议题还是独立存在的。

通过可持续发展目标和高级别政治论坛做进一步机构设计，或许有助于提高各国就发展和可持续议题达成长期共识的能力（见第 9 章）。随着各国及政策网络在关于可持续议题个别项目治理上的经验越来越丰富，他们也许会逐渐认识到那些议题和其他议题之间的因果关联，从而在未来形成一个更全面的、彼此交织的议程。

虽然可持续发展目标的框架严重依赖于千年发展目标，但围绕可持续发展目标的学习状况不同于千年发展目标。千年发展目标在公共卫生和扶贫领域激发了一些临时的、局部的学习，但在更为综合的全球政策愿景方面收效甚微。可持续发展目标缺乏千年发展目标背后的智力推动。千年发展目标的主要科学网络——千年项目（Millennium Project），仅在该项目早期运作。对该项目的评估，始终受到滞后信息的困扰，这些信息往往与其他目标的信息不同步。

6.4　结　论

基于目标的治理工作对于改变可持续发展目标的认知和规范共识影响有限。为可持续发展目标营造的国际政策环境，明显缺乏关于可持续发展的认知和规范基础。从上述分析可知，关于可持续发展目标的诸多议题，近年来无论是对规范性议题还是认知性议题的共识都未增加。这并不是说议题关联就不可能实现，但的确意味着实现的难度可能会增加。相比之下，分析发现，近年来国际政策共同体关于水资源、粮食和能源问题的共识逐渐增加，为社会性学习提供了可能。尽管其他层面存在对这些议题的异议和分歧，但在国际政策层面，这种分歧相对有限。可持续发展目标将在这种环境中实施。找到议题关联的来龙去脉，对于设定目标从而最大限度地影响可持续本身至关重要。

至于可持续发展目标框架内社会性学习的前景，一开始可能会仅限于对粮食安全、能源安全和水资源议题进行社会性学习。其他议题领域很可能会围绕目标进行一些传统意义上的交涉，由此将会产生相对落后的子目标和指标。不过，就可持续发展目标及创建多议题指标的各种问题与议题间传统互助关系的结合，人们仍然可以多加努力，以将其扩展至其他领域，如营养、就业及更广泛的环境议题。

从长远来看，学习一些关联议题之间的联系或许有助于更全面、综合地设定 2030 年后的可持续发展目标。深入讨论这些已达成共识的领域，及其对其他相关议题领域的影响，或许有助于为未来制定更广泛和更综合的议程及为新的基本规范奠定基础。

参考资料

Alston, Philip. 2005. Ships Passing in the Night: The Current State of the Human Rights and Development Debate Seen Through the Lens of the Millennium Development Goals. *Human Rights Quarterly*, 27(3):755-829.

Arregoces, Leonardo, Felicity Daly, Catherine Pitt, Justine Hsu, Melisa Martinez-Alvarez, Giulia Greco, Anne Mills, et al. 2012. Countdown to 2015: Changes in Official Development Assistance to Maternal, Newborn, and Child Health in 2009-2010, and Assessment of Progress Since 2003. *Lancet*, 380:1157-1168.

Barbier, Edward. 2011. The Policy Challenges for Green Economy and

Sustainable Development. *Natural Resources Forum*,35:233-245.

Barbier, Edward B. 2012. The Green Economy Post Rio + 20. *Science*,338:886-887.

Beatty, Amanda, and Lant Pritchett. 2012. From Schooling Goals to Learning Goals: How Fast Can Student Learning Improve? *CGD Policy Paper*,12.

Beyerlin, Ulrich. 2007. Different Types of Norms in International Environmental Law. In *The Oxford Handbook of International Environmental Law*, ed. Daniel Bodansky, Jutta Brunnée and Ellen Hey,426-448. Oxford:Oxford University Press.

Bina, Olivia. 2013. The Green Economy and Sustainable Development: An Uneasy Balance? *Environment and Planning. C, Government & Policy*,31(3):1023-1047.

Caldwell, Lynton Keith. 1996. *International Environmental Policy*. Durham,NC:Duke University Press.

Chant, Sylvia, and Caroline Sweetman. 2012. Fixing Women or Fixing the World? "Smart Economics," Efficiency Approaches, and Gender Equality in Development. *Gender and Development*,20(3):517-529.

Cherp, Aleh, and Jessica Jewell. 2011. The Three Perspectives on Energy Security: Intellectual History, Disciplinary Roots and the Potential for Integration. *Current Opinion in Environmental Sustainability*,3(4):202-212.

Cherp, Aleh, and Jessica Jewell. 2013. Energy Security Assessment Framework and three Case Studies. In *International Handbook of Energy Security*, ed. Hugh Dyer and Maria Julia Trombetta, 146-173. Northampton,MA:Edward Elgar Publishing.

Choucri, Nazli, Jan Sundren, and Peter M. Haas. 1994. More Global Treaties. *Nature*,367(3):405.

Clapp, Jennifer, and Sophia Murphy. 2013. The G20 and Food

Security: A Mismatch in Global Governance? *Global Policy*, 4 (2): 129-138.

Cook, Christina, and Karen Bakker. 2012. Water Security: Debating an Emerging Paradigm. *Global Environmental Change*, 22 (1):94-102.

Darrow, Mac. 2012. The Millennium Development Goals: Milestones or Millstones-Human Rights Priorities for the Post-2015 Development Agenda. *Yale Human Rights and Development Law Journal*, 15:55-128.

Davis Cross, Mai'a K. 2012. Rethinking Epistemic Communities Twenty Years Later. *Review of International Studies*, 39 (1): 137-160.

Dawe, David, and Tom Slayton. 2011. The World Rice Market in 2007-2008. In *Safeguarding Food Security in Volatile Global Markets*, ed. Adam Prakash, 171-182. Rome: Food and Agriculture Organization.

Doyle, Michael W. 2011. Dialectics of a Global Constitution: The Struggle Over the UN Charter. *European Journal of International Relations*, 18(4):601-624.

Duncan, Jessica, and David Barling. 2012. Renewal Through Participation in Global Food Security Governance: Implementing the International Food Security and Nutrition Civil Society Mechanism to the Committee on World Food Security. *International Journal of Sociology of Agriculture and Food*, 19(2):143-161.

Dunlop, Claire A. 2013. Epistemic Communities. In *Routledge Handbook of Public Policy*, eds. Eduardo Araral, Scott Fritzen, Michael Howlett, M. Ramesh, and Xun Wu, 229-243. New York: Routledge.

Falkner, Robert, ed. 2007. *The International Politics of Genetically Modified Food: Diplomacy, Trade, and Law*. Basingstoke, UK:

Palgrave Macmillan.

FAO,Food and Agriculture Organization. 1996. Declaration on World Food Security. World Food Summit. Rome: Food and Agriculture Organization.

Finnemore, Martha, and Kathryn Sikkink. 1998. International Norm Dynamics and Political Change. *International Organization*,52 (4):887-917.

Fukuda-Parr,Sakiko. 2011. Theory and Policy in International Development. *International Studies Review*,13:122-132.

Fukuda-Parr, Sakiko, and David Hulme. 2011. International Norm Dynamics and the "End of Poverty. ". *Global Governance*,17: 17-36.

Godfray, H. Charles J. , John R. Beddington, Ian R. Crute, Lawrence Haddad, David Lawrence, James F. Muir, Jules Pretty, et al. 2010. Food Security: The Challenge of Feeding 9 Billion People. *Science*,327(5967):812-818.

Goldman, Michael. 2007. How "Water for All!" Policy Became Hegemonic: The Power of the World Bank and Its Transnational Policy Networks. *Geoforum*,38(5):786-800.

Goldstein,Harvey. 2004. Education for All: The Globalization of Learning Targets. *Comparative Education*,40(1):7-15.

Groves, Leslie, and Rachel Hinton, eds. 2013. *Inclusive Aid*: *Changing Power and Relationships in International Development*. New York:Routledge.

Haas,Ernst B. 1975. Is There a Hole in the Whole? *International Organization*,29(3):827-876.

Haas, Ernst B. 1980. Why Collaborate? Issue Linkage and International Regimes. *World Politics*,32(3):357-405.

Haas,Ernst B. 1990. *When Knowledge is Power: Three Models of Change in International Organizations*. Berkeley: University of

California Press.

Haas, Ernst B. , Mary Pat Williams, and Don Babai. 1977. *Scientists and World Order*. Berkeley: University of California Press.

Haas, Peter M. 1990. *Saving the Mediterranean*. New York: Columbia University Press.

Haas, Peter M. 1992. Introduction: Epistemic Communities and International Policy Coordination. *International Organization*, 46 (1):1-37.

Haas, Peter M. 1996. Is Sustainable Development Politically Sustainable? *Brown Journal of World Affairs*, 3(2):239-248.

Haas, Peter M. 2012. Epistemic Communities. In *The Oxford Companion to Comparative Politics*, ed. Joel Krieger, 351-359. Oxford: Oxford University Press.

Haas, Peter M. , and Ernst B. Haas. 1995. Learning to Learn: Improving Global Governance. *Global Governance*, 1(3):255-284.

Haas, Peter M. , and Casey Stevens. 2011. Organized Science, Usable Knowledge and Multilateral Environmental Governance. In *Governing the Air*, ed. Rolf Lidskog and Göran Sundqvist, 125-161. Cambridge, MA: MIT Press.

Hafner, Tamara, and Jeremy Shiffman. 2013. The Emergence of Global Attention to Health Systems Strengthening. *Health Policy and Planning*, 28(1):41-50.

International Energy Agency. 2013. World Energy Outlook. Paris: Organisation for Economic Co-operation and Development and International Energy Agency.

IPCC, Intergovernmental Panel on Climate Change. 2012. *Managing the Risks of Extreme Events and Disasters to Advance Climate Change Adaptation*. Cambridge, UK: Cambridge University Press.

Iwama, Toru. 1992. Emerging Principles and Rules for the

Prevention and Mitigation of Environmental Harm. In *Environmental Change and International Law*, ed. Edith Brown Weiss, 107-123. Tokyo: UNU Press.

Jayasuriya, Sisira, Purushottam Mudbhary, and Sumiter Singh Broca. 2013. *Food Price Spikes, Increasing Volatility and Global Economic Shocks: Coping with Challenges to Food Security in Asia*. Rome: Food and Agriculture Organization.

Jeremić, Vuk, and Jeffrey D. Sachs. 2013. The United Nations in the Age of Sustainable Development. UN High-level Advisory Panel. New York: General Assembly of the United Nations.

Jolly, Richard, Louis Emmerij, and Thomas G. Weiss. 2009. *UN Ideas that Changed the World*. Bloomington: Indiana University Press.

Karapinar, Baris. 2010. Introduction: Food Crises and the WTO. In *Food Crises and the WTO: World Trade Forum*, eds. Baris Karapinar and Christian Häberli, 1-22. London: Cambridge University Press.

Keck, Margaret E., and Kathryn Sikkink. 1998. *Activists Beyond Borders*. Ithaca: Cornell University Press.

King, Kenneth. 2007. Multilateral Agencies in the Construction of the Global Agenda on Education. *Comparative Education*, 43(3): 377-391.

Konandreas, Panos. 2011. Global Governance: International Policy Considerations. In *Safeguarding Food Security in Volatile Global Markets*, ed. Adam Prakash, 329-360. Rome: Food and Agriculture Organization.

Lang, Tim, and David Barling. 2012. Food Security and Food Sustainability: Reformulating the Debate. *Geographical Journal*, 178(4): 313-326.

LaPorte, Todd R., ed. 1975. *Organized Social Complexity*. Princeton: Princeton University Press.

Luck, Edward C. 2000. Blue Ribbon Power: Independent Commissions and UN Reform. *International Studies Perspectives*, 1 (1):89-104.

MacNeill, Jim, Pieter Winsemius, and Taizo Yakushiji. 1991. *Beyond Interdependence: The Meshing of the World's Economy and the Earth's Ecology*. New York: Oxford University Press.

March, James G., and Johan P. Olson. 1988. The Institutional Dynamics of International Political Orders. *International Organization*, 52(4):943-970.

Margulis, Matias E. 2013. The Regime Complex for Food Security: Implications for the Global Hunger Challenge. *Global Governance: A Review of Multilateralism and International Organizations*, 19(1): 53-67.

McArthur, John W. 2013. Own the Goals: What the Millennium Development Goals Have Accomplished. *Foreign Affairs*, 92: 152-162.

McKeon, Nora. 2014. *Food Security Governance: Empowering Communities, Regulating Corporations*. New York: Routledge.

McMichael, Philip, and M. Schneider. 2011. Food Security Politics and the Millennium Development Goals. *Third World Quarterly*, 32(1):119-139.

Mechlem, Kerstin. 2004. Food Security and the Right to Food in the Discourse of the United Nations. *European Law Journal*, 10(5): 631-648.

Mittal, Anuradha. 2009. *The 2008 Food Price Crisis: Rethinking Food Security Policies*. New York: United Nations.

Mukhtarov, Farhad, and Aleh Cherp. 2015. The Hegemony of Integrated Water Resources Management as a Global Water Discourse. In *River Basin Management in the Twenty-First Century: Understanding People and Place*, eds. Victor Roy Squires, Hugh

Martin Milner and Katherine Anne Daniell, 3-21. Boca Raton, FL: CRC Press.

Murray, Christopher J. L. , Julio Frenk, and Timothy Evans. 2007. The Global Campaign for the Health MDGs: Challenges, Opportunities, and the Imperative of Shared Learning. *Lancet*, 370 (9592):1018-1020.

OECD, Organisation for Economic Co-operation and Development. 2010. Gender Inequality and the MDGs: What Are the Missing Dimensions? Paris: OECD.

Osborn, Derek. 2013. Building on Rio + 20 to Spur Action for Sustainable Development. *Environment*, 55(3):3-13.

Oye, Kenneth A. 1979. The Domain of Choice. In *The Eagle Entangled*, ed. Kenneth A. Oye, Donald S. Rothchild and Robert J. Lieber, 3-33. New York: Longman.

Pahl-Wostl, Claudia, Ken Conca, Annika Kramer, Josefina Maestu, and Falk Schmidt. 2013. Missing Links in Global Water Governance: A Processes-Oriented Analysis. *Ecology and Society*, 18 (2):1-10.

Pahl-Wostl, Claudia, Paul Jeffrey, Nicola Isendahl, and Marcela Brugnach. 2011. Maturing the New Water Management Paradigm: Progressing from Aspiration to Practice. *Water Resources Management*, 25 (3):837-856.

Perrow, Charles. 1984. *Normal Accidents: Living With High Risk Technologies*. New York: Basic Books.

Piesse, Jenifer, and Colin Thirtle. 2009. Three Bubbles and a Panic: An Explanatory Review of Recent Food Commodity Price Events. *Food Policy*, 34(2):119-129.

Rahaman, Muhammad Mizanur, and Olli Varis. 2005. Integrated Water Resources Management: Evolution, Prospects and Future Challenges. *Sustainability: Science. Practice and Policy*, 1(1):15-21.

Ruggie,John Gerard. 1975. International Responses to Technology. *International Organization*,29(3):557-584.

Ruggie, John Gerard, and Ernst B. Haas. 1975. International Responses to Technology. *International Organization*, 29 (3): 557-583.

Sand, Peter H. , ed. 1992. *The Effectiveness of International Environmental Agreements*. Oxford:Grotius.

Sands, Philippe, and Jacqueline Peel. 2012. *Principles of International Environmental Law*. Cambridge, UK: Cambridge University Press.

Sebenius,James K. 1983. Negotiation Arithmetic. *International Organization*,37(2):281-316.

Simon, Herbert A. 1981. *The Sciences of the Artificial*. Cambridge,MA:MIT Press. Susskind,Lawrence E. ,and Saleem H. Ali. 2014. *Environmental Diplomacy: Negotiating More Effective Global Agreements*. Oxford:Oxford University Press.

Thakur, Ramesh Chandra, Andrew Fenton Cooper, and John English, eds. 2005. *International Commissions and the Power of Ideas*. Tokyo:United Nations University Press.

Timberlake, Lloyd. 1989. The Role of Scientific Knowledge in Drawing up the Brundtland Report. In *International Resource Management : The Role of Science and Politics*,ed. Steinar Andresen and Willy Ostreng,117-123. London:Belhaven Press.

UNDP and UNEP, UN Development Programme and UN Environment Programme. 2013. Breaking Down the Silos:Integrating Environmental Sustainability in the Post-2015 Agenda. New York: Thematic Consultation on Environmental Sustain ability in the Post-2015 Agenda.

UNESCO,UN Organization for Education,Science and Culture, and UN Children's Fund. 2013. Making Education a Priority in the

Post-2015 Development Agenda. Paris: UN Organization for Education, Science and Culture.

UNGA, United Nations General Assembly. 2012. The Future We Want. UN Doc. A/RES/66/288.

United Nations Global Compact. 2013. Report to the United Nations Secretary-General: Corporate Sustainability and the United Nations Post-2015 Development Agenda. New York: United Nations Global Compact.

UN-Water. 2013. Water Security and the Global Water Agenda. Hamilton, Ontario: United Nations University-Institute for Water, Environment and Health.

Van de Graaf, Thijs. 2013. Fragmentation in Global Energy Governance: Explaining the Creation of IRENA. *Global Environmental Politics*, 13(3):14-33.

Williams, Katie. 2010. Sustainable Cities: Research and Practice Challenges. *International Journal of Urban Sustainable Development*, 1 (1-2):128-132.

World Business Council for Sustainable Development. 2009. Water, Energy and Climate Change: A Contribution from the Business Community. Geneva: World Business Council for Sustainable Development.

World Economic Forum Water Initiative. 2011. *Water Security: The Water-Food-Energy-Climate Nexus*. Washington, DC: Island Press.

Young, Oran R. 1968. *A Systemic Approach to International Politics*. Princeton, NJ: Center of International Studies, Woodrow Wilson School of Public and International Affairs, Princeton University Press.

Young, Oran R. 2011. Effectiveness of International Environmental Regimes: Existing Knowledge, Cutting-edge Themes, and Research Strategies. *Proceedings of the National Academy of Sciences of the United States of America*, 108(5):19853-19860.

第7章 来自千年发展目标卫生领域的教训

斯泰纳尔·安德森(Steinar Andresen)，井口正彦(Masahiko Iguchi)

在评估可持续发展目标时，思考千年发展目标的教训具有重要意义。虽然前者是全球范围内的共同目标，而后者侧重发展中国家，但是这两类均以目标为基础的制定方式仍具有相似之处(见第 2 章)。千年发展目标的成功与失败之处是什么？如何才能更好地吸取教训，避免走弯路和失误？

本章7.1 部分将讨论千年发展目标的现状、已实现的目标，以及仍需改进之处。千年发展目标成就非凡，但就其影响效果而言，也存在相当大的争议。众多质疑的根源或许在于其宏观目标与实际执行效果之间的差距。换言之，要为可持续发展目标提供经验和借鉴，思考千年发展目标实现过程中"外部效应"的意义至关重要。这一关键问题在联合国层面并未得到妥善解决。

本章将举例说明已完成和未完成的各项目标，并在表 7-2 中详述其成就和后续挑战。考虑到目标的随机性和潜在因素的剧烈变化特征，实现多重目标的过程中究竟付出过怎样的努力，取得了何种成就，区区数千字不能说明全部问题。7.2 部分的内容将由这一点逐步深入，对卫生领域的目标进行细致探讨。在 8 个目标当中，有 3 个涉及解决卫生领域的问题，因此，着眼千年发展目标全局，卫生领域发挥着极为突出的作用。本章主要关注目标 4，即降低儿童死亡率。

本章旨在阐明各方为达成该目标所做出的巨大努力，且至少部分努力对目标达成起到了推动作用，因此具有特别的研究价值。为论证这一点，我们首先关注全球疫苗免疫联盟；其次将叙述并讨论挪威在这种相互作用的环境中所发挥的作用，因为千年发展目标关于卫生领域的目标在挪威已形成非常重要的政治议程。这说明不同的领导策略将对实现联合国共同目标产生关键性影响（Young，1991；Underdal，1994）。7.3 部分将讨论千年发展目标在总体层面和卫生领域的经验教训，为可持续发展目标的制定提供借鉴。

7.1　千年发展目标的背景

本节阐述千年发展目标的基本背景。为此，我们将首先介绍千年发展目标的起源，重点关注其制定过程、发起人、制定时间，以及制定这些目标的原因；其次将通过该领域的文献资料，回顾千年发展目标的成就和不足。

据休姆(Hulme，2009)分析，千年发展目标的制定可分为以下几个时期：20 世纪 40 年代第二次世界大战后至 20 世纪 70 年代的联合国首脑会议；20 世纪 90 年代经济合作与发展组织的发展援助委员会提出国际发展目标；20 世纪 90 年代末至 2000 年，联合国千年首脑会议的一系列讨论之后，2001 年，国际发展目标被修正为千年发展目标。

千年发展目标的起源可以追溯到 1948 年《世界人权宣言》(*UN Declaration of Human Rights*)第二十五条第一款，"人人有权享受为维持他本人和家属的健康和福利所需的生活水准，包括食物、衣着、住房、医疗"(UNGA，1948)。基于该原则，20 世纪 70 年代，《第二个联合国发展十年国际发展战略》(*International Development Strategy for the Second United Nations Development Decade*)规定，"逐步增加发达国家官方发展援助的数额，尽量在本十年的中期达到其国民总收入的 0.7％"(UNGA，1970)。

20 世纪 90 年代，为应对国际援助额总体下降的趋势，制定具体发展目标的需求日益紧迫。休姆和福田咲子(Hulme and Fukuda-Parr，2011)认为，这一政治和思想动机促使国际发展成为一项全球性工程。为此，发展援助委员会于 1996 年提出了一系列国际发展目标，包括以下三个方面：经济福利(消除贫困的措施)，社会发展(包括教育、性别和健康)，环境可持续和修复再生(见表 7-1)。

表 7-1　国际发展目标与千年发展目标的比较①

国际发展目标	千年发展目标
1. 经济福利：到 2015 年，发展中国家极端贫困人口比例应至少减少一半 2. 社会发展：初等教育、性别平等、基本卫生保健、计划生育等方面应取得以下实质性进展 ——到 2015 年，初等教育在各国普及 ——到 2005 年，尽可能消除初等教育和中等教育中的两性差距 ——到 2015 年，各发展中国家 5 岁以下婴幼儿死亡率与 1990 年的水平相比，应降低 2/3。同一时期内，孕产妇死亡率应降低 3/4 ——应尽快并不晚于 2015 年通过建立基层医疗体系，使所有适龄人群能够接受生殖健康服务，包括安全可靠的计生方法 3. 环境可持续和再生：应当在 2005 年之前建立现阶段的可持续发展国家战略，并在实施过程中确保 2015 年前各国当前环境资源流失的趋势，即森林、渔业、淡水、气候、固体、生物多样性、平流层臭氧、有害物质积累及其他主要指标在全球和该国层面得到有效逆转	1. 消除极端贫困和饥饿 ——1990—2015 年，将每日收入低于 1 美元的人口比例减半 ——1990—2015 年，将挨饿的人口比例减半 2. 普及初等教育 ——确保到 2015 年，世界各地的儿童，不论男女，都能上完小学全部课程 3. 促进两性平等，并赋予妇女权利 ——争取到 2005 年，消除小学教育和中学教育中的两性差距，最迟于 2015 年在各级教育中消除此种差距 4. 降低儿童死亡率 ——1990—2015 年，将 5 岁以下儿童的死亡率降低 2/3 5. 改善产妇健康 ——1990—2015 年，将产妇死亡率降低 3/4 6. 与艾滋病病毒/艾滋病、疟疾和其他疾病做斗争 ——到 2015 年，遏制并开始扭转艾滋病病毒/艾滋病的蔓延 ——到 2015 年，遏制并开始扭转疟疾和其他主要疾病的发病率 7. 确保环境的可持续性 ——将可持续发展原则纳入国家政策和方案，并扭转环境资源的持续损失状况 ——到 2015 年，将无法持续获得安全饮用水和基本卫生设施的人口比例减半 ——到 2020 年，使至少 1 亿贫民窟居民的生活明显改善 8. 建立促进发展的全球伙伴关系 ——进一步发展开放的、有章可循的、可预测的、非歧视的贸易和金融体制 ——满足最不发达国家的特殊需要 ——满足内陆发展中国家和小岛屿发展中国家的特殊需要 ——通过国家和国际措施，全面处理发展中国家的债务问题，增强债务的长期可负担性 ——与发展中国家合作，为青年创造充分的、体面的工作机会 ——与制药公司合作，在发展中国家提供负担得起的基本药品 ——与私营部门合作，普及新技术，特别是通信的权益

————————

①　根据发展援助委员会(1996)和联合国的资料整理。

　　然而，由于缺乏行动计划，国际发展目标对经济合作与发展组织国家产生的实际影响微乎其微。因此，这一系列目标也很快淡出人们的视线。与此同时，还必须看到，该方案完全是由富裕国家制定的，他们共同拟出一系列可实现的、具体的、可测度的目标来引起成员国的兴趣，这就难怪"其中关于'伙伴关系'的提法和表述，就像是援助机构对落后国家的标准说辞"（Hulme，2009）。

　　积极促成千年发展目标制定的功臣，是联合国开发计划署和世界银行发起的收入和贫困监测倡议（Saith，2006）。值得注意的是，与国际发展目标更侧重经济增长和减贫不同，联合国开发计划署在《1997 年人类发展报告》（*Human Development Report 1997*）中强调了基于人权的人类发展目标，如预期寿命、消除疾病和成人扫盲（UNDP，1997）。

　　科菲·安南（Kofi Annan）出任联合国秘书长后，一直期望将全球减贫纳入联合国核心议题。在其领导下，1998 年，联合国通过筹划千年大会，正式开始着手制定全球性目标。与此呼应，科菲·安南于 2000 年 4 月发布重要文件《我们人民：21 世纪联合国的作用》（*We the Peoples：The Role of the United Nations in the 21st Century*，又称《千年报告》），作为召开联合国千年首脑会议的基本纲领。除减贫之外，其中还强调两性平等和赋予妇女权利、生殖健康、防治艾滋病病毒/艾滋病等卫生问题，经济增长、信息技术等新技术共享，社会发展、环境及加强发展援助全球伙伴关系的重要性（UN，2000）。

　　2000 年 9 月，由于卫生保障和性别平等领域的呼声强烈，联合国千年首脑会议上通过的《联合国千年宣言》充分吸纳了上述目标。同时，在世界银行、世界卫生组织和联合国儿童基金会（United Nations Children's Fund）的支持下，卫生领域的目标得到极大扩充（Hulme，2009）。因此，8 个千年发展目标中，卫生领域的目标即占3 个（见表 7-1）。鉴于卫生领域目标的重要性，后文将对其评判意见进行分析。

　　许多学者对千年发展目标的成果和仍将面临的挑战都进行过评估，从中总结出一些可为《2015 年后发展议程》吸取的教训（见表 7-2）。

在肯定千年发展目标取得一定成就的同时，本节内容引入扬的"匹配"理念，关注各机构应当如何将问题与解决策略相对应，借此分析千年发展目标成绩平平的原因（Young，2002）。

表 7-2 千年发展目标的成就和后续挑战

目标	成就	后续挑战
目标 1：消除极端贫困和饥饿	——到 2015 年，每日收入低于 1.25 美元的人口比例下降到 14% ——2014—2016 年，营养不良人口的比例下降到 12.9%	——约 8 亿人仍生活在极度贫困之中 ——5700 万名儿童处于失学状态
目标 2：普及初等教育	——到 2015 年，小学净入学率达到 91% ——青年识字率由 1990 年的 83% 上升至 2015 年的 91%	——来自最贫困家庭的儿童数量是来自发达地区最富裕家庭儿童数量的 4 倍
目标 3：促进两性平等，并赋予妇女权利	——欠发达地区整体实现了消除中小学、高等教育中性别差异的目标	——贫困女性多于贫困男性。全球女性收入低于男性收入的 24%
目标 4：降低儿童死亡率	——自 1990 年以来，全球儿童死亡率减少了 1/3	——约 16000 名儿童在 5 岁之前死亡 ——最贫困家庭的儿童死亡率几乎是发达地区最富有家庭的 2 倍
目标 5：改善产妇健康	——自 1990 年以来，全世界产妇死亡率下降了 45%	——欠发达地区产妇死亡率比发达地区高 14 倍
目标 6：与艾滋病病毒/艾滋病、疟疾和其他疾病做斗争	——据估算，2000—2013 年，新的艾滋病病毒感染人数从 350 万例下降到 210 万例 ——2000—2015 年，超过 620 万名疟疾患者避免死亡	——2013 年，发展中国家 3150 万名艾滋病病毒感染者中约有 36% 接受了抗逆转录病毒治疗

续表

目标	成就	后续挑战
目标7：确保环境的可持续性	——到2015年，全球91%的人口使用了改善的饮用水源	——欠发达地区约16%的农村人口还没有使用改善的饮用水源 ——自1990年以来，全球二氧化碳排放量的增长超过50%
目标8：建立促进发展的全球伙伴关系	——2000—2014年，发达国家的官方发展援助额增长了66%，达1352亿美元	——只有丹麦、卢森堡、挪威、瑞典和英国的官方发展援助额持续超过国民总收入的0.7%

现有研究认为，千年发展目标的主要成就如下：首先，千年发展目标将着力点放在消除贫困和增加国际发展援助上，促进了贫困的消除，增加了来自机构和官方发展援助的财政支持，并将消除贫困的相关政策在发展中国家提升至更优先的级别（Manning，2010；Moss，2010；Vandemoortele，2011）。尤为重要的是，千年发展目标通过改变发展的常态和话语权、重塑意识形态，实现了上述成就（Fukuda-Parr，2010）。其次，相关领域间的联系得到强化，如卫生与水质、卫生和营养等（Vandemoortele，2011），并促进了发展中国家利益相关者的共同参与（Langford，2010）。

但是，千年发展目标仍面临一系列挑战：第一，从全球层面到各国政府，再到各级地方政府之间缺乏必要的联系（Katsuma，2008），各国上述主体间又存在显著的隔阂。例如，由于国内种族和宗教冲突频繁，加之千年发展目标更强调社会服务而非基础设施建设，非洲整体实现千年发展目标过程中的表现明显逊于亚洲（Agwu，2011；Peterson，2010）。此外，伊斯特利（Easterly，2009）指出，千年发展目标对非洲来说是"不公平"的，例如，目标4中，降低儿童死亡率的要求是基于比例的相对标准而非绝对标准，非洲作为世界上死亡率最高的地区，要实现这一目标，具有很大的难度。

第二，这些目标未能反映目标国家在整体区域环境下的需求（Shepherd，2008）。简单来说，千年发展目标确立了总体目标，但并未根据各国的当务之急设定可行的操作流程和规范（Fukuda-Parr，2010）。这导致了另一饱受诟病的弊端：目标缺乏实现机制，特别是在融资方面，过于依赖捐助资金（Clemens，Kenny，and Moss，2007）。此外，塞思（Saith，2006）认为，千年发展目标更像是"愿望清单"，其目的却是制定更细化的指标与时间框架。因此，千年发展目标是否能够作为一种"编程工具"实现其设定的目标，是非常值得怀疑的。

第三类观点针对的是目标的性质。千年发展目标是根据结果导向的管理方式制定的，因此很难衡量未包含在内的诸如人权、平等甚至"善政"这类问题（Alston，2005；Hulme，2007；Nelson，2007；Vandemoortele and Delamonica，2010）。此外，在环境可持续性方面，许多重要的全球环境问题，如气候变化和生物多样性保护，并未被明确提及。

最后也是影响最为深远的批评观点在于，是否能够真正将千年发展目标下的这些进展视为千年发展目标的直接结果，抑或这些结果主要与外部效应相关。例如，民主化进程和技术创新加快能够显著促进一国的经济繁荣，并由此取得千年发展目标的相关进展。相反，政治腐败和政治动荡则会明显导致目标实现的脚步放慢。

最后这一点，外部性问题，或者说因果关系问题（Young，2008），处于千年发展目标评价的核心地位。换言之，有必要细致探查能够将千年发展目标与相关问题直接联系起来的各项因素，从中得出经验教训。例如，中国改革开放以来，帮助 7.4 亿人口摆脱贫困，并非受益于千年发展目标，而是源于中国政府有意识的政策调控和重点治理工作。

7.2 卫生领域目标：成就与挑战

本节着重探讨千年发展目标的一个方面：卫生政策。在简化条款中，属于卫生领域的千年发展目标如下：目标 4，1990—2015 年，将 5 岁以下儿童的死亡率降低 2/3。目标 5，改善产妇健康：1990—2015 年，将产妇死亡率降低 3/4；到 2015 年，人人享有生殖健康。目标 6，与艾滋病病毒/艾滋病、疟疾和其他疾病做斗争：到 2010 年，向所有需要者普遍提供艾滋病病毒/艾滋病治疗；到 2015 年，实现患者数量减半（该目标同样适用于疟疾和其他疾病患者）。①

一些分析人士对这些指标的提法非常敏感，尤其考虑衡量成就时采用的数据质量是否过关的问题。特别是 1990 年的数据，很难保证其质量和可靠性（Attaran，2005）。这种批评或许不无道理，若确实如此，千年发展目标中存在此问题的量化指标不在少数。但由于我们的目的并不是评价以上观点孰是孰非，所以下文将忽略此方法上的不确定性，采用来自世界卫生组织的数据（WHO，2013）。

就目标 4 而言，各国在降低儿童死亡率方面已经取得相当可观的进展：2012 年，5 岁以下儿童死亡数量为 660 万人，1990 年为 1260 万人。由此，儿童死亡率已降低近 50%，近年来全球范围内的下降速度也正在加快。同时，免疫接种率大大增加，2/3 的世界卫生组织成员国已达到至少 90% 的接种覆盖率，但撒哈拉以南的非洲地区则相差甚远。进展虽然可观，但要在 2015 年实现预定目标，仍颇具难度。

就目标 5 而言，产妇死亡人数虽然显著减少，但减少量还未达到目标要求的一半。此外，育龄妇女仅有不到 2/3 采取避孕措施。因此，这一方面的成就要远远低于卫生领域其他两个目标的成就。

就目标 6 而言，2012 年艾滋病病毒新感染人数与 2001 年相比下降了 1/3，但撒哈拉以南的非洲地区的感染者仍占总感染人数的

---

① 此部分表述与附录 1 略有区别。——编辑注

70％以上。有些矛盾的是，由于治疗条件改善，艾滋病病毒感染者的寿命将继续延长，但也导致 2012 年艾滋病患者数目与往年相比，增加了 3500 万。在降低疟疾和结核病发病率方面，千年发展目标也取得了相当大的进展，但撒哈拉以南的非洲地区的成果依然不尽如人意。

尽管如此，仍将有许多国家和地区不依赖外界援助而自主实现卫生领域目标，如拉丁美洲、中国、北非和东南亚地区。主要挑战仍然存在于撒哈拉以南的非洲、巴基斯坦和印度的大部分地区，且主要瓶颈在于其国内医疗体系运转不灵。

在这些积极的成就当中，有些成就可能一定程度上得益于千年发展目标，但有些成就则与之无必然联系。但那些比我们更密切关注全球卫生政策的观察者坚称："千年发展目标的卫生领域目标，对全世界这场前所未有的、针对相关重要活动的大规模投资，起到了激励、动员、组织及重要的促进作用。"(Lie et al.，2011)参与实现卫生领域目标的，大部分为联合国下属机构、世界银行及一些国家政府，"更为重要的是，医学杂志《柳叶刀》(The Lacent)自理查德·赫顿(Richard Horton)2003 年任主编以来，发行了与此目标相关的丛刊。世界的种种不公平屡次受到强烈抨击，其直指每年因贫困逝去的近 900 万条生命。此举无疑将推进这场辩论持续升温"(Lie et al.，2011)。涉及卫生领域，特别是与儿童相关的目标，媒体的作用尤为重要。电视报道中播放受苦儿童的画面，透露着世界的不公平，这样的信息得以更加直接和快速地传播。

在资源方面，来自政府和私人的妇幼保健发展援助近年增加了约 400％，由联合国机构系统负责的发展援助却在同一时期下降(McNeill，Andresen，and Sandberg，2013)。也就是说，这一变化背后的实质在于联合国以外的政府援助，特别是私人资本大量参与其中。各类合作伙伴关系的建立也具有特别重要的意义，世界卫生组织的"孕产妇、新生儿和儿童卫生伙伴关系"(Partnership for Maternal，Newborn and Child Health)就是其中一例。它是由包括来自公众和非政府机构的约 400 名成员组成的，主要任务是游说并提供知识，实现有效干预。另一例是"倒计时"（Count Down）倡议，其组织较为松散，隔年举办大型会议，监测各国实现千年发展目标4和目标5方面的进展。

尤其重要的是，各种伙伴关系的建立有助于资金开源，如抗击艾滋病、结核病和疟疾全球基金（Global Fund to Fight Aids, Tuberculosis and Malaria，以下简称"全球基金"）及全球疫苗免疫联盟的支持，后文将对该案例进行详细讨论。

本节后续部分将通过分析全球疫苗免疫联盟和挪威政府在实现千年发展目标中发挥的作用，展现不同类型的领导方式的重要性。全球疫苗免疫联盟所扮演的角色是典型的指导型领导，而挪威政府则属于榜样型领导。对材料进行深入挖掘可以发现，文献资料中常被忽视的个体领导在这两个案例中很受重视。个体领导在这两个案例中有重叠的部分，具体体现在政府机关、国际组织和私营企业的高层代表方面。这一社群网络也可视为一个小而强的认知共同体。

7.2.1　伙伴关系的作用：全球疫苗免疫联盟案例

全球疫苗免疫联盟的建立，并非2000年千年发展目标正式提出的产物。但因在世纪之交，人们当时对全球卫生产生了强烈的兴趣和积极性，千年发展目标相关进程的确进一步促成了1999年该组织的建立。此处的主要关注点在于，这项创新举措对该目标中部分成就的实现起到了怎样的积极作用。因此，下文首先将简要介绍全球疫苗免疫联盟引导实现的各项成就；其次将讨论该机构的性质，并重点关注各参与方及个人在机构中的作用。这是否代表着一种方式，即可以将其应用在包括基于目标的联合国治理在内的其他领域，从而取得更好成效？

以下内容基于全球疫苗免疫联盟2010年完成的第二次独立评估而展开（GAVI Board，2010）。从宏观层面来看，似乎全球疫苗免疫联盟已经取得骄人的成绩：2000—2009年，该组织已向75个国家支出总额22亿美元。据世界卫生组织估计，全球疫苗免疫联盟提供的疫苗支援，在 2009 年前成功避免了未来近 400 万人的死亡（GAVI Board，2010）。对此，方法的不确定性和关于数字的争议自然不在少数。但据其评估报告，即便考虑存在较大误差，全球疫苗免疫联盟的工作也已经取得了可喜的成就。就附加价值（added value）及其与千年发展目标 4 的高度直接相关性而言，我们可以得出结论："有充分的证据表明，全球疫苗免疫联盟已经能够吸引额外资金用于免疫接种事业，主要捐助者将不会在现有基础上增加援助。"（GAVI Board，2010）全球疫苗免疫联盟也在国际政治议程上促使此问题更受重视，并促成通过与千年发展目标，特别是目标 4 有关的各种机制，以争取更多的资源，用于免疫接种工作。总之，全球疫苗免疫联盟这一机制或许对实现较高目标极为重要。接下来将简述全球疫苗免疫联盟建立的原因和过程，以及其重大成就是如何取得的等问题，这一过程极为复杂而精彩（摘自：Muraskin，2005；Sandberg and Andresen，2010；McNeill，Andresen，and Sandberg，2013；McNeill and Sandberg，2014）。

　　基于联合国的高度合法性，以及其在该领域长期保有的专业性和权威性，其下属机构世界卫生组织自 1948 年成立以来，直到 20 世纪 90 年代中期以前，一直是全球卫生领域无可争议的领导者，但在 20 世纪 90 年代出现了变化。原因至少有二：第一，世界卫生组织在提供新疫苗和必需疫苗方面，权威和效力已经大大降低，其与制药业的关系紧张；第二，新的参与者介入其中，特别是实力更胜一筹的世界银行，以及有影响力的非国家类参与者，如适宜卫生科技组织（Programe for Appropriate Technology in Health，PATH），不断挑战着世界卫生组织的主角地位。因此，90 年代末的特点是地盘争斗和缺乏合作的伙伴关系，如世界卫生组织、联合国儿童基金会和新的参与者之间，又如世界银行和创新型非政府组织之间。

　　1998 年，上述各方曾以工作组形式召开会议并展开讨论，筹划加快疫苗接种的新举措，但进展甚微。之后，有些突然，比尔·盖茨（Bill Gates）也参与进来。根据莫拉斯金（Muraskin，2005）的详细记述，比尔·盖茨对疫苗接种工作产生兴趣，完全是一场巧合。尽管如此，当他真正涉足该领域后，便希望在联合国系统之外自成一体。他还将疫苗接种作为工作重点，因为这被视为加速预防接种、挽救生命的一种可测且经济的途径。谈判在上述各方和新的参与者之间展开，首先是适宜卫生科技组织（总部位于西雅图），首次代表比尔·盖茨和后来广为人知的比尔及梅琳达·盖茨基金会（Bill and Melinda Gates Foundation，以下简称"盖茨基金会"）参与了谈判。

起初，世界卫生组织和联合国儿童基金会仍持谨慎态度，偏向联合国阵营，并警惕新来者可能削弱自身在该领域的作用。直到1999年，全球疫苗免疫联盟的建立使局面出现转机，由此联合国现有机构和适宜卫生科技组织凭借相应的能力成为重要合作伙伴。有人认为，一些关键人物对妥协的达成至关重要，如世界卫生组织总干事格罗·哈莱姆·布伦特兰（Gro Harlem Brundtland）和她的重要顾问托雷·戈达尔（Tore Godal）先生。布伦特兰一改其前任做法，采取更加务实的举措，让制药业也参与进来。的确，参与者可能确曾功不可没，但如果没有盖茨基金会提供的不少于7.5亿美元的启动资金，这项提议可能已经不了了之。正如此前指出的，在大笔资金面前，先前的竞争者更容易握手言和（McNeill，Andresen，and Sandberg，2013）。盖茨基金会还向其他一些机构提供捐助，如全球基金，也借此对其他千年发展目标的实现起到了帮助作用。

随着时间的推移，全球疫苗免疫联盟秘书处以牺牲合作伙伴为代价，不断发展壮大，其合作伙伴现在则更像是分包商。关于这段发展历程的意义，众说纷纭，但这已超出本章的讨论范围。关键之处在于，全球疫苗免疫联盟此后也一直向世人呈现丰硕的成果。然而，有两种批判的声音值得在文中探讨。其一是全球疫苗免疫联盟过于注重数量上成本有效的工作方式，忽略了更多、更难解决的议题，以及量化和衡量结果。这样做或许是有利的，但这种批判也在宏观上影响着千年发展目标。另一种批评在讨论全球治理利弊的问题上比较少见：全球疫苗免疫联盟过于强势，支配全局，很少考虑受援方的想法。这一观点具有相当大的价值，因为通常情况是：全球性机构的软弱降低了全球治理的效果，很少因为其太过强势而成为问题。

全球疫苗免疫联盟的卓越成果还得益于主要捐助国的坚定承诺，美国是迄今为止最大的捐助国。此外，另一个重要角色是挪威，一个将千年发展目标的卫生领域目标放在极其重要位置的参与国。

7.2.2 积极国家的作用：挪威的案例

除伙伴关系外，个别国家也在全球卫生治理中发挥了重要作用。挪威就是其中之一，也是我们将在此详细讨论的案例。挪威是世界上为数不多、长期承诺官方发展援助超过自身国民收入0.7%的国家之一。事实上，挪威在所有国家中的表现都是数一数二的，贡献出几乎占1%的国内生产总值。并且，全球卫生作为发展援助的组成部分和挪威外交方针的重要内容，长期受到重视。挪威在建立和资助"老一辈"卫生机构如世界卫生组织和联合国儿童基金会，以及近期出现的全球疫苗免疫联盟和全球基金上，起到了十分重要的作用。同时，挪威也是千年发展目标的主要支持者之一，尤其是卫生领域的目标。

布伦特兰接任世界卫生组织总干事后也起到了促进作用。她在长期担任挪威首相的同时，还是医务工作者，并领导完成《我们共同的未来》(*Our Common Future*)的编写工作，成为活跃在国际舞台上的知名人物。以上经历都使她在总干事的位置上游刃有余。挪威迅速成为这些目标的重要拥护者，并不断为此持续和加倍努力。关键人物的出现更强化了这一事实。布伦特兰还引荐她任挪威首相时期的办公室主任约纳斯·加尔·斯特勒(Jonas Gahr Støre)，到日内瓦担任她的总参谋，由此将其引入全球卫生领域。从2005年出任外交部部长到2012年卸任，斯特勒一直活跃于该领域。2005年，社会民主党组建的新政府，将全球卫生和儿童疫苗接种列为重要政治任务。

斯特勒也迫切希望强调卫生在外交政策中的关键地位。在此观点的影响下，2007年，奥斯陆部长级集团(Oslo Ministerial Group)

成立，参会国包括 7 个发达国家和发展中国家，旨在推进卫生事业在国际议程中的地位（Møgedal and Alveberg，2010）。全球疫苗免疫联盟和比尔·盖茨参与的疫苗接种事业，也引起了挪威首相廷斯·斯托尔滕贝格（Jens Stoltenberg）的共鸣。对疫苗接种这类高性价比健康福利的关注，反映出斯托尔滕贝格作为经济学家的思考。长期以来，他一直强调挪威气候政策肯定具备成本有效性。

2007 年，他发起了千年发展目标卫生领域目标全球运动，并建立了相关的全球领袖网络。紧接着，2009 年，他在联合国宣布，挪威将在 2020 年前捐助 30 亿挪威克朗或近 4 亿美元的资金，用于女性和儿童健康领域的全球合作。挪威也由此成为全球卫生事业最重要的资助者之一。1990 年以来，挪威投入此项事业的经费已增长 3 倍，这使得挪威成为该领域绝对意义上最大的捐助国之一（Norwegian Ministry of Foreign Affairs，2011）。其贡献同样体现于全球疫苗免疫联盟、全球基金、联合国儿童基金会和世界卫生组织。由于孕产妇的健康目标与现实差距最大，因此，挪威投入了较多资金，用于改善现状。此外，挪威还与四个主要发展中国家——印度、巴基斯坦、尼日利亚和坦桑尼亚建立了双边伙伴关系，以支持这些国家内部改善妇幼保健的计划。

全球疫苗免疫联盟的缔造者之一戈达尔，是关键人物很重要的又一例证。他长期作为高级顾问，参与挪威全球卫生政策的制定（Sandberg and Andresen，2010）。自 2013 年以来，新的保守党政府一直延续该积极立场，同时任命挪威首相埃尔娜·索尔贝格（Erna Solberg）为联合国大使，监督千年发展目标的进展情况。

根据上届政府题为《外交和发展政策中的卫生问题》（*Health in Foreign and Development Policy*）白皮书记载："挪威应通过政治领导、外交和经济支持，积极唤起全球共识，加强合作，以解决国家卫生事业的需要。"（Norwegian Ministry of Foreign Affairs，2011）保障妇女和儿童权利被单独列为政府的紧要任务，明确指向千年发展目标的 3 个卫生领域目标。回顾布伦特兰及其在世界卫生组织的工作，可发现其坚持的要点在于，健康是发展和减贫的关键条件。挪威参与千年发展目标实现过程中体现的人权观，也不容忽视。

当然，挪威在实现可持续发展目标方面也发挥了积极的作用。挪威的努力，本章不再详述，下文将简要讨论可持续发展目标对挪威有何作用，并重点阐述千年发展目标与可持续发展目标之间的差异。千年发展目标带有明确的援助发展中国家的倾向，而可持续发展目标指出，要实现拥有更加可持续未来的目标，发达国家同样面临严峻的挑战。由于挪威在人类发展和平等及人权方面的各项国际指数中评分相当高，有人或许认为可持续发展目标对挪威没有太大意义，然而，在下文的阐述中，我们可以证明事实并非如此（Grønningsæter and Stave，2015）。

与大多数西方国家一样，挪威没有对贫穷的正式定义。尽管如此，欧盟（European Union）和挪威统计局（Statistics Norway）的最新数据显示，11%的挪威人口生活在欧盟定义的贫困线下。尽管十几年来挪威政府一直将其作为重要政治问题，但这个数字一直很稳定。在经济公平方面，挪威国内差距水平相对较低，但近期有所扩大。社会包容性方面，是否接纳及如何接纳穷人和非法移民等问题也构成挑战。挪威有着非常完善的公共卫生系统，尽管药物滥用的发生率相对较低，但药物过量造成的死亡人数比较多，减少艾滋病病毒感染人数和防止艾滋病传播方面也仍需努力。挪威在各类国际性别平等指数中同样拥有较高评分，但近期一份议会报告指出，要实现完全平等，挪威仍有许多工作要做。大多数观察者可能会认为，和全球状况相比，这些不过是吹毛求疵，但对正深受其害的人而言，这些依然是严重的问题。而挪威真正面临的严峻挑战，同时也对构建可持续地球至关重要的是气候变化问题。挪威高度依赖化石燃料工业：该行业创造了2014年挪威17%的国内生产总值，并为33万人提供工作岗位，行业投资总额在2014年创历史新高。挪威在国际上一直是支持温室气体减排的带头捐助国，但自身并未显示出多少降低国内排放量的意愿或能力。

2015年，《巴黎协定》（Paris Agreement）在挪威引发了前所未有的关注。挪威的许多环保团体指出，挪威必须遵守该协议的规定，降低温室气体排放量。可持续发展目标的通过，抑或上文提到的一系列挑战，却并未引发类似有关气候变化的呼吁。与千年发展目标大同小异，可持续发展目标仅仅因为需要对困难国家提高援助，而引发挪威一些媒体的关注。这说明了将宏伟的重要目标与外部世界联系起来的重要性，只有这样，它们才不会只是联合国大楼里的一纸空文。这一挑战应由民间社会、联合国外交官和学术界人士共同承担。

7.3　结　论

本章回顾了千年发展目标的成败得失，并对目标与实际效果间的因果联系进行了探究。千年发展目标的制定在很大程度上是以发展为导向的，旨在增进国家间的援助。自 20 世纪 40 年代以来，减贫、改善营养、教育、保健和两性平等一直是人们关注的重要问题。总体来说，千年发展目标在减贫、学校教育中的性别差异、性别平等、卫生领域部分目标、获得改善的饮水条件，以及为全球伙伴关系调集财政资源方面取得了成就，并获得了积极评价。但千年发展目标在减少营养不良人口、降低孕产妇死亡率、普及艾滋病病毒感染者治疗、环境卫生或环境可持续性等方面尚未取得成功。这些"不及格"成绩的出现，主要原因是目标与实际问题"脱节"。关键弱点在于缺乏执行机制。"一刀切"的目标缺乏从全球到国家，再到地方各级的具体实施方案，因此，各国完成情况参差不齐。注重成果的管理目标也未能将诸如人权和平等等关键问题纳入其中。

因此，许多人认为《2015 年后发展议程》应：(1)根据各国实际国情，制定全球基准和自下而上的目标；(2)为发展中国家和发达国家制定普遍目标，包括诸如气候变化、人权、人类安全和治理问题，同时加强利益相关者之间的合作(Koehler, Des Gasper, and Simane, 2012；Moss, 2010；Poku and Whitman, 2011；Vandemoortele, 2011)。至于可持续发展目标，具体目标的设置应当反映可持续性的挑战，并考虑到经济、社会和生态领域，避免千年发展目标成效欠佳的问题。千年发展目标的经验教训告诉我们，为使可持续发展目标更加有效和"匹配"行动目标，需要考虑多层次的方法，在全球范围制定目标，同时在区域、国家甚至组织机构层面进行调整，为行动者提供选择最优方案的空间(Young et al.，2014)。

关于卫生领域，本章重点关注千年发展目标4中降低儿童死亡率问题，以全球疫苗免疫联盟和挪威为例，论述其在合作伙伴关系中或作为关键国家如何发挥作用。全球疫苗免疫联盟的建立与千年发展目标并无因果关系，但该目标的提出有助于动员该组织(和其他国家)采取积极行动，挽救儿童生命。尽管存在一些瑕疵，但毫无疑问，全球疫苗免疫联盟在这一领域成绩卓然。而不论千年发展目标如何，挪威都将继续努力，增进全球健康。但这些目标与挪威在全球卫生领域与日俱增的努力也有直接的因果联系。

国际上之所以会大力动员支持这一目标，原因之一就是媒体动员的可视化效果，《柳叶刀》之类的科学期刊和其总编理查德·赫顿是极好的例证。其道德和科学权威的结合，在"经验学习"的视角下更加值得关注。研究《柳叶刀》杂志的作用以及全球疫苗免疫联盟和挪威的简短案例，应强调个体领导的重要性，这一点在严谨的国际关系分析中常常被遗忘。如果缺少这些关键人物，很可能这些领域不会取得如此丰硕的成果。作为卫生领域目标的倡导者，挪威展现出的榜样型领导作用也具有鲜明的特点。同时，尽管领导作用不容忽视，但这些发展经验也说明从盖茨基金会这样的非传统来源筹集资金的重要性。这不仅可以加大目标取得的成就，而且可以与以往的对手展开协作。这指向最后一条经验：联合国和非联合国领域携手努力的潜在优势。联合国是确保合法性的总指挥，但要实现宏伟的千年发展目标，除自身外，往往需要更加小而灵活的机构。

挪威在实现可持续发展目标方面发挥了重要作用。但需要强调的是，对于挪威这样的国家而言，实现这些目标同样颇具挑战。

参考资料

Agwu,Fred Aja. 2011. Nigeria's Non-Attainment of the Millennium Development Goals and Its Implication for National Security. *The IUP Journal of International Relation*,5(4):7-19.

Alston,Philip. 2005. Ships Passing in the Night: The Current State of the Human Rights and Development Debate Seen through the Lens of the Millennium Development Goals. *Human Rights Quarterly*,27(3):755-829.

Attaran,Amir. 2005. An Immeasurable Crisis? A Criticism of the Millennium Development Goals and why they cannot be measured. *PLoS Medicine*,2(10):955-961.

Clemens, Michael, Charles Kenny, and Todd Moss. 2007. The Trouble with the MDGs: Confronting Expectations of Aid and Development Success. *World Development*,35(5):735-751.

Development Assistance Committee. 1996. *Shaping the 21st Century: The Contribution of Development Cooperation*. Paris: Organisation for Economic Cooperation and Development.

Easterly, William. 2009. How the Millennium Development Goals Are Unfair to Africa. *World Development*,37(1):26-35.

Fukuda-Parr, Sakiko. 2010. Reducing Inequality: The Missing MDG: A Content Review of PRSPs and Bilateral Donor Policy Statements. *IDS Bulletin*,41(1):26-35.

GAVI Board, Global Alliance for Vaccines and Immunization Board. 2010. GAVI second evaluation report. Global Alliance for Vaccines and Immunization.

Grønningsæter, Arne Backer, and Svein Erik Stave. 2015. The Global Goals for Sustainable Development: Challenges and Possible Implications for Norway. Discussion paper, Fafo Research Foundation,

1-32.

Hulme, David. 2007. The Making of the Millennium Human Development Meets Results-Based Management in an Imperfect World. Brooks World Poverty Institute working paper 16,1-26.

Hulme, David. 2009. A Short History of the World's Biggest Promise. Brooks World Poverty Institute Working Paper 100,1-55.

Hulme, David, and Sakiko Fukuda-Parr. 2011. International Norm Dynamics and "the End of Poverty": Understanding the Millennium Development Goals(MDGs). *Global Governance*, (17): 17-36.

Katsuma, Yasushi. 2008. The Current Status and Issues of the Millennium Development Goal: With Focus on Sub-Saharan Africa. *Asia Pacific Research*, (10):97-107.

Koehler, Gabriele, Richard Jolly Des Gasper, and Mara Simane. 2012. Human Security and the Next Generation of Comprehensive Human Development Goals. *Journal of Human Security Studies*, 1 (2):75-93.

Langford, Malcolm. 2010. A Poverty of Rights: Six Ways to Fix the MDGs. *IDS Bulletin*, 41(1):83-91.

Lie, Sverre O., Dipali Gulati, Halvor Sommerfeldt, and Johanne Sundby. 2011. Millennium Development Goals for Health: Will We Reach Them by 2015? *Tidsskrift for Den norske Legeforeningen* (*Journal of the Norwegian Medical Association*), 131:1904-1906.

Manning, Richard. 2010. The Impact and Design of the MDGs: Some Reflections. *IDS Bulletin*, 41(1):7-14.

McNeill, Desmond, Steinar Andresen, and Kristin Sandberg. 2013. The Global Politics of Health: Actors and Initiatives. In *Protecting the World's Children Immunization Politics and Practices*, ed. Sidsel Roaldkvam, Desmond McNeill, and Stuart Blume, 59-87. Oxford: Oxford University Press.

McNeill, Desmond, and Kristin Sandberg. 2014. Trust in Global Health Governance: The GAVI Experience. *Global Governance*, 20: 325-343.

Møgedal, Sigrun, and Benedicte Alveberg. 2010. Can Foreign Policy Make a Difference to Health? *PloS Medicine*, 7(5): e1000274.

Moss, Todd. 2010. What Next for the Millennium Development Goals? *Global Policy*, 1(2): 218-220.

Muraskin, William. 2005. *Crusade to Immunize the World's Children*. Los Angeles: Global BioBusiness Books.

Nelson, Paul J. 2007. Human Rights, the Millennium Development Goals, and the Future of Development Cooperation. *World Development*, 35(12): 2041-2055.

Norwegian Ministry of Foreign Affairs. 2011. Global Health in Foreign and Development Policy [in Norwegian]. Government white paper, 11.

Peterson, Stephen. 2010. Rethinking the Millennium Development Goals for Africa. Harvard Kennedy School Faculty Research Working Paper Series RWP10-046, 1-49.

Poku, Nana K., and Jim Whitman. 2011. The Millennium Development Goals and Development after 2015. *Third World Quarterly*, 32(1): 181-198.

Saith, Ashwani. 2006. From Universal Values to Millennium Development Goals: Lost in Translation. *Development and Change*, 37(6): 1167-1199.

Sandberg, Kristin, and Steinar Andresen. 2010. From Development Aid to Foreign Policy: Global Immunization Efforts as Turning Point for Norwegian Engagement in Global Health. *Forum for Development Studies*, 37(3): 301-325.

Shepherd, Andrew. 2008. Achieving the MDGs: The Fundamentals. *ODI Briefing Paper*, 43: 1-4.

UN, United Nations. 2000. We the Peoples: The Role of the United Nations in the 21st Century. New York: United Nations.

UN, United Nations. 2015. The Millennium Development Goals Report 2015. New York: United Nations.

UN, United Nations. n. d. Millennium Development Goals. Available at: http://www. un. org/millenniumgoals/. Accessed August 3,2015.

Underdal, Arild. 1994. Leadership Theory: Rediscovering the Arts and Management. In *International Multilateral Negotiation: Approaches to the Management of Complexity*, ed. I. William Zartman, 178-197. San Francisco, CA: Jossey-Bass.

UNDP, United Nations Development Programme. 1997. *Human Development Report*. New York: Oxford University Press.

UNGA, United Nations General Assembly. 1948. The Universal Declaration of Human Rights. UN Doc. 217 A(III).

UNGA, United Nations General Assembly. 1970. International Development Strategy for the Second United Nations Development Decade. UN Doc. A/RES/25/2626.

Vandemoortele, Jan. 2011. If Not the Millennium Development Goals, Then What? *Third World Quarterly*, 32(1):9-25.

Vandemoortele, Jan, and Enrique Delamonica. 2010. Taking the MDGs Beyond 2015: Hasten Slowly. *IDS Bulletin*, 41(1):60-69.

Young, Oran R. 1991. Political Leadership and Regime Formation. On the Development of Institutions in International Society. *International Organization*, 45(3):281-309.

Young, Oran R. 2002. *The Institutional Dimensions of Environmental Change: Fit, Interplay, and Scale*. Cambridge, MA: MIT Press.

Young, Oran R. 2008. Institutions and Environmental Change: The Scientific Legacy of a Decade of IDGEC Research. In *Institutions and Environmental Change: Principal Findings, Applications, and*

Research Frontiers, ed. Oran R. Young, Leslie A. King and Heike Schroeder, 3-45. Cambridge, MA: MIT Press.

Young, Oran R., Arild Underdal, Norichika Kanie, Steinar Andresen, Steven Bernstein, Frank Biermann, Joyeeta Gupta, et al. 2014. Earth System Challenges and a Multi-layered Approach for the Sustainable Development Goals. Post-2015 Policy Brief 1, 1-4. United Nations University, Institute for the Advanced Study of Sustainability.

第8章 企业水资源管理：
基于目标的混合治理的教训

山田贵博(Takahiro Yamada)

企业越来越成为全球环境保护的重要因素。它们不仅宣传自己的环保业务和产品，也开始对供应商的行为负责。此外，它们越来越多地与国际机构、政府和民间社会组织合作，以实现全球可持续发展目标。

这样的努力在水资源领域尤为明显。最近一项科学分析表明，全球淡水利用是三项已濒临地球边界的地球系统进程之一(Rockström et al.，2009)。事实上，我们不久就将达到或超过地球水资源承载极限，因为根据目前的预计，到2030年，淡水需求量将超过供应量的40%(2030 Water Resources Group，2012)。水资源匮乏本质上是地方性问题(Whiteman，Walker，and Perego，2012)，但其累积效应波及全球，甚至影响到水资源丰富的国家。此外，因为水对生命的不可或缺性，水资源管理同样具有道德方面的问题。因此，自1977年联合国水资源会议(UN Water Conference)在阿根廷马德普拉塔召开以来，普及安全饮用水一直被列入联合国议程。然而，经过20多年的努力，普及安全饮用水的目标似乎仍遥不可及。因此，获得安全饮用水被列入千年发展目标7。正如下文将讨论的，企业严格按照自己的意愿参与了这一目标的实现过程。与水资源相关的目标，而不是其他目标或子目标，最先引起了企业的兴趣。因此，水资源问题为我们了解企业在全球环境治理中的作用提供了很好的研究案例。

不仅关于企业的环境行为长期缺乏研究关注（Whiteman，Walker，and Perego，2012），即便是环境治理中企业的政治行为，也是最近才开始受到学界的关注（Kurland and Zell，2010）。现有的企业环保主义研究主要是从国际环境机制，如臭氧和气候变化机制角度出发的（Tienhaara，Orsini，and Falkner，2012），或者从跨国私人治理的角度在可持续林业和气候变化等领域展开（Pattberg，2007；Green，2014）。迄今为止，在推进上述领域的可持续过程中，政府间组织和公司之间的相互作用并未受到太多重视，而这些领域的共同特点是制度缺位，无论是公共机构还是私营部门。因此，本章旨在填补这项空白，分析联合国如何与企业界开展合作，以实现千年发展目标7，并重点介绍"CEO水之使命"。顾名思义，这项举措的目的是引起用水企业首席执行官对水资源问题的关注。这项举措发起于2007年全球契约领袖峰会（Global Compact Leaders Summit），后者也是唯一由联合国赞助，旨在解决全球范围水资源短缺问题，并由多方利益相关者参与的论坛。研究联合国如何利用这一论坛与非国家参与者达成合作，实现千年发展目标7的过程，能够对成功实现目标治理的条件有所启示。

因此，本章将按照如下结构展开：首先，阐释回顾千年发展目标7经验教训的必要性，并对全球治理进行类型学分析；其次，简要回顾"CEO水之使命"诞生的历史背景，并分析联合国全球契约和非国家类参与者的相互作用；最后，从实证案例研究中得出目标治理的政策启发。

目标设定作为一种治理战略，越来越成为当今全球治理的主流。例如，为应对气候变化的挑战，国际社会确定了将全球平均气温的上升幅度限制在2℃以内的目标，并于近期要求发展中国家和发达国家提交各国根据这一目标设定的预期贡献量。有观察者将其吹捧为一种平衡的"软外交手段"。如此做法是否会使治理更加有效并增强可控性？抑或仅仅使治理徒增挑战？这对日趋"多中心化"的全球治理又有何种影响？（Abbott and Snidal，2009；Ruggie，2013）

当然，治理评估可采用不同的标尺。有效性、效率、公平、可管理性和合法性，是最常用的衡量指标。对于目标治理，也可采用类似的标准。例如，扬认为应当限制目标数量，并对目标进行明确界定，以便为行动者提供有效性方面的实用指导（见第 2 章）。同样，翁德达尔和金也强调少量目标和层次分明的重要性（见第 10 章）。然而，成文之时，作为商讨《2015 年后发展议程》的主阵地，联合国开放工作小组的阶段成果依然未能满足上述要求。开放工作小组面临的严峻现实不允许谈判各方接受少于 17 个的可持续发展目标及 169 个子目标。正如开放工作小组联合主席乔鲍·克勒希所言，这一长串目标是"科学建议和政治可行之间妥协的结果"（Kőrösi，2014）。考虑到各国的优先事务、环境和能力的不同，如此结局并不在意料之外。

这一结果有何寓意？诚然，从科学的角度来看，这些目标中有许多实质上是交叉的，例如，确保水资源的可持续管理会影响到其他目标，如粮食安全（目标 2）、能源（目标 7）和气候变化（目标 13），并且它们之间的关系不一定是互补的。然而，迄今为止，就应当如何将其整合为连贯的一体，全球层面还未达成任何协议。因此，这种跨目标的整合可能要等各国做出各自的政治判断。这是否意味着，开放工作小组制定目标和子目标的努力是彻底失败的？答案显然是否定的，因为设计每一个目标时，他们都考虑到了将经济、社会和环境方面的可持续发展融入其中。正如克勒希曾指出的，"每一项可持续发展目标都蕴含着实现全球可持续发展的独特遗传密码"（Kőrösi，2014）。

高级别政治论坛可能最终会在确保联合国各相关机构间的一致性方面发挥重要作用（见第 9 章），鉴于上述政治现实，我们必须反思过去目标治理的经验，研究如何在单一目标界限内，促进可持续发展三方面的一体化。在此方面，千年发展目标 7 中的具体目标 7.C（"到 2015 年，将无法持续获得安全饮用水和基本卫生设施的人口比例减半"）是比较理想的研究对象。因为和 2014 年开放工作小组提案中的目标 6 一样，其旨在确保安全的饮用水供应和基本卫生设施。虽然后者在环境方面表述更加明确，例如，改善水质、提高水的利用效率、保护与水资源相关的生态系统，具体目标 7.C 中至少也提及"持续"一词，含蓄地表明其对环境的关注。

8.1　全球治理的四种模式

考虑到水资源目标的性质，全球治理究竟该如何进行？首先，毫无疑问，任何问题的解决都需要在国际政治体制的结构性约束下才能实现。换言之，如果缺乏核心管理，任何全球治理都将是支离破碎的。在无政府的系统中，国际机构所享有的权威必须与主权国家共享。因此，国际机构参与全球治理，主要通过主权国家实现，可见，全球治理必然是间接性的。若问题本质上是地区性的，如水资源问题，则全球治理的间接性将进一步加深，因为其解决方案几乎完全取决于当事国和地方政府的意愿与能力。在此方面，顾普塔和尼尔森提出的建立多级反应协调的提议（见第 12 章）颇具建设性。

在这个广泛的结构性限制之下，全球治理更微妙的细节可以通过类型学方法来处理。这种类型学方法主要关注治理的两个重要方面，即强制性和直接性，这也是公共行政领域文献所强调的"新治理"模式中的元素（Salamon，2002）。强制性反映全球治理中政策工具限制目标个体自由的程度；直接性则表示国际组织授权供应的公共物品参与该物品自身供应的程度。这构成一个二乘二矩阵，将全球治理分为四种模式，即基于规则的公共治理和基于规则的混合治理，以及基于目标的公共治理和基于目标的混合治理，如表 8-1 所示。

表 8-1　全球治理类型矩阵

	高强制性	低强制性
高直接性	基于规则的公共治理 《京都议定书》 效果显著，但效率低下	基于目标的公共治理 后京都框架（Post-Kyoto Framework） 效果差，但易于管理

续表

	高强制性	低强制性
低直接性	基于规则的混合治理 国际劳工组织(ILO)标准 效果显著，但不易管理	基于目标的混合治理 千年发展目标7，可持续发展目标6 高效率，但效果差，不易管理(目标置换)

基于规则的公共治理是最常见的一种模式，其中有政府间的共同目标，以及用于实现目标的一整套国际规则。在这种模式下，国际规则限制政府和其他行为者的自由，确保其遵守规则。因此，全球治理将带有强制性。因为在国际体系的限制下，政府将更直接地规范地方参与者的行为。这种管理模式或许也是扬在探讨目标和规则整合的重要性时所考虑的。由于国际制度同时具备这两种要素，这种全球治理模式与基于国际制度的治理紧密联系(Young and Levy，1999；第2章)。《京都议定书》可视为该治理模式的实例之一，不遵守协议的行为者必须付出一定代价，且要求政府直接控制下级的行为。

那么，这种治理模式的优势和劣势是什么？在所有其他条件均等的情况下，手段越强硬，治理越有效。不言而喻，有效性是多层面的概念。它意味着遵守规则，目标个体行为的变化，或解决特定问题(Haas，Keohane，and Levy，1993；Young，1999)。这里的有效性仅指关键参与者行为的改变，这将有利于实现当初建立治理体系的初衷。同样，强制性和有效性间的因果关系尚未成为普遍规律。但也有理由认为，在国际层面建立符合国际制度规定的法律或行政体系更容易引起关键参与者的行为变化，法律的有效落实可以确保其遵守制度。然而，这种治理模式需要相应的管理结构，进而也产生缺点，比如，管理成本上升、公共部门扩大，以及自由受约束的群体政治支持的丧失。因此，正如康卡所言，此治理模式或不适用于地方性问题，如水资源问题，因为不是所有政府都有权力或能力控制基层地方参与者的行为(Conca，2006)。

基于目标的混合治理与基于规则的公共治理截然相反，因为前者以低强制性和低直接性为典型特征。尽管目标实现依靠私营部门的合作，基于目标的混合治理仅对其施以少量处罚作为惩戒。这种模式因强制性缺失而成为一种高效途径，因此很可能会受到私营部门的欢迎，但这种模式也有缺点。由于其低直接性，私营参与者可能不会像负责人即国际组织那样全力以赴达成目标。特别是当这些参与者的利益与国际组织的利益相冲突时，可能会增加"目标置换的风险"(Salamon，2002)。如下文所述，许多水资源问题的解决需要私营部门合作，这种管理模式极有可能应用于水治理。

基于规则的混合治理和基于目标的公共治理是基于规则的公共治理和基于目标的混合治理之间的中间形式。基于规则的混合治理具有高强制性和低直接性。因此，虽然前者有望确保一定的有效性，但后者降低了治理的可管理性。也就是说，在基于规则的混合治理中，国际组织和国家政府都不监督或保证私营参与者遵守国际规则，这些都只能依靠私营参与者自觉实现。因此，目标置换的风险将一直存在。关于劳工权益的全球治理或可归属这一类别，因为非政府组织和企业网络正通过各种私人治理计划实施国际劳工组织的核心标准。基于目标的公共治理的特点，则在于低强制性和高直接性，因此，预期效果较差，但由于政府参与治理的过程更加直接，所以其可管理性预计会更高。取代《京都议定书》的后京都框架似乎符合这一类型，因为它将气温上升控制在最低水平的目标主要留给各国政府，由政府对私营部门进行一定的控制。

四种不同的治理模式当中，哪种模式最有望应用于水资源问题的解决？其中有两个变量相当重要：一个是政府依赖私营部门的人才和资源来定义和解决问题的程度，另一个是围绕议题的争议程度。

水资源问题均有上述两个特点。因为从供水评估、有效利用、水资源循环利用到生态系统保护等领域，均涉及许多技术问题，政府需要和具备必要专业知识与技能的私营部门合作解决这些问题。在许多发展中国家，当政府能力受到质疑时，这种需求就会增加。因此，对私营部门专业知识和资源的依赖，催生了各国对间接治理的需求。此外，水资源问题也可能引起激烈的争议。因为水资源对工业、农业和民众都是不可或缺的，由谁掌握使用当地这一稀缺资源的权利，以及允许使用多少，这些问题在政治上颇具争议。在此情况下，提供"将受到影响的利益削减成'人人有份'的机会，是有政治意义的"（Salamon，2002）。因此，除政府对效率的总体倾向外，上述两个因素，即政府对私营部门能力的依赖程度和议题的争议程度，将使基于目标的混合治理成为水资源领域最有望采用的治理类型。

但事实若果真如此，我们将陷入目标置换的风险，因为更多权力将掌握在私营部门手中，而非国际组织手中。该如何应对这一艰巨的行政挑战？此时，新治理范式文献中讨论的"赋能"概念就十分有用。这种范式规定了三类不同的技能。

首先是激活技能。凭借这类技能，负责人可以调动"越来越急需的参与者网络来解决"问题（Salamon，2002）。也就是说，作为负责人的国际组织可以为非国家政府参与者（无论是非政府组织还是企业）创造机会，通过"鼓励潜在合作伙伴的出现和参与"共同解决问题。

负责人需要掌握的第二项技能是协作技能，一旦行动者参与到网络当中，则需要维护该网络，取得和目标一致的协作成果。负责人如同交响乐团的指挥，应当对目标实现过程中各方的分工加以说明，同时"不超出乐器的客观能力范围"。因此，如果协作顺利，演奏出的将是"乐曲而非噪声"（Salamon，2002）。此外，协作中重要的是远见、知识和说服力等"无形资产"，而不是物化的结果（Ruggie，1982，1998，2004；Finnemore，1993，1996；Katzenstein，1996；Finnemore and Sikkink，1998）。虽然"协作"的概念已被引入国际关系领域的文献中，但仍需要强调其实质在于规避第三方合作伙伴造成的目标颠覆的风险。鉴于此，"协作"在国际关系中被定义为：通过使用"一系列指令性和促进性手段"，支持并/或指导利益相关者形成网络，追求公共政策目标的过程（Abbott and Snidal，2009；Abbott et al.，2015）。

负责人需要掌握的第三项也是最后一项技能，即调节技能，因为至少对于某些行为者来说，基于适当逻辑的说服未必屡试不爽

(Salamon，2002；Risse，Ropp，and Sikkink，1999）。在说服力不足的情况下，负责人需要靠"奖惩"制度引导不良社会化网络中各方的合作行为。然而，由于基于目标的混合治理较少使用强制性手段，因此来自负责人的激励应大于惩罚。如果手段过于严苛，无异于将具有成本敏感性的私营合作伙伴驱逐出网络。

了解了这些适当的有助于分析的概念以后，再来看联合国对千年发展目标 7 的具体目标 7.C 中关于水治理相关问题的回应。首先，我们将简要回顾千年发展目标 7 制定的背景。

8.2 对千年发展目标 7 的分析

8.2.1 历史背景

早在千年发展目标 7 确立之前，1977 年在阿根廷马德普拉塔举行的联合国水资源会议就设立了类似于普遍获得安全饮用水和卫生服务的目标。随后，根据这一目标，联合国大会宣布了 20 世纪 80 年代《国际饮水供应与卫生设施十年规划》(*International Drinking Water Supplies and Sanitation Decade*)。然而，十年结束时，这一目标进展甚微。因此，水利专家开始呼吁更全面的方法，也就是所谓水资源综合管理。联合国环境与发展大会举行的水国际会议上批准的《都柏林原则》(*Dublin Principles*)，体现了这种全新的综合手段。然而，这些原则的基调是极端的新自由主义，因为这些原则实质上将水视为经济利益。[①] 国际发展机构逐渐认同水资源综合管理的理念，水资源私有化被视为解决所有水问题的灵丹妙药。主要的跨国供水企业，如苏伊士里昂水务(Suez Lyonnaise des Eaux)和法国维旺迪(Vivendi)也紧跟潮流，将供水业务拓展到许多国家。

不久，这种新自由主义意识形态开始引起激进人士的批评，因

---

① 这种意识形态的立场被称为"市场环保主义""自由环境主义""绿色新自由主义"(Bakker，2004，2010，2012；Bernstein，2001；Goldman，2005）。

为普遍饮水供应和卫生设施状况并未得到改善。在某些水资源紧张的地区，情况甚至恶化，引发激烈的反私有化运动。例如，在南非，由于私营水务公司切断供水，引发了暴力抗议活动（Conca，2006）；在印度，喀拉拉邦普拉奇马达村的可口可乐（Coca-Cola）工厂，由于被指正在耗尽当地的地下水而被迫关闭（Bywater，2012）。不久后，世界经济论坛和世界社会论坛（World Social Forum）同时召开，使得这些运动呈现出跨国性联系（Pigman，2007）。激进人士试图通过这些抗议活动来宣扬：只有管理良好、民主负责的公共部门才能确保人人普遍获得饮水供应和卫生设施。①

21 世纪初，联合国机构开始对这种日益增多的批评做出回应。例如，2000 年的联合国千年首脑会议通过了"到 2015 年，将无法持续获得安全饮用水和基本卫生设施的人口比例减半"的目标，随后在可持续发展世界首脑会议（World Summit on Sustainable Development）上做出决定，将水作为可持续发展的主要议题之一（Bakker，2012），由此再次确定了目标和方向，提醒国际社会安全饮水供应的重要性。

8.2.2　激活

联合国是否利用了其激活技能，组建起政府和非政府参与者网络？如果联合国要承担这一职责，则应当由联合国全球契约办公室（UN Global Compact Office）负责，因为该组织旨在鼓励企业参与千年发展目标，以及落实联合国全球契约在人权、劳工权益、环境和反腐败等领域的十项核心原则。② 因此，联合国全球契约办公室于 2007 年夏，正式发起"CEO 水之使命"的倡议。这一想法是为了在企业、非政府组织和政府之间构建网络，扶持企业开发、实施并公开水资源可持续利用的实践，从而助力实现千年发展目标 7 的具体目标 7.C。

---

① 他们坚持继续垄断国家权力机关，保护公共部门的就业机会，继续为水务服务提供补贴（Conca，2006；Bakker，2012）。

② 联合国全球契约由联合国原秘书长科菲·安南在 1999 年的世界经济论坛上提议发起，旨在"赋予全球市场人性的一面"（Gregoratti，2012）。

8.2.3 "CEO 水之使命"的缘起

首先，让我们来看这项倡议是如何发起的。据联合国全球契约副总干事，同时也一直担任"CEO 水之使命"项目领导人的盖文·鲍尔(Gavin Power)所说，最初的想法来源于少数大型用水企业(Power，2014)。

这正是"CEO 水之使命"的最初源头。由于加入联合国全球契约的多数企业仅专注于十项核心原则，很少有企业关心千年发展目标的整体进展，很多人难以理解为何企业要关注贫困等发展问题。因此，联合国全球契约办公室决定提高企业对千年发展目标的认识。渐渐地，一些企业开始就如何扩大企业社会责任贡献，将发展问题纳入其中，进行了内部讨论。联合国全球契约办公室也开始讨论如何将十项核心原则拓展到一些具体问题上。当时，有几家企业联络了鲍尔先生，建议将水资源作为潜在的重点领域，指出水问题正在变得"越来越重要和现实"(Power，2014)。鲍尔先生认为水资源领域是很好的选择，因为其与联合国全球契约的环境和人权原则直接相关。

鲍尔先生回忆说，"是这些企业首先出面并说，'希望您考虑发起一个与水资源相关的全球契约倡议，以帮助我们'深入探究'这些问题"(Power，2014)。为了响应企业的这一倡议，联合国全球契约办公室随后在瑞典驻华盛顿大使馆安排了与企业代表的非正式会议。

会议于 2006 年举行，六家企业的代表出席了会议，包括可口可乐、李维斯(Levi's)和雀巢(Nestlé)等。这次会议集思广益，形成了"CEO 水之使命"契约。参会者在初期就达成了一致：这项倡议针对的是大型用水企业，而不是供水企业或供水商。企业代表认为，企业目前已经开始遭遇用水压力，他们希望通过此举了解如何应对挑战。他们还强调，企业面临着声誉和监管的风险，因为在用水压力较大的地区草率行事，很容易被指控掠夺当地水资源，并面临严重的处罚。参会企业就这一点达成共识，并在此基础上确定了六个重点领域，即"CEO 水之使命"的六要素：直接行动、供应链和流域问题、社区参与、集体行动、公共政策参与、透明度（United Nations Global Compact，2011b）。他们还认为，争取私营部门合作的最好办法，是公布一系列建议措施，并要求企业上报具体行动。随后，时任联合国秘书长潘基文得知这一想法，并促成其转变为 2007 年全球契约领袖峰会的主要成果。

8.2.4　"CEO 水之使命"的制度化

最初，这一设想仅要求企业落实"CEO 水之使命"的六要素，并要求其上报各自的计划和行动。联合国全球契约办公室随后决定创建一个配备不同组织资源的机构组织。

"CEO 水之使命"组织目前包括指导委员会、年度工作会议、支持者代表专门会议、工作组和秘书处。指导委员会主要负责战略决策和行政监督，由来自 5 个不同地区的 10 位企业代表，以及秘书处相关职权成员组成。参与的各方成员轮流在指导委员会任职 2 年。指导委员会还包括代表非企业成员利益的非投票特别顾问，如非政府组织和政府机构。支持者代表专门会议的主要任务是对指导委员会的职能起补充作用，特别是当有些议题需要通知到更广区域时。工作组通常由少数企业和民间社会代表组成，主要通过电话会议讨论工作计划、方针草案和其他成果。

但是，"CEO 水之使命"秘书处的设置较为特殊，其并不隶属于联合国，而是建立在与专业研究所合作的基础上。来自太平洋研究所（Pacific Institute）的杰森·莫里森（Jason Morrison），专门从事环境保护、经济发展和社会公平问题研究，与联合国全球契约副总干事鲍尔共同出任"CEO 水之使命"秘书长。太平洋研究所实际上是作为该倡议的"运营部门"，负责组织工作会议、开展相关主题的研究工作，并帮助各工作组制定水管理的各方面方针。正如鲍尔所说，这简直是"天作之合"（Power，2014）。联合国全球契约的其他"问题平台"都未能形成这种格局。或许是由于联合国内部缺乏能够提供水资源相关专业建议的专业机构，虽有联合国水机制（UN-Water）作为联合国内部为水问题提供协调机制的机构间组织，但它无法提供水资源的专业知识。

简言之，联合国全球契约不仅动员企业在解决千年发展目标 7 的水资源具体目标方面发挥了积极作用，还通过提供正规制度舞台，协助建立了企业和非企业成员间的水问题解决网络。

8.3 评 估

通过上述对各机构的简要概述，可以看出成员企业正是通过参与年度工作会议，参与到"CEO 水之使命"组织网络中的；成员企业共同分享经验，讨论难题，寻找可行的对策，并获得其他成员的反馈。为明确其互动强度，我们要提出这样的问题：成员企业究竟是否真正参与到会议当中？而与之相对应，非企业成员的出席情况又如何呢？

首先，让我们通过成员企业数目的变化来衡量企业利益在"CEO 水之使命"中的权重。该倡议 2007 年提出时仅得到 5 家企业的支持。到 2010 年中期，成员企业数量达到 75 家，目前这一倡议已得到 129 家企业的支持。然而，这一平台的规模仍然有限，仅占联合国全球契约 8000 家成员企业的极少数。与拥有 400 多个缔约成员的联合国全球契约的另一平台"关注气候"（Caring for Climate）相比，"CEO 水之使命"的支持者少之又少。尽管如此，成员企业数目的增加清晰地表明，水问题正逐渐受到越来越多企业的关注。

在成员企业当中，约有 1/3 的企业可能定期参加"CEO 水之使命"工作会议。例如，2010 年，75 家企业中有 25 家参加了会议；2013 年，122 家企业中有 41 家参加了会议。会议还得到了非政府组织和政府机构的积极参与。表 8-2 详细列出了 2008—2013 年三类成员的参与百分比：企业参与度平均为 54.4%，非政府组织和联合国/政府机构的参与度分别为 26.1% 和 19.5%。

表 8-2　成员平均参与度　　　　　　　　　　单位：%

成员类型	2008	2009	2010	2011	2013	平均
企业	59.1	47.7	53.2	58.0	54.1	54.4
非政府组织	20.2	28.9	31.9	21.3	28.3	26.1
联合国/政府机构	20.8	23.4	15.0	20.7	17.7	19.5

来源：根据"CEO 水之使命"工作会议（联合国全球契约）、大会开幕词、第二届、第三届、第四届、第五届、第六届、第七届、第八届、第十一届、第十二届会议纪要所附列席名单计算（第九届和第十届"CEO 水之使命"工作会议纪要无法获取）。

由以上数据可以看出，"CEO 水之使命"依靠其永久性制度结构，为各方成员间的互动提供了富有生机的平台。因此可以说，联合国全球契约办公室有效运用了其激活职能，不仅鼓励私营部门站出来，在实现千年发展目标中发挥重要作用，还在各成员间构建网络，并使其制度化，促进有关水资源问题的对话。

8.3.1　协作

接下来的问题在于联合国全球契约办公室是否也履行了协作职能，帮助成员单位达成共同愿景或共识。如果协作确已形成，应梳理其形成过程，以及了解其对企业在水资源相关事务中的角色形成了何种共同解释。

2008 年 8 月，"CEO 水之使命"第二届工作会议在瑞典首都斯德哥尔摩召开。会上达成一致意见，认为"CEO 水之使命"面临的最大挑战是要明确公共机构和私营部门成员在普遍获得安全饮用水和卫生设施建设工作中各自的角色（CEO Water Mandate，2008）。由此产生两种分工：一是水资源政策的企业参与，二是水资源和人权（CEO Water Mandate，2009c）。前者因与千年发展目标 7 联系密切，最先引起大量关注。会议纪要强调，这一分工的重要性在于："全球认可的政策目标，如联合国千年发展目标，不仅可以指导国家/地区的水资源政策制定，还可以引导企业的水资源管理措施（及政策参与活动）……企业能够采取行动，推进强有力的公共监管框架

的建立和水治理的实施。"(CEO Water Mandate，2009b)

让我们首先关注相关共识是如何达成的。其中的关键点在于，联合国全球契约办公室领导的协作充分利用了非政府组织掌握的专业知识。更具体地说，太平洋研究所和世界自然基金会(World Wide Fund for Nature)从一开始就明确为成员企业和其他参与者的讨论设定了基调(CEO Water Mandate，2009a)。可以据此认为，非政府组织对"CEO 水之使命"的最终成果，即《负责任的企业水政策参与框架》(*Framework for Responsible Business Engagement with Water Policy*，以下简称《水政策参与框架》)和《负责任的企业水政策参与指南》(*Guide to Responsible Business Engagement with Water Policy*，以下简称《水政策参与指南》)，做出了巨大贡献。①

那么在企业角色问题上，企业和非企业参与者又达成了怎样的共识呢？"CEO 水之使命"的主要观点可以总结如下：水资源是一种多方共享的稀缺资源，具有不可替代性。所有使用者的用水和排水行为都会影响水的供应和质量。因此，工业用水企业需要与当地社区和政府合作，共同降低水资源风险。可以肯定的是，许多先进企业已开始尝试了解自身用水、排水限度和水供应链。如可口可乐、百事可乐(PepsiCo)和雀巢等公司，通过确立"水中立"(water neutral)的目标，定期监测企业行为对水资源的影响(Dauvergne and Lister，2013)。毫无疑问，这是企业减少用水、排水负面影响的重要一步。然而，这种业内的水管理还远远不够，某家企业努力节约下的一滴水，很可能到其他社区之后白白流走了。这完全取决于其他用水者消耗的水量，以及政府对非法取水和排污的监督力度。

因此，《水政策参与框架》明确了水资源政策参与的五个基本尺度：内部(内部效率，控制污染)；地方(市级供水和卫生设施)；区域(监督流域管理)；国家(确保在供水、用水、公平用水和水质方面

---

① 《水政策参与框架》于 2010 年 6 月在联合国全球契约领袖峰会上发布，《水政策参与指南》于 2010 年 11 月在南非开普敦举行的第六次工作会议上发布(CEO Water Mandate，2010b)。

有法可依，健全相关机构）；全球（与开发机构、国际金融机构和非政府组织进行国际宣传，并制定行动指南和新标准）（CEO Water Mandate，2010a）。

更具体地说，通过与当地社区交流，企业可以与其他用水者和参与者分享其前车之鉴。鉴于地方社区对水资源的竞争性需求，企业需要采取措施降低"未来与水相关的争端和混乱"（CEO Water Mandate，2009a）。企业还应通过提供净水和雨水收集等技术、投资流域管理等方式，协助开发当地水资源。只有通过这种方式参与到当地的水资源管理中，企业才有机会降低其声誉风险，维持其经营行为的社会许可性。

此外，企业还需要与政府接洽，因为政府管理水资源的方式将影响到企业面临的社会和环境风险水平（CEO Water Mandate，2009a）。如果政府在水利基础设施建设、水量分配和定价、供水管理、卫生服务和自然保护方面缺乏公平、有效的政策，企业提高自身用水效率的努力早晚也将付诸东流。因此，企业需要参与到公共政策中，以确保政府在供水和用水、公平用水和水质方面有法可依，健全体制，同时明确表达企业自身对公众利益的关注。否则，在自由放任的局面下，企业将面临高用水风险。简言之，公共政策中社区和负责任企业的共同参与，应当认为是对水资源有效治理的重要贡献。

因此，这项共识关注的是企业脱离水资源政策和集体行动时可能面临的风险。审议过程中特别讨论了声誉和监管的风险（CEO Water Mandate，2014）。一些企业用水大户在水资源匮乏的情况下，极可能面临实体风险。但实体风险并不是企业唯一需要关注的，声誉风险同样值得警惕。因为在有效水治理缺位的状态下，企业担负着因用水而遭指责的风险，结果可能是企业声誉无法弥补，甚至失去社会许可性，面临停产。另外，随之而来的是监管风险，因为企业如果不能妥善应对"声誉风险"，政府有可能被迫收紧许可证发放或吊销经营许可证。另一种监管风险，发生在政府对当地水污染或非法用水行为未能进行有效执法管理，或未按照实际需求公平分配用水许可时。在此情况下，供企业使用的水量将不可避免地减少。但由于种种原因，许多发展中国家的政府并不能充分发挥监管职能。①

鉴于以上风险，企业必须动员政府和社区建立起运作良好的水治理体制框架。对于"CEO 水之使命"的成员企业而言，争取政策参与和社区参与成为当务之急。值得注意的是，其实，一些企业最初就对这些风险十分清楚，是非政府组织将其概念化并开出了规避风险的政策处方（CEO Water Mandate，2009b）。事实上，如果没有来自民间社会组织的这种认知输入，很难想象各方能够达成任何共识。换言之，通过与民间社会组织的精诚合作，联合国全球契约办公室主导的多方协作才成为可能。

最近，"CEO 水之使命"已经开始以"企业水务管理"的名义促进这一共识。在根据《水政策参与框架》和《水政策参与指南》规定责任行为的同时，这一概念让企业对于如何成为水管理者更加坚定和自信。作为企业管理的一部分，"CEO 水之使命"向出席 2012 年联合国可持续发展大会的政府领导人发布联合公报，"敦促他们将水和卫生设施作为重点和关键来抓"，并随后主张将水和卫生问题作为联合国开放工作小组的独立目标，纳入《2030 年可持续发展议程》。②

8.3.2　调节

有了企业角色的共同阐释，是否就能够避免基于目标的混合治理带来的目标中断风险？企业又能否将这些共享的知识消化吸收？

这对企业来说显然是"漂绿"（greenwashing，指某些企业为掩盖其环境污染行为而假装赞助环保活动）或"漂蓝"（bluewashing，指

---

①　这些原因包括腐败、缺乏意识、对水资源的竞争性需求，以及缺乏行政资源（CEO Water Mandate，2014）。

②　"CEO 水之使命"成员企业联合利华（Unilever）的首席执行官呼吁进行长期的水资源规划，提高效率，特别是在农业方面，增加基础设施投资，以实现高效的用水和卫生服务，并在用户之间公平分配水资源（United Nations Global Compact，2014）。

某些企业靠捐助社会福利措施来弥补形象）的巨大诱惑。也就是说，在社会责任方面，企业可能在环保或与联合国合作的幌子下毫无作为，因此也无法保证企业在任何时候都能够采取负责任的行动。一旦真相大白，企业可能付出高昂的代价，因为这可能导致企业的经营许可证被吊销，甚至是投资者或消费者信心的丧失。只要市场是透明的，不诚实的经营者最终一定会受到市场机制的惩罚。

因此，问题归结为联合国全球契约办公室如何激励企业透明化经营。这一问题应当涉及"CEO 水之使命"的公开权益规定。作为对"CEO 水之使命"承诺的一部分，成员企业必须每年公开与《进展沟通》（*Communication on Progress*）报告中六要素相关的战略和行动。企业如未能满足这一要求，将终止其成员身份。事实上，也确实有一些企业因此而被除名。此外，与联合国全球契约其他平台一样，根据提交的《进展沟通》报告的水平，企业分为"学习者""积极成员"和"高级成员"三大类。这种分类旨在"鼓励和刺激参与者应用更复杂的方法并发布更详细的《进展沟通》报告"（United Nations Global Compact，2014）。企业披露的信息越详细，越有利于增强其他成员对企业的信心。这样，强大的激励机制敦促企业采取负责任的行为，否则，消费者和投资者等利益相关者将对不负责任的企业施以惩罚。简言之，透明度与市场间的联系有意识地反映在网络中，成为企业负责任行为的激励机制。

8.4　结　论

本章基于强制性和直接性两个维度，对全球治理进行了类型学分析，并认为以低直接性和低强制性为特征的基于目标的混合治理模式对于水资源问题最为适用。本章还指出，这种治理模式将受到负责人与第三方合作伙伴之间目标彼此干扰的风险影响，由此提出将由国际组织负责运用激活、协作和调节技能来降低这种风险。

研究还发现，联合国全球契约办公室确实曾有过采用激活技能的尝试，不仅调动企业参与成员网络，以共同达成千年发展目标7的具体目标7.C，并且将组织网络制度化。这反过来又为联合国全球契约办公室随后的协作工作创造了有利条件，联合国全球契约办公室借此阐释了具体目标7.C对企业的意义。此后，这一阐释为组织成员广泛认同，并推进了企业水资源管理概念化。此外，联合国全球契约办公室还通过建立激励机制，促使企业规范行为、承担责任，来履行其调节职能。

基于目标的治理模式含义如下：首先，制定目标和子目标，例如，千年发展目标7和具体目标7.C的确立，使得联合国成功转变了水资源问题的解决思路。这无疑有助于动员私营部门的参与。实际上，如果缺乏目标和具体目标，从联合国全球契约办公室层面开始开展基于目标的混合治理将步履维艰。尽管如此，我们仍不能认为，实现激活效果必须依赖协作技能的运用。就"CEO水之使命"而言，联合国全球契约办公室曾开展过协作，但是否自始至终运用了该技巧，仍存在疑问。当然，如果协作技能未能得到充分发挥，企业将无法在水资源治理领域实现自身角色的社会建设。

然而，问题仍在于联合国全球契约办公室落实基于目标的混合治理的努力，是否在实现千年发展目标7的过程中发挥了作用。当然，就具体目标7.C而言，全世界已经提前五年实现改善水源的目标，但其中究竟有多少是由于企业行为的变化所致却无法判断。同样无法判断的是，联合国全球契约办公室的协作和调节技能使企业在何种程度上参与了水资源政策的制定。引人注目的是，联合国全球契约办公室在2009年进行的一项调查显示，在受访者涉及的合作伙伴关系中，85%的实际目标是实现千年发展目标7，在合作伙伴关系之外，约有70%以宣传为主要目标，而44%将政府列为合作伙伴（United Nations Global Compact，2011a）。然而，这其中有多少直接得益于"CEO水之使命"，我们不得而知。

记录显示，"CEO水之使命"成员企业一直呼吁各国政府优先考虑用水问题，并将水、卫生和保健纳入《2015年后发展议程》。更重要的是，一些成员企业在与国际金融公司（International Finance

Corporation)的合作过程中，实际上已经开始在几个水资源紧张的国家尝试水资源政策改革。① 这种企业管理意义非凡，因为水资源紧张地区的国家政府可能并没有做好准备，以应对缺水这一生态挑战。因此，毫不夸张地说，基于目标的水治理能否成功，在很大程度上取决于企业与政府的接触程度。正是在此方面，联合国全球契约办公室的"新治理"具有重要影响，它使得不同参与者（无论是国家政府还是非政府参与者）调整自身行动，与全球共同目标保持一致，以提高水资源多中心治理的效果。

参考资料

2030 Water Resources Group. 2009. Charting Our Water Future: Economic Frameworks to Inform Decision-Making.

2030 Water Resources Group. 2012. The Water Resources Group: Background, Impact and the Way Forward. Briefing report prepared for the World Economic Forum Annual Meeting in Davos-Klosters, Switzerland, January 2012.

Abbott, Kenneth W., Philipp Genschel, Duncan Snidal, and Bernhard Zangl. 2015. *International Organizations as Orchestrators*. Cambridge, UK: Cambridge University Press.

Abbott, Kenneth W., and Duncan Snidal. 2009. Strengthening International Regulation Through Transnational New Governance: Overcoming the Orchestration Deficit. *Vanderbilt Journal of Transnational Law*, 42: 501-578.

Bakker, Karen. 2004. *An Uncooperative Commodity: Privatizing Water in England and Wales*. Oxford: Oxford University Press.

---

① 自 2010 年以来，国际金融公司管理下的 2030 年水资源组织（2030 Water Resources Group）已经在多个国家引导实行多方参与试点的国家水政策改革方案（2030 Water Resources Group，2009）。

Bakker, Karen. 2010. *Privatizing Water: Governance Failure and the World's Urban Water Crisis*. Ithaca: Cornell University Press.

Bakker, Karen. 2012. Commons Versus Commodities: Debating the Human Right to Water. In *The Right to Water: Politics, Governance and Social Struggles*, ed. Farhana Sultana and Alex Loftus, 19-44. London, New York: Earthscan.

Bernstein, Steven F. 2001. *The Compromise of Liberal Environmentalism*. New York: Columbia University Press.

Bywater, Krista. 2012. Anti-Privatization Struggles and the Right to Water in India: Engendering Cultures of Opposition. In *The Right to Water: Politics, Governance and Social Struggles*, ed. Farhana Sultana and Alex Loftus, 206-222. London: Earthscan.

CEO Water Mandate. 2008. CEO Water Mandate Second Working Conference, August 21-22, 2008, World Water Week, Stockholm, meeting summary.

CEO Water Mandate. 2009a. From Footprint to Public Policy: The Business Future for Addressing Water Issues. Discussion Paper.

CEO Water Mandate. 2009b. CEO Water Mandate Third Working Conference, March 15-17, 2009, World Water Forum, Istanbul, meeting summary.

CEO Water Mandate. 2009c. CEO Water Mandate Fourth Working Conference, August 16-18, 2009, World Water Week, Stockholm, meeting summary.

CEO Water Mandate. 2010a. Framework for Responsible Business Engagement with Water Policy.

CEO Water Mandate. 2010b. CEO Water Mandate Sixth Working Conference, November 14-17, 2010, Cape Town, South Africa, meeting summary.

CEO Water Mandate. 2014. Shared Water Challenges and

Interests: The Case for Private Sector Engagement in Water Policy and Management. Discussion paper.

Conca, Ken. 2006. *Governing Water: Contentious Transnational Politics and Global Institutional Building*. Cambridge, MA: MIT Press.

Dauvergne, Peter, and Jane Lister. 2013. *Eco-Business: A Big-Brand Takeover of Sustainability*. Cambridge, MA: MIT Press.

Finnemore, Martha. 1993. International Organizations as Teachers of Norms: The United Nations Educational, Scientific, and Cultural Organization and Science Policy. *International Organization*, 47(4): 565-597.

Finnemore, Martha. 1996. Norms, Culture, and World Politics: Insights from Sociology's Institutionalism. *International Organization*, 50(2): 325-347.

Finnemore, Martha, and Kathryn Sikkink. 1998. International Norm Dynamics and Political Change. *International Organization*, 52(4): 887-917.

Goldman, Michael. 2005. *Imperial Nature: The World Bank and the Making of Green Neoliberalism*. New Haven: Yale University Press.

Green, Jessica. 2014. *Rethinking Private Authority: Agents and Entrepreneurs in Global Environmental Governance*. Princeton, Oxford: Princeton University Press.

Gregoratti, Catia. 2012. The United Nations Global Compact and Development. In *Business Regulation and Non-State Actors: Whose Standards? Whose Development?* ed. Darryl Reed, Peter Utting, and Ananya Mukherjee-Reed, 95-108. London: Routledge.

Haas, Peter M., Robert O. Keohane, and Marc A. Levy, eds. 1993. *Institutions for the Earth: Sources of Effective Environmental Protection*. Cambridge, MA: MIT Press.

Katzenstein,Peter J. 1996. *The Culture of National Security：Norms and Identity in World Politics.* New York：Columbia University Press.

Kŏrösi, Csaba. 2014. Keynote speech at the Science and the Sustainable Development Goals Conference sponsored by the United Nations University's Institute for the Advanced Study of Sustainability, Tokyo Institute of Technology,and POST 2015 Project of the Ministry of Environment,Tokyo,Japan,November 15,2014.

Kurland,Nancy B. ,and Deone Zell. 2010. Water and Business：A Taxonomy and Review of the Research. *Organization & Environment*,23：316-353.

Pattberg,Philipp H. 2007. *Private Institutions and Global Governance：The New Politics of Environmental Sustainability.* Northampton, MA：Edward Elgar.

Pigman, Geoffrey A. 2007. *The World Economic Forum：A Multistakeholder Approach to Global Governance.* New York：Routledge.

Power,Gavin. 2014：Interview by author with Mr. Power,Deputy Director,UN Global Compact Office. New York City,28 February.

Risse, Thomas, Stephen C. Ropp, and Kathryn Sikkink, eds. 1999. *The Power of Human Rights：International Norms and Domestic Change.* Cambridge,UK：Cambridge University Press.

Rockström,Johan, Will Steffen, Kevin Noon, Åsa Persson, F. Stuart Chapin III,Eric F. Lambin,Timothy M. Lenton,et al. 2009. A Safe Operating Space for Humanity. *Nature*,461：472-475.

Ruggie,John G. 1982. International Regimes,Transactions,and Change：Embedded Liberalism in the Postwar Economic Order. *International Organization*,36(2)：379-415.

Ruggie,John G. 1998. *Constructing the World Polity：Essays on International Institutionalization.* London：Routledge.

Ruggie,John G. 2004. Reconstituting the Global Public Domain：

Issues, Actors, and Practices. *European Journal of International Relations*, 10(4):499-531.

Ruggie, John G. 2013. *Just Business: Multinational Corporations and Human Rights*. New York: W. W. Norton.

Salamon, Lester M, ed. 2002. *The Tools of Government: A Guide to the New Governance*. New York: Oxford University Press.

Tienhaara, Kyla, Amandine Orsini, and Robert Falkner. 2012. Global Corporations. In *Global Environmental Governance Reconsidered*, ed. Frank Biermann and Philipp Pattberg, 45-67. Cambridge, MA: MIT Press.

United Nations Global Compact. 2011a. United Nations Global Compact Annual Review 2010—Anniversary Edition. New York: United Nations Global Compact Office.

United Nations Global Compact. 2011b. The CEO Water Mandate: An Initiative by Business Leaders in Partnership with the International Community. New York: United Nations Global Compact Office.

United Nations Global Compact. 2014. Post-2015 Agenda and Related Sustainable Development Goals, Issue Focus: Water and Sanitation and the Role of Business. UN Global Compact Briefing Series, Issue Paper 6.

Whiteman, Gail, Brian Walker, and Paolo Perego. 2012. Planetary Boundaries: Ecological Foundations for Corporate Sustainability. *Journal of Management Studies*, 50(2):307-336.

Young, Oran R. 1999. *Governance in World Affairs*. Ithaca, London: Cornell University Press.

Young, Oran R., and Marc A. Levy. 1999. The Effectiveness of International Environ mental Regimes. In *The Effectiveness of International Environmental Regimes: Causal Connections and Behavioral Mechanisms*, ed. Oran R. Young, 1-32. Cambridge, MA: MIT Press.

第 3 部分　运营挑战

第9章　联合国与可持续发展目标治理

史蒂文·伯恩斯坦(Steven Bernstein)

可持续发展目标是发动各方力量，应对可持续发展经济、社会和环境三大维度的系统性挑战。然而，即使这些目标是依据本书其他作者确定的标准(完全一致、建立在共识基础上、以行动为导向、有多层不同的子目标、符合各国国情与国力)而完美地设计制定的，也仍需合适的治理安排，并将它们分散或整合到机构、政策与实践当中。尽管这些目标的性质决定了治理不能完全依赖传统的多边主义，但联合国在可持续发展目标治理中仍将发挥重要的领导作用。所以，当下我们面临的挑战是如何平衡必不可少的政治领导与政治权威，并在全球实施可持续发展目标。应该意识到必须广泛利用公共部门、私营部门、伙伴关系、网络等，在区域层面、国家层面、地方层面动用资源，发起行动。换句话说，理想情况下，可持续发展目标能够为追求可持续发展指明实施方向：规范基础、指南和路标，而不是仅凭其表述就能提供所需的权威、工具或手段。

本章着重分析联合国在可持续发展目标治理中的领导作用，这主要出于以下原因：各国政府通过联合国制定可持续发展目标，并委托联合国跟进、监测和审查所有与可持续发展有关的承诺是否兑现并督促实施。2012年联合国可持续发展大会成立了新的高级别政治论坛来领导此项工作。各国政府对此满怀期望、雄心勃勃，但它们自身却只动用其有限权力或资源付诸实践。在此背景下，用"管弦乐团式协调"(orchestration)来比喻高级别政治论坛的领导作用极为

贴切。该论坛就像一个指挥平台，各国政府可以通过这个平台促进
政策的协调与整合，从而把可持续发展目标分散或整合到全球层面、
国家层面，以及市场政策和实践中（Abbott and Bernstein，2015）。

高级别政治论坛被授权的职能可以为我们提供一个有益的视角，
以分析联合国系统在动员承诺、资源和机制，付诸行动并跟进可持
续发展目标等方面的前景、挑战及合适的角色。随后我们很快就会
明白，高级别政治论坛虽然在政治上非常重要而且处于中心地位，
但是它对于整体治理安排以及为实现目标而利用资源和督促行动而
言，只不过是一个小节点。因此，虽然我们认同翁德达尔和金（见第
10 章）的观点（相较于目标设定，"目标实现"是一项完全不同并且"更
富挑战性的"任务），但也认为，联合国系统及高级别政治论坛作为
众多相关治理机构和安排中的"指挥家的指挥家（orchestrator of
orchestrators）"，在创造、支持并启动治理环境以实现目标方面，是
核心的、不可或缺的节点。

为评估联合国领导下可持续发展目标治理的条件与前景，本章
首先将详细探究治理所面临的挑战的性质，然后概述可持续发展目
标治理必须具备的核心要求：一致性、协调性、合法性（或者说正当
性），并探究联合国要满足以上要求的条件。另外，根据联合国授权
使用的方式，以及联合国系统内外治理安排的演化，本章还会对联
合国满足以上条件的前景和挑战进行初步评估。

9.1 可持续发展目标的治理挑战

可持续发展目标的治理面临的三大挑战均源于这些目标的构成：
它们作为目标的性质；可持续发展目标需要综合、连贯治理的规范
特征；它们的范围涉及更广泛的《2030 年可持续发展议程》（UNGA，
2015）和更普遍的社会、经济与环境治理。通过研究这些挑战，我们
可以发现治理所需的最低要求。

9.1.1 目标与规则

很多情况下，虽然目标一直是治理的特征之一，但通过"目标"

而非规则实现有效治理的条件并不为人所知。而扬（见第 2 章）、翁德达尔和金（见第 10 章）虽然对有效目标的设定和目标实现所需条件提出了诸多假设，但未经验证。人们甚至对于目标与结果之间的因果关系知之更少——即便人们对千年发展目标进程进行了大量测度、监管和评估工作。① 在分析目标和治理机制对行为改变和结果的影响时，必须考虑可持续发展的诸多驱动因素。因此，相关机制和支持一定是任何治理安排的重要内容。这些机制和支持可以增强我们对可持续（和不可持续）发展驱动因素，以及目标、政策、规划、有利机制（如能力建设和学习）和结果之间关系的认识。很多对千年发展目标成就的评估都强调产出方面，如相关利益主体的参与或者特定政策重心的调整，如发展中国家的减贫。然而，与过去 15 年中的经济自由化因素或者其他发展动因相比较或相结合，这些产出又如何有助于实现目标结果，或者说目标驱动的政策和实践如何直接有助于实现目标结果，这些问题均尚未被研究（仅安德森和井口在第 7 章重点关注了千年发展目标 4，即降低儿童死亡率）。

此外，正如本书其他作者（如第 6 章和第 10 章的作者）强调的那样，千年发展目标的经验告诉我们，不同目标之间可能会以意想不到的方式相互作用和影响。例如，通过现代农业减少贫困和饥饿的做法，可能会破坏环境的可持续性。从理论上讲，可持续发展目标的综合特性本来是可以解决此类问题的，但相关体系的复杂性、知识的有限性及目标制定过程中形成的利益冲突，大大增加了问题解决的难度。所以，最重要的直接治理的功能之一是监测、审查和科学评估。为满足这一要求，治理机制不仅要跟踪进度，而且要提供机会，让参与者学习如何实现目标，以及了解目标和结果之间的因果关系。

9.1.2 规范基础

可持续发展目标的核心目的之一，是为落实可持续发展行动提

---

① 欲初步了解，见本章末"参考资料"中 UN TST（2013）的相关文献，其总结了 Sumner and Tiwari（2010）和 UNTT（2012b）的成果。

供综合、一致的蓝图。为阐述这一蓝图，包含了可持续发展目标的《2030 年可持续发展议程》(UNGA，2015)的序言，大量借鉴过去 30 年各方协商讨论达成的规范文本，包括 1992 年《里约环境与发展宣言》、2002 年的《约翰内斯堡行动计划》，以及 2012 年联合国可持续发展大会成果文件《我们想要的未来》。正如扬及其同事(见第 3 章)所做的，透过那些文本，人们可以发现"基本规范"的基础，即用整体分析法将生物物理底线与全球公平结合起来。为使可持续发展目标达成政治协定或共识，可持续发展概念故意被设计得模棱两可。这种模糊性和包容性不利于阐述目标内在的规范性——即使有人寄希望于未来能"创造性地"利用其模糊性来阐发新内容。

在缺乏新基本规范的情况下，可持续发展目标极有可能会掩盖各方对可持续发展理解上的分歧。这些分歧范围很广，形式多样，既有左翼对自然被市场化和人为商品化的控诉，也有许多发展中国家政府的担忧，即依据可持续发展的定义确定地球边界，会导致绿色保护主义，进而削弱经济增长。由此可以发现，可持续发展目标虽然呼吁"持久"和"可持续的"经济增长和就业(目标 8)，但并未提到地球边界，尽管在谈判中提到可能将其纳入"增长"目标的相关协议(Earth Negotiations Bulletin，2014)。同样，诸多目标均涉及正义和包容性，至于人权，虽在序言及与特定目标(如教育权或生殖权)相关的子目标中被选择性提及，但并未被列入可持续发展目标。

可持续发展目标也反映了可持续发展三大维度的"平衡"与"融合"之间的矛盾(UNGA，2012；ECOSOC，2014；Open Working Group on Sustainable Development Goals，2014，第 9 段)。此时，治理机构就必须利用一种争议性的规范视角，构建学习与融合的过程，进而努力争取更大程度的一致性。

9.1.3 范围

为在实践中与可持续发展的广泛议程相融合而调整可持续发展目标的职责范围，会带来巨大的治理挑战，因为具体目标或其子目标已在现有政府间机构或条约机构的职责范围内，而这或许会和更高层目标所体现出来的治理相冲突。筒仓效应(siloization)是可持续发展目标必须避免的。

与此同时，可持续发展目标不能解决所有问题。可持续发展目标的治理比整个《2030 年可持续发展议程》的范围应该更窄，但要符合其大愿景，涵盖可持续发展三大领域及其有利条件。同样，高级别政治论坛的职责范围也包括对"经济、社会和环境领域所有主要的联合国会议和峰会"的落实情况(UNGA，2013a，第 7 段 d 部分)进行跟踪和审查。所以，呼吁"聚焦"和"以行动为导向"的议程，与要求可持续发展目标能够提供核心框架的愿景，正好不谋而合。

可持续发展目标很难缓解这项挑战，因为 17 大目标涉及范围广泛，从消除贫穷、促进就业和实现公平(包括性别平等)、多种资源和生态系统的可持续利用与保护，到解决粮食安全、提供安全饮用水和卫生设施、获取能源、气候变化，再加上许多目标下存在规范分歧，议程要聚焦，确实艰巨。

9.2　可持续发展目标治理的一般目的和要求

鉴于上述挑战，本章认为，治理安排必须侧重可持续发展目标的一致性和整体性，还要平衡高层领导的需求，以便他们在不同层面调动资源、发起行动并通过"管弦乐团式协调"多元参与者。而且，这种治理安排必须由参与落实可持续发展目标的团体认定为正当合法。

9.2.1　一致性

通常来讲，全球治理中的一致性是指系统地推动实施那些反映社会合法目的并且可以相互强化的政策。在可持续发展背景下，它是指系统地推动实施全球与国家层面可持续发展三大领域可以相互强化的政策(Bernstein and Hannah，2014)。这个定义包括制度成分和概念成分。从制度上讲，一致性是指各相关组织机构协同工作以实现相似目标，而不是应对不同目标。应有相关途径和机制，以便各组织机构之间相互学习、协调和解决分歧。一致性也要求机构间相互协调，完善机制，以便监测那些重叠交叉类政策的影响，评估那些已达成一致的承诺或共同目标的实施进展，以及那些应对负面结果的机制。从概念上讲，一致性意味着组织机构的目标或目的要能反映一种共同且可接受的规范框架，当然，这种框架应该是合法的。一致性治理需要这种规范框架，因为如果没有它，制度上再完美的一致性政策也会造成不良后果。而对于一定程度的规范分歧，一致性治理应该察觉到其中的矛盾，做些权衡取舍，并提供有关机制解决这些矛盾。

重要的是，这种理解意味着一致性既可集中又可分散。一致性并不是强调划分能力重叠或者存在竞争的区域，也不是强调特定机构，而是强调全球治理不同维度中的规则、政策和安排如何进行相互协调。

就可持续发展目标来说，重点必须关注结构与制度安排，怎样才能有效应对当今这个复杂而分散的系统，而可持续发展目标则为其提供了概念基础。一致性也并不意味着"一刀切"的政策，而是承认"各国内部及国家之间背景与挑战的多样性"（UNTT，2012a，第52 段），这一观点已深深地根植于可持续发展目标。如果哈斯和史蒂文斯（见第 6 章）认为许多目标都缺乏规范共识的观点是正确的，那么问题是，在如此艰难的条件下，治理安排能否促进社会性学习，其可能最需要着重发展或者引入关于学习过程和决策的新知识。

9.2.2　协调性

上文罗列的治理条件——宽泛职责（需要高级别政治论坛领导）、制度基础（只能为参与者提供有限的直接权力）和物质资源（匮乏）——使得"管弦乐团式协调"成为可持续发展目标治理最可行的策略。

由此，本章特别沿用艾伯特等人（Abbott et al.，2015a）对"管弦乐团式协调"的构想和提法，将其作为一项治理策略，通过其他参与者和组织（"中介机构"）间接发挥作用，并且利用软影响力模式引导和支持他们的行动。高级别政治论坛已新增一项挑战：进入可持续发展领域时，该领域已经具备了多个不同的"乐团指挥者"。因此，需要"指挥家的指挥家"来促进分散的治理空间的相互协调。要取得成功，至少需要：高层参与，注重学习和促进目标落实的强有力的审查机制，健全的科学政策接口，联合国内外"中介机构"的紧密联系。因此，虽然本章聚焦的高级别政治论坛很重要，但它最多是广泛治理体系中的一个节点。

此处，"管弦乐团式协调"不是一种音乐上的比喻——编曲对于管弦乐团的控制，而更多的是日常生活中的意思，即和谐地指导或安排（政策）以产生预期效果。因此，"管弦乐团式协调"是一种间接治理策略："指挥家"通过中介发挥作用，而不是尝试直接进行目标治理。无论是通过委托授权的分层监管方式，还是通过集体合作化方式，如经过协商同意的自我监管方式，都与那些使治理参与者直接落实他们最后的政策子目标的策略相反。由于大部分参与落实可持续发展目标的中介机构都是自愿的，所以只有当（潜在的）中介机构的政策目标与指挥家的目标相同或至少大体相似，才行得通。因此，"管弦乐团式协调"是一项软治理策略，因为"指挥家"没有硬性控制，它必须通过领导、劝说和激励的方式来处理好自身与中介机构的关系。

这种一直以来支持多中心主义的"管弦乐团式协调"并不是可持续发展领域的新策略（Ostrom，2010）。值得注意的是，2002 年世界可持续发展峰会是当时的全球政策（即将公私伙伴关系制度化作为一种主要实施手段）的先锋（Bäckstrand and Kylsäter，2014）。同时，由于意识到可持续发展诸多领域多边体系的缺陷（Rayner，Buck，and Katila，2010；Hoffmann，2011），非国有、私人、网络化的治理形式激增。在以多中心主义为主的其他议题领域，"管弦乐团式协调"一直是一种非常宝贵的工具，可在没有任何强制约束的情况下增强秩序和连贯性、一致性，当然，事实证明这种策略也极富挑战（Abbott et al.，2015a，2015b）。

9.2.3 合法性

合法性是一个领导机构成功协调可持续发展目标行动的基本要求，它可能会对整个联合国产生更广泛的影响，因为可持续发展正逐渐成为联合国的核心使命之一。协调能力高度依赖联合国经济及社会理事会(UN Economic and Social Council，ECOSOC，以下简称"经社理事会")、布雷顿森林机构及世界贸易组织等机构的早期合法性。可持续发展目标也有助于增强这些机构的合法化，因为这些机构也正在从事一些与可持续发展目标一致的政策和实践。

要想做到合法有效，可持续发展目标的治理必须灵敏应对所有权、购买(buy-in)，以及相关的权利和参与等问题，也要关注目标实施的条件和手段，包括履行承诺和提高能力的机制。可持续发展目标的治理，必须格外关注各国差异和相关进程，避免出现任何把可持续发展目标视为自上而下或外部强加的错误认知，同时支持和促进全球目标进程。

9.3 作为领导机构的可持续发展高级别政治论坛

联合国可持续发展委员会负责跟进 1992 年首届里约会议进程，该机构过去 20 年的工作经历的一个核心教训在于：把可持续发展三大领域融入全球治理的尝试，需要高级别的政治团体领导(UN，2013a)。同样，其他试图把主流横切关注点(crosscutting concerns)——如性别——融入国际机构的教训表明，要避免部门筒仓化，需要一个制度领导者。在妇女地位委员会(Commission On the Status of Women)的政治领导下，将联合国所有关注性别平等的实体一并纳入联合国妇女署(UN Women)的做法，成功促进了整个联合国系统实体内部运作中性别问题的主流化进程。联合国妇女署还支持强有力的问责机制，包括联合国成员国绩效指标，以及从多维视角报告方案的执行与实际发展成效(UN，2013b)。相比之下，跨部门机制改革如新设立的行政首长协调理事会(Chief Executives Board of Coordination)

和联合国发起的"一体行动"(Delivering as One)倡议(促进项目实施的一致性),因缺乏政治领导,在多个可持续发展领域的进展可以忽略不计(Evaluation Management Group,2012)。例如,"一体行动"试点的阶段性报告指出,整合环境与可持续发展项目所需的协调性和一致性并未体现出来(Evaluation Management Group,2012)。同样,另一协调机构——环境管理小组(Enviromental Management Group)①,在落实联合国范围内的环境与社会可持续框架时,仍举步维艰(Environment Management Group,2013,2014)。

2012 年联合国可持续发展大会委托高级别政治论坛承担此项领导职能。该论坛取代了联合国可持续发展委员会,后者虽然早期取得了一些进展,但因其逐渐无力将讨论转化为行动和政策影响而招致广泛批评。以上缺陷源于:无法吸引非环境领域的部长们和其他高层决策者,尤其是来自经济社会部门的决策者,进而导致其与金融、发展和贸易机构的联系微弱;部门议题死板、僵化,无法解决不断涌现的新挑战;对相关决议的监控、审查或跟进能力有限(Stakeholder Forum for a Sustainable Future,2012;UN,2013a)。

相反,高级别政治论坛的目标是雄心勃勃且全面铺开的:制定可持续发展规划,包括应对新兴问题;加强联合国系统及各层治理的融合性、协调性和一致性;跟进、审查所有可持续发展目标及相关承诺的进展情况;为合作伙伴搭建平台;督促"大国"和其他利益主体参与决策制定和执行;促进各级制定有依据的决策(UNGA,2012,第 85 段;UNGA,2013a,第 2 段,第 7~8 段,第 15 段,第 20 段)。任何机构单独满足上述要求实为困难,但每一机构都有其重要性,因可持续发展目标的综合目的是杜绝为每一目标轻易指定单一的领导机构。

正如联合国原秘书长潘基文在高级别政治论坛首次会议上所指出的,该论坛将"指导联合国系统(关于可持续发展目标的工作)并对

---

①　环境管理小组的成员关系与行政首长协调理事会类似,但前者尤其侧重环境问题的协调工作。

此负责"(UN Secretary-General，2013)。其被赋予的职责将说明它是如何做到这一点的。后文主要从以下几方面讨论，即上述治理挑战、从联合国可持续发展委员会经历中汲取的教训，以及成功实现"管弦乐团式协调"而需具备的条件。这些条件包括：合法性；聚焦性；政治威力；可以找到的合适的中介机构和充足的资源或其他手段，以争取中介机构的支持(Abbott et al.，2015a，2015b)。但同时也必须承认，其中有很多职责将由高级别政治论坛的"中间机构"而不是论坛自身执行。

9.3.1 作为指挥家的高级别政治论坛①

高级别政治论坛可以说是联合国系统首次在其最初设计阶段就明确考虑融入协调机制的高级别政治实体，并且它没有体现任何直接的等级权力(Abbott and Bernstein，2015)。其被赋予较多正式的权力，但不具备对落实资源的直接控制权、具有约束力的法律决策权或执法权。高级别政治论坛也进入了一个已经拥有很多"指挥家"的领域，而且这些"指挥家"已经参与了解决可持续发展目标特别关注的问题，包括联合国机构、国际金融机构，像全球环境基金(Global Enviroment Facility)、世界贸易组织、二十国集团这样的组织，以及像"每个妇女每个儿童"(Every Women Every Child)和"人人享有可持续能源"(Sustainable Energy for All)这样的"行动网络"。因此，必须有一位"指挥家的指挥家"，以促进分散系统间的相互协调，同时避免适得其反，激化地盘争夺战或强化竞争意识。

"治理目标雄心勃勃但是治理能力非常一般"的现实状况(Abbott et al.，2015a)，以及一个饱和而不稳定的制度环境，都非常适用于"管弦乐团式协调"，因为更直接或分层治理的模式在很大程度上都不太可行。相对不太令人满意的是，高级别政治论坛也符合关于"管

① 本节关于"管弦乐团式协调"及其后关于高级别政治论坛的职能及作用的论述，主要借鉴了本章末"参考资料"中 Bernstein(2013)、Abbott and Bernstein(2015)的详细分析。

弦乐团式协调”的另一研究结果：由于各国有权治理或者适当约束他们各自的行为，却不必被委以重任或不会导致高昂的物质或主权成本，因此各国经常启动协调机制。换言之，各国喜欢“管弦乐团式协调”，是因为他们可通过脆弱的机构和制度安排实现适度的成效（Abbott et al.，2015b）。

9.3.2　高级别政治领导：合法性、聚焦性和政治威力

高级别政治论坛作为国家元首和政府首脑级别的全球性组织，在联合国大会框架下每四年举办一次，而在经社理事会框架下则每年举办一次。后者将促进自身与经社理事会附属机构、联合国机构和区域委员会的协调与合作。这些联系，再加上成员方遍及全球，应使高级别政治论坛高度合法。基于联合国可持续发展委员会的实践，高级别政治论坛的职责还包括高层参与，并促进发展中国家、联合国系统和其他国际组织，以及主要团体和其他利益主体等的积极参与。自愿的信托基金为发展中国家和利益主体提供额外支持。

这些特征，尤其是将联合国大会和经社理事会联系起来但彼此互不所属的混合型结构，应该也会使高级别政治论坛成为“焦点”，即成为可持续发展政策领域的领导者。和联合国可持续发展委员会相比，高级别政治论坛应被赋予更大的“政治威力”。高级别政治论坛的职责之一，就是制定可持续发展议程并整合其三大领域。此外，其部长级会议与经社理事会的高级别会议重叠，并纳入自愿性国别审查和关于可持续发展目标进展的主题类或专题类审查。

高级别政治论坛能否具备领导力、合法性，以及能否接触各国政府权力层来督促承诺和落实资源，部分取决于其能在多大程度上吸引高层参与。前两届高级别政治论坛取得圆满成功，吸引了各国政府首脑和来自各部门的高层代表，包括财政、规划、儿童、住房、发展、外交事务及环境等部门，似乎克服了曾困扰联合国可持续发展委员会之前几年的偏见（参见笔者在 2014 年 6 月 30 日至 7 月 8 日第二届高级别政治论坛上的观点；Earth Negotiations Bulletin，2014）。围绕可持续发展目标制定明确的工作议程，将增强高级别政

治论坛的合法性和影响力，同时通过中介机构进一步落实行动，因而它们之间的关系是同步的。

高级别政治论坛若要对经社理事会、发展合作论坛（Development Cooperation Forum）和联合国发展小组（UN Development Group）施加影响，那么，尽早确立其聚焦性与合法性将非常重要。还要在行政首长协调理事会领导下建立一个跨部门的协调机制，并通过该机制协调联合国系统内发展类项目的推进与实施。高级别政治论坛的影响力也可扩大到一些具体的协调机制，如联合国水机制、联合国能源机制、联合国海洋机制，或者其他可受权解决具体可持续发展目标的跨部门团体。同样，高级别政治论坛也可作为解决问题的论坛，为解决可持续发展目标进程的机构间冲突提供政治指导。

然而，第二届高级别政治论坛就机构的议程制定能力和自主权提出了疑问。缺乏机构独立性且利益相关者参与受限，经社理事会主导了第二届高级别政治论坛的议程。论坛还提出了有关参与权的问题，因为尽管联合国大会要求论坛在比联合国可持续发展委员会更为开放的参与方式基础上开展活动，但是当论坛符合主办方的需求时，经社理事会对参与方的诸多限制性规定是否同样适用于本论坛呢？情况不甚明晰（Strandenaes，2014；UNGA，2013a）。各利益主体将以上关切和更为普遍的对高级别政治论坛的混合组织结构以及论坛地位的担忧联系起来，有可能使论坛比其前身（联合国可持续发展委员会）更为弱小，因为与联合国可持续发展委员会相比，论坛的会议次数大为缩减。

此外，高级别政治论坛在经社理事会高级别会议下，采用部长级联合宣言作为会议成果（ECOSOC，2014）。虽然这可能表明两者的优先议题基本一致，且当然也是有益的，但高级别政治论坛的自主行动能力受到了质疑。此外，77 国集团（Group of 77）和中国向已授权的全球可持续发展报告监测机构提交了议案①，检验了论坛的决策能力。对报告具体授权的剧烈分歧，导致了提案国撤回提案，

---

① 支持者援引联合国大会决议 67/290 的第 9 段，假设高级别政治论坛在经社理事会框架下召开时，需遵从与职能委员会相同的议事规则。

论坛的正式决策能力仍然不太确定（Earth Negotiations Bulletin，2014）。同时，2015 年在经社理事会主持下举办的第三届会议重点关注其未来角色，但显然也不太确定。鉴于本届会议随后转向《2015 年后发展议程》关键方面的积极协商讨论，包括财政、治理和后续行动（Earth Negotiations Bulletin，2015），因此，需要几年之后，才能评估其能否实现聚焦性、合法性和政治威力。

9.3.3　联合国系统内外的融合性和一致性

高级别政治论坛的职责，使其有可能接管实现可持续发展主流化的任务，目前该项任务在联合国内部缺少政府间领导者。可持续发展目标通过确定综合性的目标和子目标，可描绘未来的主流化前景。同时，由于当前的主流化进程既缺乏强大的规范基础，又缺乏联合国内部的政治领导者，所以这又可为当前的主流化进程添砖加瓦。因此，高级别政治论坛可以提供政治威力等，以促进联合国环境和社会可持续性框架的形成，这可能会威胁现有的机构框架或阻碍对其使命的理解。高级别政治论坛还可以邀请协调机构的主席或工作人员参加会议，支持对行动倡议的分析和审查。这些行动倡议都有必要整合可持续发展（及可持续发展目标），但实际上整合得仍然不够。

高级别政治论坛应与联合国发展小组（UN Development Group）建立牢不可摧的关系，为"一体行动"的进一步实施并纳入可持续发展目标提供政治指导。此类指导可增强一致性，支持国家可持续发展规划与战略，更有效地提供技术支持和进行能力建设，并且从行政管理上简化规定，支持多边环境协定和相关承诺的实施。

通过可持续发展目标实现一致性的工作，也应扩大到伙伴关系和自愿承诺。高级别政治论坛及相关的审查和监测职能有助于确保可持续发展目标从目前开始就可以提供规范上的一致性。尽管可持续发展三大领域的整合已成为重要专题行动网络的驱动因素之一，但仍需要更多的努力和系统性工作，以促进 2110 份（United Nations，2016a）自愿承诺和倡议的一致性。这些承诺和倡议是 2012

年联合国可持续发展大会所确定的最具体的实施手段。

9.3.4　作为中间机构的经社理事会、布雷顿森林机构及世界贸易组织

高级别政治论坛明确其职责是和联合国系统内外的其他机构建立联系，并邀请它们积极参与可持续发展议程，从而促进各议程的融合性和一致性。高级别政治论坛和作为中间机构的经社理事会之间的关系比较复杂，但又非常重要。经社理事会仍然是"联合国系统内各项活动协调的中心机制"，并"对经济、社会、环境及有关领域的附属机构进行监督"（UNGA，2013b）。虽然这两个机构间的流动性可能会限制高级别政治论坛的自主权，但也有助于论坛利用经社理事会的力量履行其自身职责。

经社理事会是目前联合国、布雷顿森林机构及其他经济机构实现政策一致性的政治平台，但它对宏观经济问题的影响有限。虽然2002年第一届发展筹资会议之后，这些机构之间的关系有所恢复和改善，并且它们也越来越多地参加一些相关联合会议和倡议，但高级别对话经常显示出联合国与布雷顿森林机构之间的分歧。理论上讲，高级别政治论坛可吸引经济领袖，有助于缩小前述两者之间的鸿沟，尽管这也取决于高层的参与状况。联合国大会框架下首届高级别政治论坛成功地吸引了国际货币基金组织和世界银行的领导人，然而，其第二届论坛的主要参与者是经济机构的低级别官员。要想论坛开得更成功，可能需要经社理事会发出更强烈的信号。就增进一致性而言，高级别政治论坛和发出筹资倡议的经社理事会与国际货币基金组织、世界银行、世界贸易组织的联合会议同等重要。

同时，通过协调机构和联合倡议，也可以改善这些机构之间的工作关系和协调性，尽管高级别的政治会议对于建立协同职责也很重要。例如，时任世界银行行长金墉（Jim Yong Kim）和时任联合国秘书长潘基文已同意加快千年发展目标进程，这也一直是有关会议的一大议题。关于具体目标的倡议和举措，随后由世界银行和联合国开发计划署共同协调，并通过在行政首长协调理事会上横切议题

(crosscutting issues)的讨论予以督促实施。有了这些，再加上适当的政治支持，可持续发展目标应该会比千年发展目标更快实现。

经社理事会和高级别政治论坛也可为联合国大会提供关于可持续发展方面的具体指导，进而为成员机构提供详细指导。例如，《联合国发展业务活动四年期全面政策审查》(*Quadrennial Comprehensive Policy Review of UN Operational Activities for Development*)决议，为联合国发展系统提供了一份详细的四年期一致性议程。

9.3.5　与区域委员会的联系

高级别政治论坛与区域委员会(Regional Commissions)的关系可谓起伏不定，两者关系在高级别政治论坛的筹备会议方面是"上升的"(好的)，在后续和审查方面是"下降的"(坏的)。区域委员会可能是重要渠道，有助于把高级别政治论坛的报告、宣言或其他成果与区域和国家关于可持续发展政策和规划方面的决策连接起来。它们也可作为前期论坛，汇集国家观点和经验，促进区域分析和活动，并为高级别政治论坛提供相关材料(South Centre，2013)。各区域委员会还可接收各自国家自愿审查和可持续发展目标的进展情况报告(UN TST，2013)。

9.3.6　与非国家治理实体的关联

虽然高级别政治论坛只是连接企业界、伙伴关系、网络和可持续发展目标其他实施主体的一个节点，但它可以促使论坛更加完善，发掘尽可能多的中介机构，然后参与、支持并报告它们在实施和扩大可持续发展方面的能力。因此，较 2002 年世界可持续发展峰会后对伙伴关系的推动，高级别政治论坛有可能提供一种更稳健、更灵活及多层次的伙伴关系。

协调工作也将非常重要，它有助于促进各项承诺转化为可持续发展目标的实施，并纠正联合国可持续发展委员会的弊端。例如，高级别政治论坛可以支持联合国的自愿性问责框架，并加强对进程测度工作的监测与审查，健全问责制与合法性。如果伴有"严格监督和执行明确而有约束力的规范"，那么伙伴关系通常会表现更佳(Bäckstrand et al.，2012)。基于网络的"SDG 伙伴关系"(Partnerships for SDGS)平台(United Nations，2016a)有望成为支持这些功能的基础。高级别政治论坛要想实现高效的支持、监管、协调和指导，那么它就必须与时俱进，确保利益主体持续不断投入，并与其他承诺主动挂钩(Natural Resources Defense Council and Stakeholder Forum for a Sustainable Future，2013)。

高级别政治论坛也可以协调联合国那些已经扩展至私营部门的倡议和举措，如联合国全球契约。这种方法可以更好地促进治理创新，也更符合可持续发展治理的多中心性质。

9.4　直接治理功能：科学、监测和审查

千年发展目标的一个关键教训就是，进程监测与审查对于落实问责制、促进学习及对实施过程施压非常重要。这些机制是最具挑战性的直接治理功能，当然也是有效的可持续发展目标所必需的。

9.4.1　监测进展与科学—政策对接

各国政府授权高级别政治论坛加强科学—政策对接，《全球可持续发展报告》就是一个关键组成部分(UNGA，2013a，第 20 段)。理想情况下，该报告应该具有前瞻性和政策导向，不仅要识别哪些领域已经取得进展，而且要有据可依地分析政策缺口和政策弊端。同样，还应分析(不)可持续发展驱动因素与结果之间的联系，查明干预措施和其他不确定性如何与驱动因素相互作用，以开创(不)可持续的路径。

实现以上要求将面临诸多科学及技术挑战，例如，基于可持续发展目标的综合性，为其子目标制定可持续测度措施和相关指标而面临的困难，(不)可持续的多重驱动因素，以及它们之间的相互作用与关联。因此，还应该支持可持续工作方案重点关注的驱动因素，以及这些驱动因素和社会经济治理因素之间的相互作用，而不仅仅

关注物质指标。此外,并非所有驱动因素都能被轻易测度。虽然生产、消费、人口有可能会被测度,但脆弱性、安全性及弱点可能不易被测度且或许对数据有较高要求。尽管联合国在许多与可持续有关的领域的测度工作方面取得了重要进展,包括环境和自然资源基础、气候变化、生物多样性丧失及饥饿与贫困之间的关系,但对上述关系的科学假设和价值假设可能都有问题(UNTT,2013,第100~101段)。比如说,在人口、经济增长和环境资源三者间最佳关系的背后,可能都有一些政治和价值判断。在这方面,各国和联合国机构实施的审查和相关教训不仅对于数据生成,而且对于反馈、改进测度与监测,都是重要支持。这些工作过程还应该提供一些机会,便于利益主体参与及进行科学指导,从而使测度与监测工作被认为是有建设性的、富有成效的,而非自上而下的和意味着惩罚。

这些挑战也表明,可持续发展目标的监测应该是系统的,并及时敏感地发现系统转型、系统内多个部分或程序之间的关联(例如,监测农业集约化时,粮食、水、就业和能源之间的关联)、远程关联,以及利益主体之间的关联,以了解他们各自不同的利益和观点。例如,可能需要把压力测试与金融机构的测试同时进行。这种监测对于单个组织来说成本太高了,因此必须建立相关机制,多方面收集并综合信息,然后本着学习和开放的精神把这些信息组织起来,以便共同调整。

从行政管理上看,联合国统计委员会作为联合国系统内统计领域的核心机构,为测度可持续发展目标的子目标和指标提供了指导和建议,而联合国开发计划署就像其此前为千年发展目标所做的工作一样,可为国家层面可持续发展目标的监测和报告提供制度性联系,这也反映了国家所有权的重要性。这一治理安排也表明了全球监测和国家监测的目标可能不同:全球监测旨在促进可比性,而国家行动意在获得联合国程序中的所有权、政策制定权和其他相关授权(Mukherjee,2013)。这一观察结果和关于审查程序设计的研究与报告结论基本一致(UNTT,2013;Halle,Najam,and Wolfe,2014;IISD,2014a,2014b;Earth Negotiations Bulletin,2014;

United Nations，2016b），它们都强调参与激励的重要性，包括把审查和建立国家层面的数据收集与监测能力、实施手段及教训联系起来。

科学小组，特别是专注于协调与整合跨部门知识的一个或多个机构，也可能是发现知识差距、诸多可持续性挑战之间相互作用的一种途径，还可对不断涌现的可持续性威胁提供早期预警（Haas and Stevens，2011；第 6 章）。朝此方向已经迈进的一步，是计划设立"负责起草四年一度全球可持续发展报告的科学家独立小组"，该报告对每四年在联合国大会框架下召开的高级别政治论坛起到提前预告作用（ECOSOC，2016）。改善科学—政策对接同样需要对政策工具和干预的社会科学分析，例如，把金融、技术和贸易等实施手段和可持续发展所取得的实际进步联系起来。其中的重要内容之一，可能就是确立可以把驱动因素和结果关联起来的前景规划或"故事主线"，充分考虑不确定性，从而确定一些可持续发展路径，以及可能的政策干预和那些路径之间的相互作用（UN DESA，2013）。

全球可持续发展报告也可包括对伙伴关系、自愿承诺和可持续发展行动网络现有审查与问责报告的一些摘要。这也和报告的职责相吻合，即调查结果要以可持续发展的"信息和评估"为基础，但是要避免与其他工作重复。例如，"每个妇女每个儿童"和"人人享有可持续能源"等网络已有很多问责机制来反映资源与结果（有关摘要及与这些举措的相关联系详见 Division for Sustainable Development，2013）。鉴于伙伴关系和自愿承诺的广泛性与多样性，在同一地方汇集重要调查结果及其与完整报告之间的联系，不仅可以提高透明度和问责力度，而且能够迅速并全面地了解报告与审查的模式。

9.4.2 审查可持续发展目标进程

本章尚在撰写阶段时，一份联合国决议草案（President of the UN General Assembly，2016）已协商通过，为高级别政治论坛和经社理事会主持下进行的审查提供了一个整体方法。虽然其在如何进行审查方面仍具有灵活性，但也反映了一种普遍共识，即审查、监测和问责必须是大框架下的一部分，不能只侧重于各国的展示和审查，也不能仅以高级别政治论坛为中心。还有迹象表明，一些发展中国家将抵制大幅度加强国家层面的审查程序或民间社会更深程度的参与（参见笔者在七国集团主办的 2014 年联合国两个讲习班上的与会者观察报告，讲习班旨在制定高级别政治论坛审查机制）。因此，由国家主导的可持续发展及规划的相互审查，应只是更广泛体系下的节点之一。这类审查可以国家可持续发展规划为基准，同时汇集其他审查的有关信息，作为审查过程之一。如上所述，年度部长级审议（Annual Ministerial Review）的经验也表明，需要提供一些参与激励和支持，侧重学习机会，并在发现差距时呼吁改正并拥有一致的行动和实施手段（IISD，2014a，IISD，2014 b；United Nations，2016b）。由于新知识不断涌现，联合国大会框架下四年一度的高级别政治论坛甚至可以作为一个机会，以考虑订正或修改可持续发展目标下的子目标和指标。

高级别政治论坛在促进对行动网络、伙伴关系和自愿承诺的审查、问责和学习方面，也具有独特地位。例如，其可鼓励独立第三方审查，可通过联合国系统内部（如伙伴关系平台）和外部的新兴工具及平台实施。然而，要想实现这些做法，搭建健全的平台，特别是促进发展中国家利益主体和更边缘化主要群体的参与，就需要积极鼓励并提供一些技术上和物质上的支持。

9.4.3　调动实施手段

可持续发展目标的进展将需要坚持不懈的企业家精神和稳定可靠并且可预见的资源供给。当各类区域组织和委员会、各国、各省和各市可以接受并引导技术和科学投入与支持，从而鼓励可持续发展利益主体在多个治理层面介入和行动时，目标就更可能达成。

伙伴关系、行动网络和跨国参与者，包括朝向市场供应链的非国家类可持续性标准的制定人员，也将是重要参与者。尽管各国国内的资源调动和政策承诺也非常重要，但是自 2012 联合国可持续发展大会以来，各方做出的自愿承诺是迄今为止实现可持续发展目标所需财政和其他资源的主要来源。高级别政治论坛也可以促进一些新的倡议和措施，就像八国集团马斯科卡首脑会议（Muskoka Summit of the Group of Eight）发起了"孕产妇、新生儿和儿童健康马斯科卡倡议"（Muskoka Initiative for Maternal，Newborn and Child Health）一样，后者预计将筹集超过 100 亿美元。然而，2012 年后，官方兑现承诺的 6360 亿美元中，没有将现有承诺与新承诺区分开来，也没有问责机制确保各承诺符合可持续发展目标。

与千年发展目标和广义可持续发展有关的伙伴关系的经验表明，缺乏制度化的审查机制和明确、可量化的绩效测度基准，造成了成效的参差不齐（Bäckstrand et al.，2012）。此外，伙伴关系"在促进系统性变革方面成效欠佳"，同时"侧重于具体、短期可量化成果的伙伴关系占用了长期投入的资金，这些资金对促进长期发展必不可少"，而且如果伙伴关系创立"单独的并行结构"，可能会削弱国家自主权（UNTT，2013）。

如果没有政府承诺、长期投资和新的资金来源，可持续发展目标也不能成功实施。虽然来自经济合作与发展组织国家和新的非西方捐赠者的官方发展援助对于解决贫困和其他全球性议题非常重要，但仍需要更多依赖私营部门的发展资助、非政府组织和基金会的支持，并动用国内资源（见第 11 章）。然而，一般来说，投资必须专门用于可持续发展，特别是发展低碳技术、实现绿色增长和进行基础设施建设。投资还必须用于包容性发展，即使风险回报率和长期框架使其往往不为长期投资者所青睐而将其置于"投资参数之外"（ECOSOC，2013；Intergovermental Committee of Experts on Sustainable Development Financing，2014）。

9.5　结　论

本章和第 10 章虽然都聚焦于"管弦乐团式协调"，但本章有较乐观的一面，也有更消极的一面。本章更为消极的一面是缺乏重要、积极的治理支持，即便可持续发展目标继续发展完善进而可以满足有效目标设定的所有条件（两章都认为不可能实现），现有机构之间也很难实现协调。本章略微乐观的一面体现在，笔者试图发现有助于支持目标实现的制度性手段，以及这些手段促进必要行动、承诺和资源来实现目标而所需具备的条件。

然而，之所以说本章只是"略微"乐观一些，是因为本章同样谨慎，不愿夸大机构安排对利用现有手段有效实现目标的作用。笔者试图确定一些重要的机构目标和有关机制，以及最可能为可持续发展目标开展行动的条件。在这方面，冒风险和谨慎同样必要。

首先，联合国自身同样面临对其合法性的挑战，特别是面对像二十国集团主要经济体这样的小范围安排，或者官方多边程序之外的新的治理安排时，关于功效和聚焦性的问题更为突出。即便可持续发展目标能够推动宣传、激发行动并产生有益的标准，但与经社理事会紧密相连的领导机构可能也会面临合法性挑战，或者说即使表面上被视为治理的适当协调中心，其也会被各国政府忽视，尤其是北方，因为他们怀疑该机构是否有能力影响拥有重大资源和直接控制力的参与者或者组织，以尽可能实现可持续发展目标，例如，布雷顿森林机构、世界贸易组织、二十国集团及私营部门。

其次，虽然关于环境与《2015 年后发展议程》的磋商引发了一个"压倒性的呼吁——环境可持续性成为该议程的核心"，但目前的证据表明，南北政治态势使得 17 个可持续发展目标中，"平衡"与"融合"之间的关系紧张，这些态势也在高级别政治论坛上得到了体现。千年发展目标 7 的经验值得注意，环境目标上的表现"一直都极为差劲"（UNEP and UNDP，2013）。因此，如果高级别政治论坛要有所作为，那么联合国环境规划署的参与及其技术能力，以及在综合性政策思维方面取得成功的其他论坛，对于将可持续发展纳入联合国系统并使其主流化、建立与多边环境协定之间的联系，以及可持续发展目标理应促进的可持续性转型变革，都十分有必要。

最后，存在一种风险，在强调自愿承诺和伙伴关系作为主要实施手段的过程中，可持续发展目标 17 中"可持续发展全球伙伴关系"更宽泛的语境正在逐渐丧失。可持续发展目标公布后，目标 17 甚至缩减为"目标伙伴关系"（参见联合国网站）。这可能导致各方不够重视发展资金和贸易规则，包括关于市场准入、补贴、优惠区域贸易协定，以及对"贸易援助"资金方面的担忧，这些担忧均已体现在联合国可持续发展融资政府间专家委员会（UN Intergovermental Committee of Experts on Sustainable Development Financing，2014）提交的关于《2015 年后发展议程》的最终报告中。千年发展目标 8 指出的伙伴关系也聚焦这些议题。与当前制定的可持续发展目标 17 相比，千年发展目标 8 是一个更少强调以自愿承诺实施为中心的框架。因此，虽然可持续发展目标 17 的子目标包含了围绕金融、援助、贸易及技术转让等方面的结构性问题，但由于其明确提及将多方利益主体型的伙伴关系和国内资源调动作为"实施手段"，并将"可持续发展全球伙伴关系"作为中心要素，使得"伙伴关系"的含义更加含糊。这种表述的重要意义在于，可持续发展目标的监测与指标有助于继续阐明贸易规则和政策，例如，如何影响贸易流动、市场准入和技术转让。高级别政治论坛还有助于跟进和审查可持续发展目标，突出强调一些具体议题，比如，基本药品的可得性、环境商品和服务的市场准入、关于社会和环境标准的工作，以及普遍提高市场上可持续发展的一致性。至少，高级别政治论坛能纠正千年发展目标 8 之前的缺点，即该目标缺乏一个首要的政治论坛，以对目标的实施问题开展战略性讨论。随后，高级别政治论坛可以推动其他论坛和组织，负责伙伴关系发展的谈判与执行，或者可持续发展领域政府和非政府层面上的标准制定，以实现最优化和更一致的政策。

参考资料

Abbott，Kenneth W. ，and Steven Bernstein. 2015. The High-level Political Forum on Sustainable Development：Orchestration by Default and Design. *Global Policy*，6（3）：222-233.

Abbott，Kenneth W. ，Philipp Genschel，Duncan Snidal，and Bernhard Zangl. 2015a. Orchestration：Global Governance through

Intermediaries. In *International Organizations as Orchestrators*, ed. Kenneth W. Abbott, Philipp Genschel, Duncan Snidal and Bernhard Zangl, 3-36. Cambridge, UK: Cambridge University Press.

Abbott, Kenneth W., Philipp Genschel, Duncan Snidal, and Bernhard Zangl. 2015b. Orchestrating Global Governance: From Empirical Findings to Theoretical Implications. In *International Organizations as Orchestrators*, ed. Kenneth W. Abbott, Philipp Genschel, Duncan Snidal, and Bernhard Zangl, 349-379. Cambridge, UK: Cambridge University Press.

Bäckstrand, Karin, Sabine Campe, Sander Chan, Ayşem Mert, and Marco Schäferhoff. 2012. Transnational Public-Private Partnerships. In *Global Environmental Governance Reconsidered*, ed. Frank Biermann and Philipp Pattberg, 123-147. Cambridge, MA: MIT Press.

Bäckstrand, Karin, and Mikael Kylsäter. 2014. Old Wine in New Bottles? The Legitimation and Delegitimation of UN Public-Private Partnerships for Sustainable Development from the Johannesburg Summit to the Rio+20 Summit. *Globalizations*, 11(3): 331-347.

Bernstein, Steven. 2013. The Role and Place of a High-level Political Forum in Strengthening the Global Institutional Framework for Sustainable Development. Commissioned by UN Department of Economic and Social Affairs. Available at: http://sustainabledevelopment. un. org/content/documents/2331Bernstein%20 study%20on%20HLPF. pdf.

Bernstein, Steven, and Erin Hannah. 2014. Coherence and Global Sustainable Development Governance. Paper presented at the 2014 International Studies Association Convention, Toronto, March 26-29, 2014.

Division for Sustainable Development. 2013. Sustainable Development in Action. Special Report: Voluntary Commitments and Partnerships for Sustainable Development. SD in Action Newsletter, 1. Prepared by the Outreach and Communications Branch, UN Department of

Economic and Social Affairs.

Earth Negotiations Bulletin. 2014. Summary of the Second Meeting of the High-level Political Forum on Sustainable Development, June 30-July 9, 2014. *Earth Negotiations Bulletin*, 33(9).

Earth Negotiations Bulletin. 2015. Summary of the 2015 Meeting of the High-level Political Forum on Sustainable Development, June 26-July 8, 2015. *Earth Negotiations Bulletin*, 33(18).

ECOSOC, UN Economic and Social Council. 2013. Summary by the President of the Economic and Social Council of the special high-level meeting of the Council with the Bretton Woods institutions, the World Trade Organization and the United Nations Conference on Trade and Development (New York, 22 April 2013) (A/68/78-E/2013/66).

ECOSOC, UN Economic and Social Council. 2014. High-level Segment and High-level Political Forum on Sustainable Development: Adoption of the Ministerial Declaration of the High-level Political Forum. UN Doc. E/2014/L. 22-E/HLPF/2014/L. 3.

ECOSOC, UN Economic and Social Council. 2016. Zero-Draft: Ministerial Declaration of the 2016 High-level Political Forum on Sustainable Development convened under the auspices of the Economic and Social Council on the theme "Ensuring than no one is left behind".

Environment Management Group. 2013. System-wide Issues in the Follow up of the Framework for Advancing Environmental and Social Sustainability in the UN system. Options paper. Available at: http://www. unemg. org/images/emgdocs/safeguards/131129%20-%20ess%20draft%20option%20papers. pdf.

Environment Management Group. 2014. Advancing the Environmental and Social Sustainability Framework in the United Nations System: Interim Guide. Geneva: United Nations.

Evaluation Management Group. 2012. Independent Evaluation of Delivering as One:Summary Report. New York:United Nations.

Haas,Peter M. , and Casey Stevens. 2011. Organized Science, Usable Knowledge and Multilateral Environmental Governance. In *Governing the Air* , ed. Rolf Lidskog and Göran Sundqvist,125-161. Cambridge,MA:MIT Press.

Halle,Mark,Adil Najam,and Robert Wolfe. 2014. *Building an Effective Review Mechanism :Lessons for the HLPF*. International Institute for Sustainable Development.

Hoffmann,Matthew J. 2011. *Climate Governance at the Crossroads: Experimenting with a Global Response after Kyoto*. New York:Oxford University Press.

IISD, International Institute for Sustainable Development. 2014a. Options for the High-level Political Forum Review Mechanism:Background for the Second Workshop. May 15,2014,New York.

IISD, International Institute for Sustainable Development. 2014b. A Briefing Note of the Second Workshop on "Making the High-level Political Forum on Sustainable Development Work:How to Build an Effective 'Review Mechanism. '"*HLPF Bulletin* , 221 (2). Available at:http://www. iisd. ca/hlpf/hlpfsdw2.

Intergovernmental Committee of Experts on Sustainable Development Financing. 2014. Report of the Intergovernmental Committee of Experts on Sustainable Devel-opment Financing. UN Doc. A/69/315. Available at:http://www. un. org/ga/search/view_doc. asp?symbol＝A/69/315&Lang＝E.

Mukherjee, Shantanu. 2013. Learning from National MDG Reports. Presentation to the Open Working Group,New York.

Natural Resources Defense Council and Stakeholder Forum for a Sustainable Future. 2013. Fulfilling the Rio＋20 Promises:Reviewing Progress since the UN Conference on Sustainable Development.

Available at:http://www. nrdc. org/international/rio_20/.

Open Working Group on Sustainable Development Goals. 2014. Outcome document. July 19. Available at:http://sustainabledevelopment. un. org/focussdgs. html.

Ostrom, Elinor. 2010. Polycentric systems for coping with collective action and global environmental change. *Global Environmental Change*,20(4):550-557.

President of the UN General Assembly. 2016. Letter from the co-facilitators of the General Assembly informal consultations on the 2030 agenda follow-up(Belize and Denmark) and a zero draft resolution(6 May 2016). Available at: https://sustain-abledevelopment. un. org/content/documents/10124Follow-up％20and％20review％20-％206％20May％202016. pdf.

Rayner, Jeremy, Alexander Buck, and Pia Katila, ed. 2010. Embracing Complexity: Meeting the Challenges of International Forest Governance. A Global Assessment Report Prepared by the Global Forest Expert Panel on the International Forest Regime. Vienna:International Union of Forest Research Organizations.

South Centre. 2013. Concept paper by South Centre on High-level Political Forum on Sustainable Development. Geneva.

Stakeholder Forum for a Sustainable Future. 2012. Review of Implementation of Agenda 21 and the Rio Principles:Synthesis. New York:United Nations Department of Economic and Social Affairs.

Strandenaes,Jan-Gustav. 2014. Participatory Democracy—HLPF Laying the Basis for Sustainable Development Governance in the 21st Century. Report for UN Department of Economic and Social Affairs. Available at:http://sustainabledevelopment. un. org/index. php? menu＝1564.

Sumner,Andy,and Meeta Tiwari. 2010. Global Poverty Reduction to 2015 and Beyond:What Has Been the Impact of the MDGs and What Are the Options for a Post-2015 Global Framework? Institute of Development Studies at the University of Sussex. Working paper 348.

UN, United Nations. 2013a. Lessons Learned from the Commission on Sustainable Development: Report of the Secretary-General. UN General Assembly. UN Doc. A/67/757.

UN, United Nations. 2013b. Report of the Secretary-General on Mainstreaming of the Three Dimensions of Sustainable Development throughout the United Nations System. UN General Assembly and ECOSOC. 8 May. Advance Unedited Copy. UN Doc. A/68.

UN, United Nations. 2016a. Partnerships for SDGs. Available at: https://sustainabledevelopment. un. org/partnerships.

UN, United Nations. 2016b. Critical Milestones towards Coherent, Efficient and Inclusive Follow-up and Review at the Global Level. Report of the Secretary-General. UN Doc. A/70/684.

UN DESA, United Nations Department of Economic and Social Affairs. 2013. Executive Summary of the Prototype Global Sustainable Development Report. Available at: http://sustainabledevelopment. un. org/content/documents/975GSDR%20Executive%20Summary. pdf.

UNEP and UNDP, United Nations Environment Programme and United Nations Development Programme. 2013. The Global Thematic Consultation on Environmental Sustainability in the Post-2015 Development Agenda. Draft Final Report, July 2013.

UNGA, United Nations General Assembly. 2012. The Future We Want. Rio + 20 United Nations Conference on Sustainable Development, Rio de Janeiro, Brazil. UN Doc. A/CONF. 216/L. 1 adopted by the UN General Assembly in Res. 66/288.

UNGA, United Nations General Assembly. 2013a. Format and Organizational Aspects of the High-level Political Forum on Sustainable Development. UN Doc. A/RES/67/290.

UNGA, United Nations General Assembly. 2013b. Review of the Implementation of General Assembly Resolution 61/16 on the

Strengthening of the Economic and Social Council. UN Doc. A/RES/ 68/1.

UNGA, United Nations General Assembly. 2015. Transforming Our World: The 2030 Agenda for Sustainable Development. Draft resolution referred to the United Nations summit for the adoption of the post-2015 development agenda by the General Assembly at its sixty-ninth session. UN Doc. A/70/L. 1.

UN Secretary-General. 2013. Secretary-General's remarks at inaugural meeting of the High-Level Political Forum on Sustainable Development, New York, September 24, 2013. Available at: http:// www. un. org/sg/statements/index. asp?nid=7122.

UN TST, United Nations Technical Support Team. 2013. Global Governance. Issues brief. Available at: http://sustainabledevelopment. un. org/content/documents/2429TST%20Issues%20Brief_Global%20Governance_ FINAL. pdf.

UNTT, United Nations System Task Team on the Post 2015 UN Development Agenda. 2012a. Realizing the Future We Want for All: Report to the Secretary-General. New York. Available at: http://www. un. org/millenniumgoals/pdf/Post_2015_UNTTreport. pdf.

UNTT, United Nations System Task Team on the Post 2015 UN Development Agenda. 2012b. Review of the Contributions of the MDG Agenda to Foster Development: Lessons for the Post-2015 UN Development Agenda. Discussion Note.

UNTT, United Nations System Task Team on the Post 2015 UN Development Agenda. 2013. Statistics and Indicators for the Post-2015 Development Agenda. New York. July. Available at: http://www. un. org/ en/development/desa/policy/untaskteam_ undf/UNTT_ MonitoringReport_ WEB. pdf.

第 10 章　可持续发展目标和多边协议

阿里尔·翁德达尔(Arild Underdal)，金乐炫(Rakhyun E. Kim)

扬在第 2 章中深入分析了将目标设定作为地球系统治理一般战略的潜在优势和局限性。本章就是建立在其极富洞见的分析之上，但聚焦一项特定功能，即改革或重新排列现有的地球系统治理要素，提高可持续发展的整体绩效。

关于一套新全球治理目标的广泛共识，至少在一段时间内可为创新性变革，包括新规则与机构的建立，开启新的机遇窗口。然而，在未来的 5～10 年内，可持续发展目标的影响主要取决于现有机构对这些目标的积极参与和追随。(本章中，我们广泛地使用"机构"这个称呼，它指的是组织、制度和国际协议。)这些机构中的大多数将专注于它们自己的议程，而且成员们主要追求机构最初成立时的使命。相似的情况同样适用于其他几个目标设定的尝试，但是，可持续发展目标尤为突出，因为其雄心勃勃，要为多个既定的政策领域提供指导。"可持续"一词本身就暗含非常广泛的人类活动，"发展"一词也是如此。要想真正发挥作用，可持续性发展目标必须渗透或通过其他方式引入到现存的制度和组织中去，特别是那些(主要)为其他目的而设立的强大机构。

《2030 年可持续发展议程》包括 17 个可持续发展目标，每个目标都有一套更具体的子目标。有了这样一个综合、全面的议程，可持续发展目标的实施将关键取决于成千上万个已经在从事人类管理事务的代理们(从地方议会和国家政府到国际组织如世界银行、国际货币基金组织和世界贸易组织），如何在他们各自的领域采取行动。

狂热支持者和乐观派可能会把《2030 年可持续发展议程》看作一个在各层治理和所有相关政策领域包含了重要的、令人信服的内容的规范框架。悲观主义者（或许他们自己更喜欢"现实主义者"的称号）可能会指出以下两点：第一，部分目标（比如，"确保健康的生活方式，增进各年龄段人群的福祉"）没有为稀缺资源的优先排序提供足够的指导，而且总体上看，宣言方面更是如此；第二，缺乏分层整合的世界治理体系，不能确保并强制目标在全球层面得到普遍有效实施。在缺乏明确的优先次序和整合的世界治理体系的情况下，可持续发展目标对现有制度和组织的影响将在很大程度上取决于目标本身的规范性影响，以及其支持者采取何种软的影响模式。

根据《韦氏词典》(Merriam-Webster)，"管弦乐团式协调"一词起源于 19 世纪的交响乐团。该词作为一种特定活动的标签，即"交响乐团演奏乐曲的安排"。大多数人会马上认可、同意这个定义，然而，最近这一标签已被更广义地运用到其他领域，大致是指试图协调系统中的不同元素，使彼此达到和谐以提高整体表现。在将"管弦乐团式协调"这一标签应用于可持续发展目标时，我们采用后一种解释。更确切地说，我们把"管弦乐团式协调"看作一种软的（全球）治理模式，它包括为了共同的事业而进行引导、促进和协调自愿性贡献的工作（Abbott and Snidal，2009；Abbott and Snidal，2010；Abbott et al.，2015；第 9 章）。在其他因素不变的前提下，对协调的需求往往随着治理系统的复杂性和碎片化而增加（Zelli and van Asselt，2013）。如果把这个命题应用到此处聚焦的任务中，可持续发展目标就迫切需要"管弦乐团式协调"了，因为一方面是雄心勃勃、松散集成的（loosely integrated）目标宣言，另一方面是复杂而碎片化的全球治理体系。

正如所有其他活动一样，协调需要一个或多个代理人（"指挥家"）。艾伯特等人（Abbott et al.，2015）在他们的综合分析中指出，中介机构（通常是非政府组织）是该领域的主要操作者。事实上，在实现"指挥家"目标的过程中，通过中介组织来治理第三方参与者（和子目标），是他们对"管弦乐团式协调"定义的特征之一。这里，我们采用本书第 9 章伯恩斯坦的设想，高级别政治论坛将是联合国的首席指挥，因此成为"指挥家的指挥家"。在高级别政治论坛上，部长和（每四年一届的）国家或政府首领会晤，通过充分的谈判和达成广泛共识的各项声明来提供指导和反馈。高级别政治论坛所能提供的，主要是一种依赖于理性思考和软实力的"管弦乐团式协调"（Risse，2000；Nye，2004）。这种协调无疑会有所贡献，但是即便高级别政治论坛成功扮演了提供指导和给予反馈的全球论坛的角色，它也只能略微提高联合国系统在实施可持续发展目标广泛措施方面所需的整体能力。目标设定任务和目标实现任务在很多重要方面都有很大区别，而可持续发展目标议程显然属于后一项任务，要比前者的要求高得多。

　　本章的结构如下：10.1 部分，我们将探询在协调现有国际机构的贡献时，会面临何种独特的政治挑战和与企业有关的挑战？10.2 部分，我们将探询在哪些情况下，目标设定才可以成为履行这项特殊任务的有效工具？部分内容将基于扬对"问题性质"和"设置特征"的分析（见第 2 章）。10.3 部分，我们将探询仅从现阶段看，可持续发展目标能在多大程度上满足这些条件？10.4 部分将概括我们的结论。

10.1　协调现有的国际协定和组织

　　为一个管弦乐队编排音乐和为世界编排治理方式是完全不同的活动，因此，在两者之间进行任何直接类比都是牵强的。尽管如此，简要回顾和比较一下，也许能帮助我们更好地理解为什么协调现有国际机构的工作是个艰巨的挑战。

　　交响乐团是一个音乐家的团体（最大规模通常在 100 人左右），每个人都精通某种特定乐器。其中有些音乐家对乐团的整体曲目应该是什么或者对某一特定音乐片段的艺术诠释，有着不同的看法。这些问题和其他问题可能会引起激烈讨论，此类讨论在某些情况下会提升表演效果，在其他情况下则不然。即便非常专业和有建设性，这些内部讨论在乐团上台前就被迫终止或者中断。一旦面对观众，每个人都将参与到共同的项目，由一个共同的目标、共同的剧本及对剧本的共同解读所指引，并通过指挥家的手势进行交流。虽然彼此间的互动将会非常激烈，但也只在有限的时段内。音乐家们表演时可以轻松地和彼此交流，并且都会有一种团结感，因此一些管弦乐团——通常是较小的乐团——能够在没有指挥家的情况下良好运行(Khodyakov，2007)。事实上，为在音乐会上实现演奏的和谐，由指挥家指导的完整的交响乐团也会广泛地运用自我同步机制，比如，明确指定的劳动分工和不停地调整，最终，乐团被评估的主要依据将是它整体的表现和乐团内部之间的协调，乐器的类别也将是得到高评价的一个必要条件。

全球治理的背景则完全不同。可持续发展目标包含其他类型的代理人(机构而非个人)、其他类型的活动(治理而非乐曲)，以及多个尺度范围(时间和空间上的)。此外，一个管弦乐团被认为是一个单独的组织，但国际社会则由高度碎片化的体系来治理。这些及其他的对比都意味着，期待可持续发展目标达到音乐领域所需的精确协调一致的高度是很不合理的。从精确指令的角度来看，巴赫(Bach)的《圣诞节清唱剧》(*Christmas Oratorio*)和可持续发展目标宣言大不相同。好在全球治理不需要实现完美的"管弦乐团式协调"，就能为可持续发展做出真正重要的贡献。

目前，国际制度和国际组织的"人员"已经发展了一个多世纪。每个机构的建立和设计都可以看作对某一特定治理挑战的集体回应。这一挑战在某一特定时间点备受该机构成员的重视，因此，每个机构代表其成员行使有限范围内的特定职责与功能，成员们则主要依据机构行使职责的好坏来评估它。很多情况下，由于工作环境的变化或内部纠纷或致命失误的影响，机构职责、设计和成员都会发生相应的变化。然而，大部分机构都有其固有的工作机制以保留它们的"本质"(essence)，这些本质是根据机构在创建之初以及它们在历史关键时刻所做出的方向性决定来定义的(Allison，1971；Pierson，

2000)。这些机制通常会导致一种通过昨日教训和今日策略而着手处理明日挑战的倾向。但是，在某些情况下，路径依赖易造成机构僵化，以及更为糟糕的路径锁定，从而严重削弱机构理性应对情境变化的能力(Olson，1982)。

随着其自身(或者联合体)的演化发展，现今的全球治理体系在议题领域、具体职责、成员及地理范围方面高度分散。这种多维度的碎片化已经引起越来越大的改革呼声，要求在相关领域国际机构之间建立互助型关系(Sanwal，2004；Pavoni 2010)。例如，在国际环境治理领域，已有大量提案要求更好协调现存的多边协定并改善其整体绩效。这些提案大多数在性质上属于有组织的，比如，有较为集中的提案探讨设立联合秘书处的可能性(Oberthür，2002；von Moltke，2005)，或者把联合国环境规划署升级为世界环境组织(Biermann and Bauer，2005)。这些改革能够促进学习，提升管理能力和效率，并通过其他方式改善协调机构(如秘书处)的(技术上的)绩效。然而，它们确实没有使具体协议规则与目标和一个共同的目的保持一致。

机构或制度碎片化在某些政策领域尤其普遍，如环境领域，有很多的国际协定，但缺乏带有强制性的可以适用于不用获得国家同意的情形的规则或原则(Boyle，2007)。倘若缺少一个首要的集体目标把整个体系整合起来，那么国际环境法规和治理就只不过是诸多协定的加总而已(Kim and Bosselmann，2013)。这同样适用于国际法规和可持续发展的治理(Pauwelyn，2003)。好消息是：可持续发展作为一个指导性概念越来越被接受，并且整个国际社会也开始将其作为最终目标。一些评论家颇为乐观，认为这个集体性的可持续发展目标通过整合国际法与国际治理的不同领域，对解决这一碎片化问题颇为有利(Weeramantry，2004；Voigt，2009)。

10.2 哪些情况下目标设定才能成为有效的协调工具

目标设定可以成为一种加强地球系统治理的有益工具，但只是在特定的条件下适用。我们的兴趣在于加深对这些情境条件的理解，而这样做的部分原因在于以下事实：2000 年联合国大会批准的《联合国千年宣言》承诺要"保障更好的政策连贯性和更好的合作……目的是实现一种全面协调的方法，以解决和平与发展问题"（UNGA，2000，第 30 段）。该宣言自从被批准以来，虽然取得了一些进展，但国际法规与治理的整体碎片化程度似乎并未明显降低。具体到可持续发展领域，我们能否合理期待联合国体系可以实现"一种全面协调的方法"，或者至少做得更好？

目标设定若要成为协调可持续发展管理的有效工具，似乎至少需要三方面条件（见第 9 章）。

第一，相关决策主体必须能够就一套数量较少而可控的目标达成一致。从当前来看，目标设定生效的情境条件显然不利。此外，国际社会还有以下特征：贫富两极分化、对财富和权力的竞争日益激烈，以及机构能力偏弱（这是默认的决策规则的共识）。在这些条件下，参与者的偏好和信念可能会存在较大分歧，致使全球会议外交面临集成与聚合的艰难挑战。其结果是，经过精心设计并且可以允许不止一种解释的一揽子协约和规划（"创造性模糊"），通常是全球协定的重要组成部分。

第二，目标必须为"代理人"和"委托人"提供清晰的指导。代理人有不同的实质性优先事项，或只追求他们的利益目标（Abbott et al.，2015）。协调可以理解为将这些目标与委托人的目标整合一致的一种尝试。因此，理想情况下，通过目标设定来治理，应该提供一个规定明确、内部一致、层次分明的目标结构。基于上述原因，这远非我们能合理期待的。目标列表越长越多元，那么它协调现存机构的能力就越弱。一个有助于加强协调能力又不好高骛远的成就，是与某一单个的、首要的目标具有一致性的，这一目标优先于所有其他补充的辅助性目标。这样一个优先性目标将扮演"基本规范"的角色，为所有相关国际制度和组织提供一个他们必须努力追求的共同首要目标（见第 3 章）。此外，随着时间的推移，通过来自非政府组织的积极需求和支持，或者通过国际法律程序，它的影响力可能还会得到进一步提升，强化从地球边界的视角解释可持续发展，并将可持续发展视为一个"有规范价值的原则"（International Court of Justice，1997）。

如果缺少这种首要目标，则发展将会变得挑战重重——这是千年发展目标的经验与教训告诉我们的。虽然一切初衷良好，但是不同的千年发展目标有时会导致截然相反的结果。也就是说，一种目标绩效结果的改善，可能导致另一目标绩效恶化。联合国环境规划署在近期的报告中指出，现行减少贫困、饥饿的方式（千年发展目标1）和"现代农业增产及其对水、化肥、除草剂和机械集约化使用的需求"紧密相关，进而对环境可持续性产生了负面影响（千年发展目标7；UNEP，2013）。在千年发展目标 7 内，环境子目标与其指标间也存在冲突。比如，扩大生物燃料类植物的种植，可能会减少"总量、人均及每 1 美元 GDP 的 CO_2 排放量"（7.2），但它很可能同时降低"森林覆盖率"（7.1）（Danielsen et al.，2008；Fargione et al.，2008）。同样，用不会对臭氧产生损耗的氢氟碳化物替代氢氟氯碳化物，虽然有利于减少"损耗臭氧物质的消耗"水平（7.3），但是会加剧气候变化，因为氢氟碳化物有很高的全球暖化元素（Velders et al.，2007）。

《联合国千年宣言》作为一条单独的法令，其目标是"实现一种完全协调的方式"，这可能会给委托人（特别是联合国秘书长）提供足够的指导。然而，对于较低级别的机构以及其他一些拥有狭义授权的参与者来说，这一目标必须转化为针对他们特定领域的行为准则。在一个极端分化、竞争激烈且机构能力薄弱的环境中，这并不是简单的任务。而且，制度安排是工具，主要是在其他目标的实现过程中体现其价值的。《联合国千年宣言》包括多个实质性目标，比如，消除极端贫困与饥饿，确保环境可持续性。这些目标立足于自身优点，可能在政治优先顺序上排位更高。在对稀缺人力、财力的竞争中，后一类目标（即财力类目标）很可能会占优势。

这些不同目标（涉及复杂地球系统一个或几个组成部分）间的竞争，突出强调了目标设定的系统方法的重要性。确定交叉型（或整合）的目标而不是在人类发展和地球必需品之间形成错误对立，这一点至关重要（Griggs et al.，2013；UNEP，2013）。在一个日益复杂的时代，在不同的目标和子目标之间进行权衡愈加重要，这些权衡也是系统自身的内在要求。针对个体治理工作所面临的威胁及其解决方案，必须依据总体绩效进行评估。理想情况下，一个首要目标通过在可持续发展目标间建立系统性关联并管理各类权衡问题，可以作为现有国际机构协调的参考，目的是保障可持续发展的全面改善（Costanza et al.，2015）。

　　第三，相关代理人必须愿意并且能够共同有效工作，以实现设定的目标。意愿也可以建立在潜在价值和规范的内化或外部的"胡萝卜（激励）加大棒（惩罚）"之上。正如前文指出的，至少在某些环境中，一个团队目标的内化和同步化可以成为一种自愿的、自下而上协调的有效机制。然而，组织行为学者指出，（大型）组织应对复杂事物的方式是：对内区别任务，对外与其他组织划清边界（Scott，1981）。一个高度专业化的团队包括机构成员和员工，他们主要关注自身特定领域，并就其使命的本质及其全部程序化活动的合适指令提出一些观点（Allison，1971）。这些"本土化的"观点和惯例比源自某个遥远国际会议的高级别政策宣言更有可能被内化。而且某些情况下，与其他机构或单位进行"全面"或广泛协作的呼吁，很可能会被视为威胁，国际背景下尤其如此。某个组织中的参与主体努力去影响另一个拥有不同成员的组织的规则制定与实施，这种行为常常被认为是对国家主权的威胁（Wolfrum and Matz，2003）。例如，《联合国气候变化框架公约》和《生物多样性公约》之间合作的一个重要障碍一直是美国是前者成员，但并不是后者成员。美国已经强调，每一个公约都有"明确的法律性质、职责授权和成员资格"，并且坚持认为生物多样性问题应在气候体制之外进行处理（UN Framework Convention on Climate Change，2006）。因此，需反复强调的是，任何加强机构与制度协调的尝试，都必须同时尊重条约的法律自主权（UNGA，2005，第169段）。如此，协调将可能必须包括某些措施，以鼓励或约束机构去追求一个更高级别的、"超机构"的目标。

一个组织的贡献能力主要取决于它的人力资源、制度资源和物质资源。要想实现一个新目标，通常需要新的专业知识（可能也需要重新安排现有部门或团队）、程序上和其他一些制度上的改革，以及额外的资金支持（至少大部分最直接相关的部门感觉如此）。但是"杞人忧天"的心态往往阻碍了这些成本节约类措施的制定，甚至在一些显而易见的方面，如减少重复性工作和利用协同效应来降低成本，从而使资金用于"刀刃"上，这种阻碍现象时有发生，其结果就是实际取得的净收益往往无法达到预期。

10.3 可持续发展目标符合这些条件吗

《2030 年可持续发展议程》包含了可持续发展目标，该议程的组织类似于《联合国千年宣言》。两者最显著的区别在于《联合国千年宣言》的目标是 8 个，而《2030 年可持续发展议程》的目标是 17 个，虽然 2012 年联合国可持续发展大会达成的协议规定，可持续发展目标"当……数量有限"（UNGA，2012，第 247 段）。目标数量的增加，部分原因在于近期任务的复杂程度很高，实现可持续发展在许多重要方面要比"仅仅"实现发展更具挑战。这种更宽泛的目标设定可能也反映出全球会议外交在整合各类分歧性观点、聚合各种冲突性偏好方面的能力有限，包括开放工作小组，同样如此。事实上，许多目标被认为是缺乏共识的（见第 6 章）。这两个因素（复杂程度很高和失败的外交）可能会同时相互作用。正如国际环境制度方面的学者所指出的那样，当政治上的棘手难题交由低整合与聚合能力的机构处理时，成功率往往会迅速下降（Underdal，2002）。无论如何，目标数量的大幅增加表明，我们关于目标设定成为协调现有机构有效工具所需具备的第一个条件（"相关决策主体必须能够就一套数量较少而可控的目标达成一致"）将无法满足。如果可持续发展目标在设定阶段就无法提供清晰、明确的优先事项，那么要想在实施阶段有效协调现有机构，将会变得非常艰巨。

现在依据我们的第二个条件（"目标必须为'代理人'和'委托人'

提供清晰的指导"）来回顾《2030 年可持续发展议程》，形势依然不乐观。可持续发展目标似乎更多的是一个大约同等重要的优先事项的集合，而不是一个层次分明的结构化体系。这并非意料之外，因为所有目标和子目标都来自各类国际文书的现有承诺。因此，可持续发展目标的组织，或多或少反映了国际法律体系的碎片化和分散型结构（Kim，2016）。然而，应该承认，从目标出现的顺序，我们可以推断出一些相对重要性。在没有任何其他线索的情况下，从一开始就列出的目标可能会被认为比最后出现的目标更重要。目标 1 是"在全世界消除一切形式的贫困"，包括极端贫困，确实被认为是可持续发展"最大的全球性挑战"（UNGA，2015，第 2 段）。也许有人会强调，"实现三个维度的可持续发展才是首要目标"（UNGA，2012，第 56 段）。这两个步骤可能都有助于提供详细的指导，但是就后者来说，还必须明确定义什么是"三个维度的可持续发展"。虽然《2030 年可持续发展议程》中"我们的愿景"本来可以详细阐述这个短语的含义，但它只是在三个段落中重申了已经包含在 17 个目标中的关键优先领域（Kim，2016）。此外，通过重申"我们想要的未来"，开放工作小组把"消除贫困，改变不可持续并促进可持续的消费和生产方式，保护与管理经济社会发展的自然资源基础"，视为可持续发展的同等重要的首要目标和必然要求（Open Working Group on Sustainable Development Goals，2014）。谈判者自身可能对这些句子有一个共同且相当准确的理解，但是现有机构（其活动将会被协调引导）的大部分领导和工作人员很可能无法得出清晰、明确的行为暗示，以指导他们的特定活动。

此外，在经济、社会和环境三个维度中，每个维度应该本着什么样的目的为可持续发展服务，可持续发展目标对此并不明晰。例如，目标 13、目标 14 和目标 15 通常被认为是环境目标，却缺乏共同目的。最接近这一点的，可能就是《2030 年可持续发展议程》序言中所表达出来的国际社会的决心，"保护地球免于退化……这样它就能支持当前和未来人类的需要"（UNGA，2015）。这个声明承认一个健康的地球环境是满足人类需要的先决条件，但它显然不是作为对某个目标的表述，因此缺乏必要的目标属性，如内容和强度（Kim，2016；Latham and Locke，1991）。缺乏一个首要的环境目标，意味着出现了环境问题转移的风险。当特别为环境保护制定的措施导致破坏或损害从一个区域转到另一个区域，或从一类污染转变为另一类污染时，环境问题的转移就出现了。例如，用玉米乙醇代替汽油来减缓气候变化，可能会改变净环境影响（net enviromental impact），使得富营养化现象更为严重和水资源更为短缺（Yang et al.，2012），把相关问题从目标 13 部分转移到了目标 6、目标 14 和目标 15。因此，可持续发展目标的非层次化组织，创造了一个容易导致问题转移而不是问题解决的环境。可以想象，即使在理想的情况下，所有的目标和子目标都能单独实现，但结果不一定就是可持续发展的理想状态（Kim，2016）。

对于第三个条件（"相关代理人必须愿意并且能够共同有效工作，以实现设定的目标"），我们可以放心地预测，许多现有机构将从可持续发展目标中发现新机遇，以扩展其自身领域或吸引新的资源，从而提供服务去支持某个具体目标或子目标。在其他因素不变的前提下，目标（子目标）数量越多并且越多元化，就会有越多的机会来实现这种双赢式的结盟。许多类似结盟可能会促进特定目标的实施。有些人可能还会在联合国系统之外建立新的伙伴关系（见第 8 章），或者"在互相重叠的机构中产生一种自发的新型劳动分工"（Gehring and Faude，2014）。在有明显重叠的地方，可持续发展目标可能会促进相关多边协定的"集群"。例如，目标 15 可以作为小组目标，进一步加强围绕生物多样性相关公约联络小组（Liaison Group of Biodiversity-related Conventions）的现有集群。事实上，目标 15 下的子目标可以追溯到主要的生物多样性相关条约的目标。同样，目标 14 加强了围绕《联合国海洋法公约》（*UN Convention on the Law of the Sea*）的海洋环境条约集群（marine environment treaty cluster），该公约的实施对实现子目标 14.c 特别重要。

然而，这些进展的净效应很难显著降低整体的全球治理碎片化程度。要想有效解决系统范围内的交互效应，提高地球子系统之间的机构和制度一致性，需要的不仅仅是组织集群（Walker et al.，2009；Kim and Bosselmann，2013）。这很有挑战性，从某种程度上而言，可持续发展目标是基于联合国系统背后的功能主义者思维设计的（Hey，2010）。虽然"筒仓化"恰好是这些目标需要阻止和尽量避免出现的，但是这些目标本身是用还原式（reductionist）方法制定的（见第 9 章）。例如，实际上，关于气候的"紧急行动"（目标 13）、"海洋资源"（目标 14）和"陆地生态系统"（目标 15）的三个环境目标，可能会在三个任意空间领域——陆地、海洋和大气，进一步加重全球环境治理的碎片化程度（Kim，2016）。确定它们自身属于这三个领域之一以后，相关多边协定的签约机构或其他政府间组织可能缺乏足够的激励，去超越概念上的分歧并接受更高层次的协调。

在更基础的层面上，还有一个问题就是：可持续发展目标是否有助于"在当前和未来几代人的经济、社会和环境需求之间取得平衡"（Open Working Group on Sustainable Development Goals，2014，第 9 段）。在这里，高级别政治论坛作为"指挥家的指挥家"（第 9 章），面临着一个艰巨的挑战，即在缺乏清晰而规范的愿景（当所有可持续发展目标和子目标都实现时，世界将会怎样？）情况下解决关键的权衡问题（Kim，2016）。大多数目标的设计要么是基于人类发展（目标 1、2、3、4、5、8、9、10、11、16 和 17），要么是基于环境保护（目标 13、14 和 15），只有相对较少的目标可以视为已跨越这两个政策领域（目标 6、7 和 12）。该文件在关于怎样调和"发展权利"与"自然权利"，以实现"与自然和谐相处"方面只字未提（Open Working Group on Sustainable Development Goals，2014，第 7 段、第 9 段）。《2030 年可持续发展议程》未能解决这一"规范的无序状态"（normative anarchy）问题，这可能是由各国做出的一个战略性选择，从而确保可以达成关于可持续发展目标的政治协定（见第 9 章）。

至少有两项措施可以帮助协调各机构不仅要实现单一目标，还要实现可持续发展目标的精神。首先，高级别政治论坛应该阐明诸多可持续发展目标的最终目标。例如，发起一场全球对话，通过这个对话，一个更新后的可持续发展的定义将会出现（Kim，2016；

Muys，2013；Griggs et al.，2013）。经常被引用的《布伦特兰委员会报告》不适合作为指导性定义，因为它允许对可持续发展有各种各样的解释，特别是涉及整合经济、社会与环境目标问题时（Kim and Bosselmann，2015）。其次，各国和其他非国家类参与者应该承认国际法，并将其视为可持续发展目标和子目标赖以运行的规范环境（Kim，2016）。这些目标和子目标的出现并非无中生有，也无法逃离规范的"真空"。它们是脚踏实地的，并符合国际法。接受国际法作为一个规范的环境，在可持续发展目标和子目标出现冲突时，通过潜在应用整合原则，将有助于避免规范的无序状态（Voigt，2009）。

10.4　结　论

可持续发展目标是两种需求的激烈碰撞，一面是雄心勃勃却松散整合的目标宣言，另一面是复杂而碎片化的全球治理体系。许多现有制度和组织将会在它们各自特定的领域寻求机会，做出贡献。有些组织也能找到新的机会，通过协作或者向其他机构的领域渗透来拓展它们的领域。然而，由于它们的"普遍"多样性和软优先次序，可持续发展目标不太可能成为促进融合的有效工具。《2030 年可持续发展议程》并没有提供一个首要目标或规范，以便作为更多具体目标的平台；也没有为人类世中长期可持续发展究竟意味着什么、需要什么这个问题，提供一个长期整体化的愿景。缺乏这样一个首要原则和愿景，可持续发展目标对全球治理的影响，可能是要在本已拥挤不堪的政策领域内，推动现有制度和组织的进一步集群或重新结合。这些改革在许多方面都是极不平凡的成就。然而，考虑到挑战的性质（见第 3 章），可持续发展目标不大可能催生重大的体系结构改革或新的整合性实践，以显著降低全球治理体系的碎片化程度。

参考资料

Abbott, Kenneth W. , Philipp Genschel, Duncan Snidal, and Bernhard Zangl. 2015. Orchestration: Global Governance through Intermediaries. In *International Organizations as Orchestrators*, ed. Kenneth W. Abbott, Philipp Genschel, Duncan Snidal, and Bernhard Zangl, 3-36. Cambridge, UK: Cambridge University Press.

Abbott, Kenneth W. , and Duncan Snidal. 2009. Strengthening International Regulation through Transnational New Governance: Overcoming the Orchestration Deficit. *Vanderbilt Journal of Transnational Law*, 42:501-578.

Abbott, Kenneth W. , and Duncan Snidal. 2010. International Regulation without International Government: Improving IO Performance through Orchestration. *Review of International Organizations*, 5:315-344.

Allison, Graham T. 1971. *Essence of Decision: Explaining the Cuban Missile Crisis*. 1st ed. Boston: Little Brown and Co.

Biermann, Frank, and Steffen Bauer, eds. 2005. *A World Environment Organization: Solution or Threat for Effective International Environmental Governance?* Aldershot: Ashgate.

Boyle, Alan. 2007. Relationship between International Environmental Law and Other Branches of International Law. In *The Oxford Handbook of International Environmental Law*, ed. Daniel Bodansky, Jutta Brunnée, and Ellen Hey, 125-146. Oxford: Oxford University Press.

Costanza, Robert, Jacqueline McGlade, Hunter Lovins, and Ida Kubiszewski. 2015. An Overarching Goal for the UN Sustainable Development Goals. *Solutions*, 5:13-16.

Danielsen, Finn, Hendrien Beukema, Neil D. Burgess, Faizal Parish, Carsten A. Bruhl, Paul F. Donald, Daniel Murdiyarso, et al. 2008. Biofuel Plantations on Forested Lands: Double Jeopardy for

Biodiversity and Climate. *Conservation Biology*, 23：348-358.

Fargione, Joseph, Jason Hill, David Tilman, Stephen Polasky, and Peter Hawthorne. 2008. Land Clearing and the Biofuel Carbon Debt. *Science*, 319：1235-1238.

Gehring, Thomas, and Benjamin Faude. 2014. A Theory of Emerging Order within Institutional Complexes：How Competition among Regulatory International Institutions Leads to Institutional Adaptation and Division of Labor. *Review of International Organizations*, 9：471-498.

Griggs, David, Mark Stafford-Smith, Owen Gaffney, Johan Rockström, Marcus C. Öhman, Priya Shyamsundar, Will Steffen, et al. 2013. Sustainable Development Goals for People and Planet. *Nature*, 495：305-307.

Hey, Ellen. 2010. The MDGs, Archeology, Institutional Fragmentation and International Law：Human Rights, International Environmental and Sustainable(Development) Law. In *Select Proceedings of the European Society of International Law*, Vol. 2, eds. Hélène R. Fabri, Rüdiger Wolfrum, and Jana Gogolin, 488-501. Oxford：Hart Publishing.

International Court of Justice. 1997. Gabčíkovo-Nagymaros Project(Hungary/Slovakia), Judgment. *ICJ Reports*, 1997：7-81.

Khodyakov, Dmitry M. 2007. The Complexity of Trust-Control Relationships in Creative Organizations：Insights from a Qualitative Analysis of a Conductorless Orchestra. *Social Forces*, 86：1-22.

Kim, Rakhyun E. 2016. The Nexus between International Law and the Sustainable Development Goals. *Review of European, Comparative and International Environmental Law*, 25(1)：15-26.

Kim, Rakhyun E. , and Klaus Bosselmann. 2013. International Environmental Law in the Anthropocene：Towards a Purposive System of Multilateral Environmental Agreements. *Transnational Environmental Law*, 2：285-309.

Kim，Rakhyun E. ，and Klaus Bosselmann. 2015. Operationalizing Sustainable Development：Ecological Integrity as a *Grundnorm* of International Law. *Review of European，Comparative and International Environmental Law*，24：194-208.

Kim，Rakhyun E. ，and Harro van Asselt. 2016. Global Governance：Problem-shifting in the Anthropocene and the Limits of Intornational Low. In *Research Hand book on International Law and Natural Resources*，ed. Elisa Morgera and Kati Kulovesi，473-495. Cheltenham：Edward Elgar.

Latham，Gary P. ，and Edwin A. Locke. 1991. Self-Regulation through Goal Setting. *Organizational Behavior and Human Decision Processes*，50：212-247.

Muys，Bart. 2013. Sustainable Development within Planetary Boundaries：A Functional Revision of the Definition Based on the Thermodynamics of Complex Social-Ecological Systems. *Challenges in Sustainability*，1：41-52.

Nye，Joseph S. 2004. *Soft Power：The Means to Success in World Power*. New York：Public Affairs.

Oberthür，Sebastian. 2002. Clustering of Multilateral Environmental Agreements：Potentials and Limitations. *International Environmental Agreement：Politics，Law and Economics*，2：317-349.

Olson，Mancur. 1982. *The Rise and Decline of Nations：Economic Growth，Stagflation，and Social Rigidities*. New Haven：Yale University Press.

Open Working Group on Sustainable Development Goals. 2014. Proposal of the Open Working Group for Sustainable Development Goals. UN Doc. A 68/970/12.

Pauwelyn，Joost. 2003. *Conflict of Norms in International Law：How WTO Law Relates to Other Rules of International Law*. Cambridge，UK：Cambridge University Press.

Pavoni, Riccardo. 2010. Mutual Supportiveness as a Principle of Interpretation and Law-Making: A Watershed for the "WTO-and-Competing-Regimes" Debate? *European Journal of International Law*, 21:649-679.

Pierson, Paul. 2000. Increasing Returns, Path Dependence, and the Study of Politics. *American Political Science Review*, 94(2):251-267.

Risse, Thomas. 2000. "Let's Argue!" Communicative Action in World Politics. *International Organization*, 54:1-39.

Rockström, Johan, Will Steffen, Kevin Noone, Åsa Persson, F. Stuart Chapin, Ⅲ, Eric F. Lambin, Timothy M. Lenton, et al. 2009. A Safe Operating Space for Humanity. *Nature*, 461:472-475.

Sanwal, Mukul. 2004. Trends in Global Environmental Governance: The Emergence of a Mutual Supportiveness Approach to Achieve Sustainable Development. *Global Environmental Politics*, 4:16-22.

Scott, W. Richard. 1981. *Organizations: Rational, Natural, and Open Systems*. Englewood Cliffs: Prentice Hall.

Teclaff, Ludwik A., and Eileen Teclaff. 1991. Transfers of Pollution and the Marine Environment Conventions. *Natural Resources Journal*, 31:187-211.

Underdal, Arild. 2002. Conclusions: Patterns of Regime Effectiveness. In *Environmental Regime Effectiveness: Confronting Theory with Evidence*, Edward L. Miles, Arild Underdal, Steinar Andresen, Jørgen Wettestad, Jon Birger Skjærseth and Elaine M. Carlin, 433-466. Cambridge, MA: The MIT Press.

UNEP, United Nations Environment Programme. 2013. Embedding the Environment in Sustainable Development Goals. UNEP Post-2015 Discussion Paper 1. Nairobi: United Nations Environment Programme.

UNGA, United Nations General Assembly. 2000. United Nations

Millennium Declaration. UN Doc. A/RES/55/2.

UNGA, United Nations General Assembly. 2005. 2005 World Summit Outcome. UN Doc. A/RES/60/1.

UNGA, United Nations General Assembly. 2012. The Future We Want. UN Doc. A/RES/66/288(Annex).

UNGA, United Nations General Assembly. 2015. Transforming Our World：The 2030 Agenda for Sustainable Development. UN Doc. A/RES/70/1.

UN Framework Convention on Climate Change. 2006. Views on the Paper on Options for Enhanced Cooperation among the Three Rio Conventions Submissions from Parties. UN Doc. FCCC/SBSTA/2006/MISC. 4.

Velders, Guus J. M. , Stephen O. Andersen, John S. Daniel, David W. Fahey, and Mack McFarland. 2007. The Importance of the Montreal Protocol in Protecting Climate. *Proceedings of the National Academy of Sciences of the United States of America*, 104：4814-4819.

Voigt, Christina. 2009. *Sustainable Development as a Principle of International Law：Resolving Conflicts between Climate Measures and WTO Law*. Leiden：Martinus Nijhoff.

von Moltke, Konrad. 2005. Clustering International Environmental Agreements as an Alternative to a World Environment Organization. In *A World Environment Organization：Solution or Threat for Effective International Environmental Governance?* ed. Frank Biermann and Steffen Bauer, 175-204. Aldershot：Ashgate.

Walker, Brian, Scott Barrett, Stephen Polasky, Victor Galaz, Carl Folke, Gustav Engström, Frank Ackerman, et al. 2009. Looming Global-Scale Failures and Missing Institutions. *Science*, 325：1345-1346.

Weeramantry, C. G. 2004. *Universalising International Law*. Leiden：Martinus Nijhoff Publishers.

Wolfrum, Rüdiger, and Nele Matz. 2003. *Conflicts in International Environmental Law*. Berlin: Springer.

Yang, Yi, Junghan Bae, Junbeum Kim, and Sangwon Suh. 2012. Replacing Gasoline with Corn Ethanol Results in Significant Environmental Problem-Shifting. *Environmental Science & Technology*, 46:3671-3678.

Zelli, Fariborz, and Harro van Asselt. 2013. The Institutional Fragmentation of Global Environmental Governance: Causes, Consequences, and Responses. *Global Environmental Politics*, 13:1-13.

第 11 章 《2030 年可持续发展议程》的融资问题

坦克雷德·瓦蒂尔兹(Tancrède Voituriez),森田香菜子(Kanako Morita),蒂埃里·乔达诺(Thierry Giordano),诺拉·巴库尔(Noura Bakkour),清水展子(Noriko Shimizu)

2002 年 3 月,蒙特雷发展筹资会议(Monterrey Conference on Financing for Development)呼吁,通过经济增长和创造就业机会,动员更多的私人融资来支持减贫工作(UNGA,2002)。同年 9 月,在约翰内斯堡的世界可持续发展峰会上,联合国秘书长颁布了促进发展中国家私营部门参与的措施——所谓"Ⅱ型结果"或"伙伴关系",其由一系列承诺和以行动为导向的联盟组成。然而,后续行动令人非常失望(Ramstein,2012)。尽管这种动员迄今为止仍然较少,但第三届发展筹资会议的成果文件《亚的斯亚贝巴行动议程》(*Addis Ababa Action Agenda*)也强调实现可持续发展需要动员国内和国际的私人融资(UNGA,2015)。本章旨在阐释为何在全球发展协定的融资规划中,私人融资越来越成为不可回避的重点。本章通过考察投资需求(11.1 部分),以及对新型混合融资工具(11.2 部分)和公私伙伴关系(11.3 部分)的论述,强调金融伙伴改变他们的学习曲线(learning curve)中的需求和机会,特别是动员私营部门投资(11.4 部分)。后文将关注政策的影响,探讨捐助机构为缩小公私伙伴关系中高期望与低成就的落差而可能采取的干预措施(11.5 部分)。11.6 部分将依据以上内容得出相关结论。

11.1　前所未有的投资需求

2000 年，千年发展目标正式启动，当其纳入覆盖面更广的可持续发展目标体系时，其实现成本也将大幅提高。可持续发展目标与千年发展目标相比，覆盖面更广，目标更加宏伟，如"零贫困"和"零饥饿"，且大多立足全球。

扩展发展议程就会带来具体的执行问题，特别是在资金方面。联合国可持续发展融资政府间专家委员会剖析了这一问题，并拟定出资金需求和来源清单（UNGA，2014a）。就在亚的斯亚贝巴召开第三届发展筹资会议的几个月之前，联合国可持续发展解决方案网络就应对气候变化以及解决更广范围的可持续发展议题所需的投资进行了审查（SDSN，2014）。

联合国可持续发展融资政府间专家委员会对各项需求的评估包括：为消除极端贫困，每年需 350 亿～1950 亿美元；为支持基础设施建设，需 5 万亿～7 万亿美元；为发展中小企业，需 2.5 万亿～3.5 万亿美元（UNGA，2014a）。能源领域，国际能源机构（International Energy Agency）估计，从现在到 2035 年，需要 48 万亿美元的全球投资，方能满足预期的能源需求。在低碳条件下，能源部门的总投资需求预计为 53 万亿美元，比通常情况下上涨 10%。全球经济与气候委员会（Global Commission on Economy and Climate）估计，在低碳条件下，2015—2030 年的基础设施需求将达 90 万亿美元左右（New Climate Economy，2014）。值得关注的是，这仅比通常情况下的投资需求高出 4 万亿美元，部分原因在于跨部门和通用技术节省成本的溢出效应。虽然确切数字将取决于国内生产总值和人口增长率及技术发展，但两项估计都表明投资转变的需求远大于增量投资。

联合国可持续发展融资政府间专家委员会的资料文献做出的估计表明，每年的投资需求要比每年的官方发展援助至少高出 20 倍。而官方发展援助曾在 2013 年达到创纪录水平——1340 亿美元左右。

由于捐助国亦有当前和未来的公共财政负担，这种官方发展援助的增长幅度将极为有限，并且也不可能满足全部的融资需求。可持续发展目标的制定将有望推进动员工作——如同 2000—2005 年的千年发展目标和"重债穷国"（Heavily Indebted Poor Countries）倡议实施之后的情况——但似乎只能维持官方发展援助的长期稳定趋势，不大可能带来任何重大转折或变化。

因此，为应对《2030 年可持续发展议程》的融资需求，多数额外资金（additional funds）必须从其他长期资金渠道获取，如养老基金、保险公司和主权财富基金等机构投资者。联合国可持续发展融资政府间专家委员会表示，公共和私人储蓄达 22 万亿美元，金融资产达 218 万亿美元，理论上讲，其中一些资源的再分配可以覆盖全部预期需求（UNGA，2014a）。据联合国估计，机构投资者单独持有价值 75 万亿～85 万亿美元的金融资产。养老基金、人寿保险公司和主权财富基金（共持有 60 万亿美元资产）掌握的融资工具（长期负债）与《2030 年可持续发展议程》所需的长期投资是可以兼容的（UNGA，2014a）。正如联合国在《蒙特雷共识》（Monterrey Consensus）和《多哈宣言》（Doha Declaration）的执行情况报告中强调的那样，不考虑体制和监管框架，这些"长期投资者"如今未能向发展中国家和发达国家的可持续发展提供充足的长期直接投资（UNGA，2014b）。利用有限的官方发展援助来带动私人投资——或者说"钱"半功倍——是下文将要讨论的核心原则。

11.2 新型混合融资工具

各机构对"混合"或"混合融资"的定义有所不同（UNGA，2014a）。第一种方法根据制度性质区分融资来源：混合，指的是公共和私人资金的混合。但这种方法往往具有误导性，因为公共资金不单单通过拨款提供。例如，法国官方发展援助的一部分是贷款资助的，贷款本身通过资本市场上的私人储蓄进行再融资。同样，私人融资并不总涉及贷款，比如，盖茨基金会的拨款，这些基金会为非营利性质，因此与官方发展援助没有显著的差别。

第二种方法强调不同类型的融资工具如贷款、拨款、担保和股权投资之间的区别，这些会在同一业务中混合使用。这更有助于开展混合类型学分析，以便更准确地识别新型的创新及其适应范围和潜在应用。

依此来看，混合融资最传统的定义是单一机构内融资工具（基本上是贷款和拨款）的结合。这种混合形式转化为资助贷款，也成为欧洲投资银行（European Investment Bank）、法国开发署（Franch Development Agency）、德国开发银行（KfW）等开发性金融机构的核心业务。

第二种混合融资涉及金融行业与非金融行业合作关系下的融资。全球环境基金和欧盟委员会（European Commission）于 2007 年启动的 8 项混合基金，都采用了这样的模式。欧盟的融资方式包括：利用预定的欧盟拨款，在欧洲多边金融机构（如欧洲投资银行）或国家金融机构（如法国开发署或德国开发银行）的带头下动用非拨款资金。欧盟的混合融资包括：直接投资（41％）、利率补贴（19％）、技术援助（32％）、风险资本（4％）、担保（3％）。欧盟的平均拨款额度在 500 万～1000 万欧元。欧盟的 8 项混合基金覆盖的行业主要包括能源（35％）、运输（26％）、水（20％），其次是中小企业（11％）、社会（5％）和通信技术（3％）。自 2007 年以来，欧盟混合基金的杠杆资源数据显示，16 亿欧元的欧盟拨款解锁了 420 亿欧元的额外融资（拨款、贷款和投资）。欧盟混合基金的气候变化窗口于 2010 年正式开启，负责对欧盟区域混合基金中所有与气候变化相关的项目进行透明跟踪，并为应对和减缓气候变化项目提供吸引更多资金来源的机会。欧盟混合基金中，"气候融资"的预定额度超过 7 亿欧元（European Commission，2013）。

欧盟委员会在其 2013 年 7 月发布的《超越 2015：实现消除贫穷和可持续发展全面综合融资办法》（*Beyond 2015：Toward a Comprehensive and Integrated Approach to Financing Poverty Eradication and Sustainable Development*），以及 2012 年的通讯

(European Commission，2012)中，提出了未来的发展融资框架，加强公共和私人资金与国内外资金来源的联系。通讯认为，私人资金是"增长的关键推动力"，各国应"投入公共资源，带动私人投资，实现关键政策"(European Commission，2013)。利用公共资源和撬动私人投资杠杆之间的明确关联，并不是该委员会的新主题，它是该委员会"议程改革"政策的一项关键内容。

近年来，多数混合融资操作向发展中国家公共部门提供了资助贷款(约90%的受助项目瞄准公共投资)。2014—2020年的欧盟预算中，使用欧盟援助来补贴或激励私营部门贷款的意图更为明显，这相当于承认情况已经发生了转变。在2013年的通讯中，欧盟委员会认为，"融合贷款和股权，以及担保和风险分担机制"可以促进私人投资和公共投资，这也是欧盟正在积极推进的工作(European Commission，2013)。虽然现有的混合融资业务绝大部分针对的是公共部门，但欧盟委员会计划未来大幅扩大私营部门混合融资的规模。

欧盟委员会表示，欧盟预算拨款12亿欧元，欧洲发展基金(European Development Fund)和成员国政府利用开发性金融机构贷款320亿欧元，释放项目融资至少450亿欧元，符合欧盟的政策目标(European Commission，2013)。这里应当强调两点：首先，开发性金融机构向国际资本市场借钱支援其贷款，但借贷—放款融资是公对公的合作伙伴关系。其次，正如比拉和克拉克指出的，"通过混合融资工具拉动的投资与预估的资金量差距较大。欧洲投资银行记录的杠杆比率达到欧盟预算捐款的8倍，而欧盟委员会记录的数值高达31倍。杠杆措施也较为混乱，特别是拨款与贷款组成比率与放款总成本比率相混淆"(Bilal and Krätke，2013)。

与欧洲议会(European Parliament)倡导的更为谨慎、循证(evidence-based)的做法相反，欧盟委员会2013年6月在《发展融资决议》(*Resolution on Financing for Development*)中呼吁欧盟"适当评估贷款和拨款混合机制，特别是在金融额外性、透明度和问责制、地方所有权和债务风险方面，继续开发混合贷款和拨款方式"(European Commission，2013)。在欧洲议会发展委员会(European

Parliament's Committee on Development)委托的研究项目"2015 年后发展融资：促进私人融资"(Financing for Development Post-2015；Improving the Contribution of Private Finance)的研究中，格列菲斯、马丁、佩雷拉和斯特劳森强调，"决策者希望尽可能发挥民间资金在发展中的作用，但其必须认识到三个主要限制"(Griffiths，Martin，Pereira，and Strawson，2014)。首先，研究者认为，私人资金主要流向中高收入国家——这是卢卡斯(Lucas)在 1990 年就已经指出的问题。其次，在发展中国家，私营部门以微型、小型和中型企业为主，难以获得外部私人资金来源。其中，近 80％的企业属于非正规经济部门，不仅削弱了政府的税收基础，影响了体面、正当的就业实践，而且对企业和个人进入金融、保险、社会保障网络和正规经济部门获得商机都构成阻碍。最后，私营部门投资公共物品供应和保障的动机有限，因为这些领域实质上是非竞争性的、非排他的。据世界银行估计，在过去十年中，发展中国家所有基础设施建设资金的 80％～85％是由公共部门资助的(World Bank，2014)。

11.3　重新审视公私伙伴关系案例

在这种情况下，建立公私伙伴关系是潜在的解决方案。公私伙伴关系是在公共和私人实体间订立契约，以降低各方风险，创造双赢局面：公共实体能够启动最急需的投资，尽管有可能缺乏注资；私营实体则可以通过建设和运营基础设施扩大商业版图，从更高效的风险分担中获益。公私伙伴关系模式的引进对贫穷国家相当具有诱惑力。这显然是由于有限的公共财政仍然是主要的资金来源，并且使用公共财政撬动私人融资而非私人融资取代公共财政的做法将更加高效。然而，在贫困国家，一方面，大部分投资呈现出结块化(lumpiness)特征；另一方面，大部分资产期限较长且流动性较低。考虑到这些因素以后，这一选择是否真的可行呢？

一部分研究尝试将公私伙伴关系打磨成适用于发展中国家的一种可行机制。然而，到目前为止，项目评估显示，无论是从私人提供的资金数量来看还是从其对经济增长、就业和减贫的影响来看，成果并不尽如人意（Griffiths et al.，2014）。这些研究成果开辟了在不同经济和社会部门探索新型或非常规公私伙伴关系的途径（Chattopadhay and Batista，2014；Hossain and Ahmed，2014）。从其规模和发挥的作用来看，这些更具创新性的公私伙伴关系似乎尚未达到发达国家或新兴国家的水平。

借鉴过去的经验教训，第二类研究关注发展公私伙伴关系所需的条件，并确保实现其预期的经济和社会成果（Trebilcock and Rosenstock，2015）。但缺点在于大多数以往经验来自新兴国家和发达国家，由此产生了一种基于结果的新型机制，以便加强公私伙伴关系的社会影响，并平衡私人投资者的风险/利润（例如，发展性债券，development impact bonds）。虽然它大有发展前途，但这些改进对于贫穷国家几乎没有直接的帮助。尽管其优化了公私伙伴关系的发展性，但鉴于私营部门的信贷风险仍然过高，它对贫穷国家的适用性依然不高。

第三类研究指出，受开发额外型、创新型资金来源的推动，以不同方式混合公共和私人融资是有可能实现的。例如，近几年，许多发展中国家首次进入了国际资本市场。政府债务构成了公共财政的"新"来源，提供了开发创新型混合机制的可能性，以整合政府债务、捐赠基金（赠款或优惠贷款）和私人融资。但问题在于混合融资是否能够对公共和私人风险及责任分担产生足够的影响，以鼓励债权人、股东、政府和担保人共同开发在贫困国家开展业务的新模式。

在分析政府干预在金融危机和相关资本供应限制背景下如何发展的问题时，哈罗威尔、维奇和卡赛里确定了近年来使用的五类鼓励、刺激公私伙伴关系的国家干预手段（Hellowell，Vecchi，and Caselli，2015）。就长期性而言，发展中国家面临着相同的制约因素。评估混合融资与这些解决方案的实际匹配程度，不仅在经济危机期间适用，而且长期有用。以下简单介绍五类干预手段。

第一类干预手段，相关项目中私营经营者的收入取决于用户的付费。如果私人经营者出现违约，国家实体承诺定期向贷款人偿还债务。这意味着贷款人只承担建设风险。在贫穷国家，这种国家保障受公共资源水平低下、治理薄弱、政治风险偏高的威胁。由于国家财力不足以担任最后担保人的角色，这一责任必须由第三方承担。

极为相似的是，第二类干预手段也涉及信贷风险的缓解，但并不依靠直接的国家担保，而是将资金预留到次级债务，提供间接信贷担保。这笔债务只有在私人经营者难以偿还高额债务的情况下才能使用。国家实体掌握了足够的资金，大大提高了信用质量。该机制旨在吸引长期投资者，然而，许多发展中国家的国有机构管理不善，信用评级不如国家本身，显然有损这种机制的可靠性。这意味着需要具有良好信用评级的外部参与者提供这种次级债务，才能确保信用质量。

第三类干预手段涉及改变项目的资本结构。这要求私人经营者增加其在项目中的股权，以控制其债务风险，并加强其应对现金流波动的能力。贫穷国家在选择这一方案上可能会受到限制。在这些国家，提高股权资本已经是非常艰巨的挑战。另外，较高的政府股权资本将降低信用风险。政府持股理应增加契约的透明度，但多数国家治理不善，使得政府持股不大可能提高契约的透明度，导致信用风险加大。

第四类干预手段针对到期贷款的再融资。再融资担保可能会缩短项目进程，使得初始项目更加经济实惠。这是很大的优势，因为发展中国家的支付能力往往较低。然而，需要和之前同样考虑的一点是，发展中国家几乎无法承担担保人的角色。

第五类干预手段涉及一项非常特别的机制：通过公共实体代替公共债务资本进行私人融资。这种实体（通常是国家基础设施建设银行）作为私人经营者的贷款人，得到保险公司和银行的担保。这样做的目的是克服初始的流动性限制，而不是玩弄贷款条款和条件，以确保项目实际启动。资金按市场利率提供，因为国家银行需要充足的投资回报来经营业务。在发展中国家，这种公共实体很可能直接受益于国家担保而非保险公司或银行的担保，但这也削弱了该机制中风险分担的优势，因为国家将是唯一的风险承担者。

上述干预手段适合发达经济体，移植到贫困经济体中难度较大，主要因为其要求国家在提供资本或担保方面发挥核心作用。由于公共资金的缺乏或滥用，发展中国家将难以承担这种角色。公私伙伴关系要想取得成功，必须有其他参与者介入。

11.4　弯曲的学习曲线

那么如何才能更好地调动资源，缩小资金缺口呢？尽管有许多潜在的资金来源和专业技术尚未开发（如保险公司、养老基金等），但市场仍然对创新融资非常保守，约有 2/3 的新措施基于传统债券和担保手段（Dalberg，2014）。我们是否应当扩大并不断重复使用这些"久经考验"的手段，而非设计定制的试点解决方案？根据实地调查结果和历史业绩数据可以估计，投资者面临着不确定性和复杂的风险状况，因此产生对高回报的需求（Dalberg，2014）。广为知晓的内生性风险影响主要包括：追踪记录和指标越少，感知风险越高，这自然不鼓励新举措的出现，反过来又减少了可用的追踪记录和指标数据等。打破这一恶性循环，就必然意味着通过使参与者深入了解如何分担或转移风险，最大限度地提高经济效益和非经济效益，来改变参与者对风险的认知。这些都涉及大量的交易和研究成本。

捐助者、国际金融机构、金融发展组织和慈善家都已出台各种举措，吸引私人经营者到需求旺盛但条件欠佳的贫穷国家工作。

捐助者支持公私伙伴关系的干预措施可以分为三大类。首要问题是提高贫困国家的公共财政能力，间接改善其经营环境。大量措施都可纳入这一类，因为它们都涉及常规官方发展援助行动。其中一些措施对私人参与者的运作至关重要：建立健全机构，制定鼓励私人参与的法律法规，提供社会（如教育、健康和卫生）与经济（如能源、运输和银行）服务，鼓励建设透明、稳定和可预测的投资环境。遗憾的是，这些措施的效果呈现仍然缓慢而微弱，这对私人投资产生了重大影响。近几十年来，外国直接投资确有增加，但在部门与国家之间存在很多差距。有人认为，"旧的官方发展援助模式"已经死亡，实现无望，并呼吁捐助者转变工作方式，重点支持公私伙伴关系(Simon，Schellekens，and de Groot，2014)。

第二类措施直接针对公私伙伴关系，旨在通过提供担保和保险来促进私人经营者的参与。尽管这一领域有丰富的经验可以借鉴，但投资依然维持在较低水平，这说明投资者对风险缺乏兴趣，即便这应当是其核心业务。因为承诺越多，风险和失败的概率就越大。

第三类措施侧重私人干预的结果及影响发展的投资(Dalberg，2014)。2014 年，达尔伯格(Dalberg)在报告中强调，创新融资(包括混合和公私伙伴关系)的重点在于从调整资金来源转变为创新融资方式，通过市场手段产生积极的社会和环境影响。报告预测创新性融资部门的增长主要有三个驱动力，它们都有助于使学习曲线更弯曲，缩小混合融资与公私伙伴关系的期望及他们最终成就之间的差距。

①增加使用已有的金融工具的种类。投资者可以通过现有风险框架评估手段如绿色债券等，吸引新的参与者，包括养老基金和机构投资者。将以此取得的收益引入生产力发展目标，需要新的标准规定如何最有效地利用资金。

②通过可复制产品的增长向新市场扩张。过去十年中，国际开发领域尝试了诸如绩效合同等各种新颖手段，虽然这些手段未曾吸引机构投资者，但提供了有望改善新兴行业发展成果的机会。

③创新融资产品开发。我们所见的新产品往往是纸上谈兵，并未展示出任何成果。尽管短期内这些产品只占据一小部分市场，但达尔伯格仍鼓励捐赠国政府和其他资助者继续尝试这些产品，推动其成长为下一代主要资产类别(Dalberg，2014)。

正如达尔伯格(2014)所言，混合融资的现在比过去更加光明，未来不可估量。精心设计的公共政策框架仍然需要建立起来，这样才能使混合融资和公私伙伴关系达到预期，并进一步实现可持续发展目标。

11.5　政策影响

怀疑论者一定会指出，联合国文件中已经充斥着各种文本、条约和公约，整体来看，涵盖了可持续发展的三个维度——经济、社会和环境。但可持续发展目标能够给这一文字的迷城带来什么附加值？类似质问是有理由的。

开放工作小组联合主席克勒希说："如果认真对待目标实施工作，那么大部分工作必须在内部完成。"他进一步补充道：

> 尽管大会通过了开放工作小组报告中的目标和具体目标，确保其成为未来协商的重要组成部分，但其本身并不会造成资本和知识的流动。只有通过国家和地方政府的规划和项目，才能实现资金的重新定向。银行和机构不会直接注资可持续发展目标；融资等其他实现途径将针对实际有形的项目。在这方面，仍有很多工作要做。可持续发展目标已经确定，但大多数国家仍没有相应的规划，项目也就无从谈起(Kőrösi，2015)。

联合国总部的全球会谈和世界公民的线上磋商之间，正如"我的世界"(My World)倡议一样，中间环节——国家层面的倡议和拨款缺失。

在国家和区域层面描绘 2030 年潜在发展路径的不同前瞻性情景，将成为促进国家拨款和缩小可持续发展实施差距的途径之一。有些国家在气候变化和能源与农业方面，正在开展类似前瞻性的实践。① 可以将其推广到可持续发展目标②的其他方面，推动该领域与国家自定贡献预案(intended nationally determined contributions)等

---

① 如深层脱碳途径项目(Deep Decarbonization Pathways Project)，参见：http://unsdsn.org/what-we-do/deep-decarbonization-pathways/。

② 参见：http://unsdsn.org/news/2015/03/13/the-world-in-2050-pathways-towards-a-sustainable-future/。

价方案的确立，使其适用于国家相关可持续发展目标的调控层面。

在资金方面，是什么使（可持续）开发性金融具有变革能力？关于发展和气候融资的谈话强调，需要调动新的或额外的资金来源，以填补实现可持续发展目标预计的数万亿美元的资金缺口。这也就意味着开始这种转变，需要"更多的"资金，且所需资金将通过公共融资和公私伙伴关系机制带动私人融资。业界似乎存在一种共识，即如果气候和发展之间的共同利益和统筹协调能够兼顾，两个方面的融资效果均将得到改善，而且两个领域的统筹协调也与可持续发展目标的改革决心在根本上一致。所以，一个可能的发展趋势就是，本章讨论的发展融资及混合融资和公私伙伴关系机制，应能同时抵御气候变化并进一步扩大各融资模式的规模。当然，如同气候治理一样，按照国家自定贡献预案制订国家投资计划，将成为关键的一步。

最后，各项可持续发展目标和各国获得的全球资本份额很可能是不公平的，因此要更加重视融资渠道的获取及其动态变化，特别是最终出资人是谁的问题：是纳税人还是消费者？是发达国家还是发展中国家的纳税人？是富裕的消费者还是贫困的消费者？为可持续发展目标长期提供资金好比发行债务，承保人和债务进度在一开始就必须确定。否则，无论是在环境上还是在经济上，融资方案都将是不可持续的。

11.6　结　论

发展融资和气候融资谈判极其重视动员新的和额外资金来源，以填补实现可持续发展目标预计的数万亿美元的资金缺口。本章试图阐明混合融资和公私伙伴关系在历史绩效不太理想的情况下，依然在开发性金融机构中保持高调的原因。首先，可持续发展目标的融资需求规模让官方发展援助的效果受到质疑，其所需的资金流量也是前所未有的。其次，过去八年来开发性金融机构一直在探索新的融资工具，侧重点从新型融资手段转移到新型伙伴间的风险分担。

可持续发展目标融资需求的多样性，对感知风险的指标和价值提出了疑问，并呼吁进一步尝试探索混合融资和公私伙伴关系等新途径。最后，通过可扩展的多方试点项目来弯曲（bending）学习曲线，为更多的混合融资和公私伙伴关系铺平了道路。需要重申的是，各项可持续发展目标和各国获得的全球资本份额将是不公平的。证据表明，如果历史趋势和风险分担方式继续保持不变，混合融资和公私伙伴关系可能会加剧国家和部门间的全球资本配置不平等现象。本章建议，各国应当确立国家自定贡献预案，这将有助于降低私人投资者的风险，并使公私混合资金流的分配更加公平。

参考资料

Bilal, Sanoussi, and Florian Krätke. 2013. Blending Loans and Grants for Development: An Effective Mix for the EU? Briefing Note 55. European Centre for Development Policy Management.

Chattopadhay, Tavo, and Olavo Nogueira Batista. 2014. Public-private Partnership in Education: A Promising Model from Brazil. *Journal of International Development*, 26(6): 875-886.

Dalberg. 2014. Innovative Financing for Development. Scalable Business Models that Produce Economic, Social, and Environmental Outcomes.

Economy, New Climate. 2014. *Better Growth. Better Climate.* The Global Commission on Economy and Climate.

European Commission. 2012. Improving EU support to developing countries in mobilising Financing for Development. Recommendations based on the 2012 EU Accountability Report on Financing for Development. Com/2012/0366/Final.

European Commission. 2013. Beyond 2015: Towards a Comprehensive and Integrated Approach to Financing Poverty Eradication and Sustainable Development. Com/2013/531/Final.

Griffiths Jesse, Matthew Martin, Javier Pereira, and Tim Strawson. 2014. Financing for Development Post-2015: Improving the Contribution of Private Finance. European Parliament, Directorate-General for External Policies.

Hellowell, Mark, Veronica Vecchi, and Stefano Caselli. 2015. Return of the State? An Appraisal of Policies to Enhance Access to Credit for Infrastructure-based PPPs. *Public Money & Management*, 35(1):71-78.

Hossain, Khandker Zakir, and Shafiul Azam Ahmed. 2014. Non-conventional Publicprivate Partnerships for Water Supply to Urban Slums. *Urban Water Journal*, 12(7):570-580.

Kőrösi, Csaba. 2015. Negotiating a Common Future: What We Have Learnt from the SDGs. In *Building the Future We Want*, ed. Rajendra Kumar Pachauri, Anne Paugam, Teresa Ribera, and Laurence Tubiana, 74-82. New Delhi: TERI Press.

Lucas, Robert. 1990. Why Doesn't Capital Flow from Rich to Poor Countries? *American Economic Review*, 80(2):92-96.

Ramstein, Céline. 2012. Rio+20 Voluntary Commitments: Delivering Promises on Sustainable Development? Working Paper 23/12. Institut du Développement Durable et des Relations Internationales, Paris.

Simon, John, Onno Schellekens, and Arie de Groot. 2014. Public-private Partnerships and Development from the Bottom Up: From Failing to Scaling. *Global Policy*, 5(1):121-126.

Sustainable Development Solution Network. 2014. Financing for Sustainable Development: Implementing the SDGs through Effective Investment Strategies and Partnerships.

Trebilcock, Michael, and Michael Rosenstock. 2015. Infrastructure Public-private Partnerships in the Developing World: Lessons from Recent Experience. *Journal of Development Studies*, 51(4):335-354.

UNGA, United Nations General Assembly. 2002. Outcome of the

International Conference on Financing for Development, Monterrey, Mexico, March 18-22, 2002. Report of the Secretary-General. UN Doc. A/57/344.

UNGA, United Nations General Assembly. 2014a. Report of the Intergovernmental Committee of Experts on Sustainable Development Financing. UN Doc. A/69/315.

UNGA, United Nations General Assembly. 2014b. Follow-up to and Implementation of the Monterrey Consensus and Doha Declaration on Financing for Development. UN Doc. A/69/358.

UNGA, United Nations General Assembly. 2015. Addis Ababa Action Agenda of the Third International Conference on Financing for Development. UN Doc. A/RES/60/313.

World Bank. 2014. Overcoming Constraints to the Financing of Infrastructure. Report prepared by the Staff of the World Bank Group for the G20 Investment and Infrastructure Working Group, February 2014. Washington, DC: The World Bank.

第 12 章 实现可持续发展目标的多层次行动框架

乔伊塔·顾普塔(Joyeeta Gupta),曼斯·尼尔森(Måns Nilsson)

《2030 年可持续发展议程》中的可持续发展目标,继承并发展了早先的千年发展目标,不仅强调在开发性合作机构和开发性银行的支持下,在发展中国家采取行动(Bello,2013;Sanwal,2012)。相反,可持续发展目标是普遍相关的,旨在引起全球范围内关注发展和环境问题,"顾及各国现实、能力与发展水平,尊重各国的政策与优先事项"(UN,2012)。

可持续发展目标的制定过程包含了四种不同的方法。第一,受千年发展目标进程启发,可持续发展目标反映了一种在联合国层面,经集中谈判并予以采纳的自上而下方法。第二,这一进程得到了诸如可持续发展解决方案网络和国际科学理事会(International Council for Science)等认知共同体的建议并受其影响。可持续发展目标不只注重将贫困人口或无法获取基本资源的人数减半,还要消除所有地区的贫困,从而应对关于千年发展目标人权方面的批评(Alston,2005;Redondo,2009;Robinson,2010;Dorsey et al.,2010)。第三,可持续发展目标响应民间社会团体和非政府组织所代表的社会运动,这些组织促进了目标清晰化,从而使其在全球范围被采纳。第四,许多联合国机构试图通过自下而上的方式征求关于目标的意见和建议。上述混合方式促成了可持续发展目标框架,其目的是反映世界各地人民和政府的优先事项和价值观。

《2030 年可持续发展议程》旨在激励制定实际政策并指导其执行，但这并非首次尝试。在 1992 年联合国环境与发展大会通过的《21 世纪议程》，也进行了类似尝试（Rio Declaration，1992）。但是，《21 世纪议程》虽然罗列了目标和日程表，并通过多方行为主体与多层次治理发起行动，但大量目标并未真正实现。随着时间的推移，各方对《21 世纪议程》的关注逐渐减弱。

虽然许多参与者可以采纳目标，并促进各层面接受目标，但联合国大会上通过的全球性目标所拥有的权威性和民主合法性是全球舞台上其他机构无法超越的。

然而，如果要对发展产生实质意义，那么需要采纳发展目标框架并由从事发展干预的人员主导该框架，包括国家和地方政府机构。换言之，上述当局也有必要：（1）依据实际情况采纳并阐释目标；（2）在他们的政策程序中使目标主流化；（3）确定推动及落实目标的工具和机制；（4）建立监测和守约体系，以报告各级进展情况。

当下的问题是，可持续发展目标通过何种机制能够真正引导不同层级的国家和社区参与并采取行动，同时随着时间的推移能坚持不懈。本章列举了实现可持续发展目标所需的行动机制，并提出了两个关键问题：第一，可持续发展目标应采取哪些主要行动原则？第二，如何构建行动框架来加强不同参与者落实可持续发展目标的一致性？我们将基于水资源领域的有关例证，解答以上问题。

12.1　主要原则

本节阐述了更有效地促进与可持续发展目标有关行动所必需的三大主要原则：第一，通过各层级及其参与者治理可持续发展目标；第二，在适当范围内变革目标驱动因素；第三，确保行动在横向和纵向上的一致性。

12.1.1　行动原则一：通过各层级及其参与者治理可持续发展目标

可持续发展目标往往通过地方取得的公共物品反映出全球的公

共物品(例如,目标 16 的法治,目标 1 的减贫,目标 13 的气候变化)。此类公共物品本质上不具有竞争性(一人使用不一定会减少另一人的使用量)和非排他性(没有人被排除在物品使用外)。公共物品不能简单地由市场提供,且需政府干预物品供应(Kaul et al.,2003;Went,2010;PBL,2011;UNDP,1999;UNIDO,2008)。这意味着,首先,国家需将可持续发展目标纳入政策与规划中,并承担落实可持续发展目标的责任。然而,正如《联合国气候变化框架公约》(1992 年)及《京都议定书》(1997 年)呈现的那样,各国可选择主动承担或退出全球责任。协调共同的全球行动框架(这一框架由所有人在全球治理环境中实施),是一项关键性挑战。

同时,就发展而言,我们正目睹政府集中管理与治理权力下放之间的重新平衡。事实上,在实现可持续发展目标的过程中,非国家类参与者——无论企业、非政府组织、宗教团体、教育机构还是社会运动——都采纳目标,并在各自领域促进目标落实。《2030 年可持续发展议程》第 41 段强调了"各类私营部门(从微型企业到合作社、跨国公司)及民间社会组织和慈善组织落实新议程方面的作用"(UNGA,2015)。换言之,可持续发展目标的落实工作,必须由所有社会参与者承担,而且必须制定相关进程,以确保参与者的所有权。

与此同时,参与者的多样性和参与者之间隐含的非等级结构,可能会导致各参与者之间的目标和利益不一致,而这可能导致对总体目标的抵制(Stiglitz,2000)。为符合各自利益,不同参与者和利益相关者可能以极为不同且不一致的方式,决定目标的优先顺序,并对目标进行不同阐释。

从管理到治理的重新平衡,既得到了拥护小政府的新自由主义者的支持,又得到了致力于提高决策合法性的民主团体的支持。与"管理"一词相比,"治理"是更有弹性的术语(Doornbos,2001),它被定义为"一个连续进程,可协调相互冲突或多种利益,并采取合作行动"(Commission on Global Governance,1995)。其包括政策,也包括自组织（Rhodes，1996）和复杂意向的行为模式（Rosenau，1992），旨在调解人与人之间的冲突、促进人权、管理社会和经济发展资源。换言之，治理是基于社会权利分配，通过发展和规则的实施来管理社会资源的权力行使。

首先，多层级治理方法意味着各国政府不会使用垄断策略，而是以不同方式，与地方、其他各国及国际层面参与者互动（Marks，Hooghe，and Blank，1996，346；Hooghe and Marks，2003）。其次，治理的传播与扩散，允许外部效应内化，接纳异质性和不同偏好，并允许创新和实验等多个领域存在（Hooghe and Marks，2003）。最后，就可持续发展目标而言（Young et al.，2014），这意味着仅中央政府采纳可持续发展目标和相关子目标远远不够，还需要地方政府采纳相似的目标和子目标，这使得它与国情和管辖权相关。这也将为地方政府类参与者提供空间，以展现其如何为落实目标和子目标做出贡献。

这意味着落实可持续发展目标的行动，需要在自上而下和自下而上的方法间取得平衡（Gupta and Pahl-Wostl，2013），而且在等级制度下实施非政府行为（Scharpf Fritz，1997）。

12.1.2　行动原则二：在适当范围内变革目标驱动因素

环境与发展问题存在于从全球到地方各个层面。同样，实现目标的驱动因素和障碍也存在于家庭、地方、省、国家、地区和全球等诸多层面。在制定行动机制解决问题之前，理解相关驱动因素也极为重要，因为本地行动无法应对全球驱动因素，而全球行动可能无法或不能有效处理地方驱动因素。

在边界日渐模糊、经济全球化日益加深的世界，由于人类的脆弱性，大多数经济、社会和环境问题及其驱动因素往往是多层次的（UNDP，2014；UNEP Global Environment Outlook，2013）。某些问题是全球性的，因其是全球循环或全球系统的一部分（例如，气候变化或水文循环）；某些问题不断累积，成为全球性挑战（例如，世界各地水坝的数量导致全球环境面临挑战；无法获取卫生服务的人数累积，造成全球人道主义问题）。

某些情况下，许多问题的直接驱动因素和潜在根本原因是全球性的（例如，全球市场流动、自由贸易模式、全球人口结构和城市化进程），需呼吁全球合作，以解决这些驱动因素。同时，大多数问题还是地方性的，需要从地方层面改变人类行为或对地方施以显著影响。因此，必须采取行动解决这些问题，力求具体处理各个层级的驱动因素。

以目标 6（清洁饮用水和卫生设施）为例，通过应对过度开采、过度污染，以及重新设计水流量的基础设施措施，搭建全球淡水系统（Vörösmarty et al.，2010；Rockström et al.，2009）。影响地方和区域水资源的直接驱动因素包括：基础设施（如水坝、水供应和卫生服务、灌溉渠道、跨流域调水），规模不等的土地利用变化，污染。间接驱动因素包括：社会其他部门（如农业、能源、工业、服务业）的政策及市场行为，气候变化和变异性，人口驱动因素（Gupta and Pahl-Wostl，2013）。例如，促进生物燃料生产的能源政策可能导致大规模的土地使用变化：从森林面积转向生物燃料生产，而生产燃料需要用水；土地使用的变化及生物燃料产品用水需求的增加，影响了水循环（Nilsson and Persson，2012）。

水资源议题的不同框架是水资源挑战的驱动因素。例如，有把水作为一种经济产品的主导框架（1992 年的《都柏林宣言》）和近期将水作为一种人权的框架（UNGA，2010）。水作为遗产（European Commission，2000）或提供生态系统服务（Chopra et al.，2005）等概念，也提供了不同的水资源框架。以上不同框架可能与当地将水作为神圣商品或上帝恩赐的看法相违背。

上述框架改变了此前管理水资源的目标及方法。其在全球层面支撑着直接驱动因素，如全球投资和贸易模式，因此可能会影响到水质量和水存量。据虚拟水贸易分析显示，为满足日益增长的人口不断提高的生活水准，日益增加的生产和消费需求也将成为用水的直接驱动力。

有时，一系列本地驱动因素也可能影响水政策。例如，千年发展目标在卫生方面比获得水资源方面表现更差的原因之一，就是卫生条件经常被视为禁忌，比如，有些地方会选择露天排便，在这些地方，人们通常没有资源或不愿意为与其他优先事项有关的卫生服务买单。这可能需要强制人们使用卫生设施，但这种禁忌也可能阻碍卫生政策的顺利实施（Obani and Gupta，2014）。

其中一个关键问题是规模政治。一些国家和参与者试图将议题全球化，另一些国家和参与者则因一系列政治原因，希望将议题国家化（Gupta，2008，2014a）。然而，笔者认为，实现可持续发展目标，需要了解妨碍可持续发展目标实现的因素，从而在实施行动时侧重不同层面的驱动因素。

12.1.3 行动原则三：确保行动在横向和纵向上的一致性

可持续发展目标框架以消除贫困和谋求人类发展为目标，旨在满足人类基本需求和促进人人获得发展机会，以及增强提供资源的地球系统和维持发展的生态系统的服务能力。

这意味着，第一，所采取的行动必须经过协同而增效（Weitz，Nilsson，and Davis，2014；Bernstein et al.，2014）。换言之，行动必须在各层面保持一致，即从实际采取行动的地方层面，到有时需要协调发展措施、汇集监测结果、管理并可持续利用有限自然资源的区域或全球层面都保持一致。

第二，行动框架必须体现其他维度的一致性，即治理和政策链的一致性，具体指政策目标、工具及实施机制的一致性（Nilsson et al.，2012）。在《2030 年可持续发展议程》中，这种一致性意味着执行手段（如能力建设或技术）、国家决定的行动计划及体制安排必须相互一致，且与已达成协议的目标和子目标保持一致。

第三，在横向维度上体现一致性，确保在同一领域内，目标、原则、政策、战略和行动彼此之间或与其他领域不冲突。这一问题已浮出水面，因为人们日渐认识到可持续发展目标必然相互影响（Weitz，Nilsson，and Davis，2014）。水目标与其他目标间确实存在诸多交互作用，其中可能存在潜在冲突，例如，聚焦能源获取的目标 7，可能以更严重的热污染、辐射污染或其他形式的水污染为代价，或者可能导致人口迁移和对人们生活产生负面影响，正如大坝的例子一样。生产生物燃料（如甘蔗）的激励措施，可能会耗尽水资源紧张地区的水存量。热力发电需从河流中提取冷水，而这可能与农业灌溉用水需求相冲突。这需要在地区和国家以下各级权衡资源的使用和分配，包括适当咨询利益相关者。多数情况下，互动是协同的（相辅相成的）。例如，提高能源的获取水平，通过向家庭或社区抽送水，确保其获取水资源。

追求横向一致性在以下几方面已经普及：在环境政策领域，"一体化"一词广泛应用于综合农药管理、综合固体废物管理和综合水资源管理等领域。在发展政策中，"主流化"一词更为普遍。社会性别主流化要求社会所有部门及政策采取对性别问题敏感的做法（Walby，2005；Council of Europe，1998；ECOSOC，2006）。灾害主流化成为 20 世纪 90 年代《国际减轻自然灾害十年》（*Decade for Natural Disaster Reduction*）的关键议题，它呼吁社会不要将灾害看作单一的、不可预测的事件，而要将其视为现代社会发展战略的多发事件，通过将风险管理纳入政策进程，呼吁采取结构性行动，以预防和应对灾害（Benson and Twigg，2007）。

第四，横向一致性要求将可持续发展目标纳入现有政策领域。这意味着需要将具体目标纳入国家及次国家级政府和治理规划、战略和政策之中。这也意味着政策需要从可持续发展目标的角度，（重新）设计、（重新）组织和评估，尽可能地接近上层目标（Gupta，2010）。主流化的主要风险之一是可能无法实际操作，反而导致政策优先事项的重要性被削弱（Liberatore，1997）。这就要求确保可持续发展目标有监测和强制手段，以确保执行。

一致性问题在从全球到地方层面的水资源政策上均得到了体现。

无论是关于水权（Obani and Gupta，2014）还是关于地下水（Conti and Gupta，2014），我们均发现存在管辖权下运行多个规则，或者对同一群体实行多个规则的现象（如土著居民，见 Gupta，Hildering，and Misiedjan，2014）。当以法律多元理论视角审视水资源政策本质时，这种现象十分明显。当对如何制定恰当的规则存在争议时，相互竞争的规则可能是积极的；当争论既不涉及生态也不涉及社会层面，反而导致达不到预期目标的政策时，此类规则就可能被认为是消极的。

12.2 构建行动框架

实现可持续发展目标需要一套广泛的行动框架，该框架包含许多机制，以应对变革的主要驱动因素和障碍。通过不同规模及各参与者，实行主流化可持续发展目标的原则，处理不同层面驱动因素的多样性，确保横向和纵向的一致性，任务较为艰巨。下面笔者将详细阐释三个关键的、相互依赖的行动机制：发展人类能力，建立制度框架，设计干预机制。

12.2.1 发展人类能力

在最基本层面上，实现可持续发展目标取决于在个体和组织层面的能力建设方面采取的行动。能力建设涵盖诸多方面，包括加强对范式如何影响生产、分配和消费的理解，以及加强知识、技能和经验的发展与传播。

首先，就水资源而言，在全球层面，了解有哪些水范式（例如，水作为人权、作为经济利益、作为遗产）且在何种情况下与问题解决相兼容，十分重要。同样重要的是，全面了解水系统，以及绿水、碧水、灰水、黑水、彩虹水和虚拟水的作用，与各种生态系统维护者和最优实践者分享一致的需求和供应。在区域和国家层面，需要进行类似的实践，但除了详细绘制资源地图以外，明确匹配权利和使用模式也有益处。在地方层面，需要对能力进行监测和报告。以上均要求人们有更深刻的理解力，以了解不同层面的规则制定权的重要性。

能力发展需求是理解问题的一个因素。如果我们认可，在以市场为基础的系统下，全球层面的经济持续增长是一个关键挑战，那么该领域需要更强的能力，以展示在何种情况下该假设与可持续的水资源利用相一致。如果我们认为，影响水资源的关键挑战是全球气候变化，那么就必然需要更仔细地研究在哪些条件下，生产、消费和分配解决方案与处理气候变化问题更一致。

能力发展也有较为实际的一面。在实践层面上，需要更深入地了解哪些植物用水较少或能够在盐碱地生存，因此，可加大这些植物的投资。这可能需要加深人们对绿水在各国国情下所起的作用，以及如何维持甚至加强对这一作用的理解。它要求更强的理解能力，以了解基础设施在管理和改变水资源流量及其对生态系统服务的影响方面所起的作用。在地方和家庭层面，它要求人们对购买模式，以及家庭中如何管理水资源的基础设施有更清晰的认识。

12.2.2　建立制度框架

基于我们人类的能力，社会必须确保制度框架（包括原则和规则体系）及组织框架的设置是合理的，以使人们和社会可以利用自身能力追求更大的发展。

就水资源而言，作为典型的多层级问题（Gupta，Pahl-Wostl，and Zondervan，2013），总体的全球框架将结合里约会议制定的发展和环境原则（1992 年《里约环境与发展宣言》）、人权原则（UNGA，2010）、发展援助原则（2005 年《巴黎宣言》）和水法原则［1997 年《联合国水道公约》（*UN Watercourses Convention*），2004 年《柏林规则》（*Berlin Rules*）］，以上原则需在多层次治理中适当采纳。现有全球水法（1997 年《联合国水道公约》）和 1992 年联合国欧洲经济委员会（UN Economic Commission for Europe，UNECE）的《水公约》

(*Water Convention*)对各国开放，其中有多个治理层面的支持性条约，以及数十个流域组织和社区组织（可以据此建立大量机构）。将水资源认知共同体和缔结水条约的主体联系起来也很重要（Gupta，2014b）。此外，《联合国水道公约》和《京都议定书》更侧重于质量方面。我们还有一份关于地下水法的条约草案（International Law Commission，2008）。

因此，全球舞台具有潜在的法律作用。但若要使其在水治理和实现可持续发展水资源目标方面发挥重要作用，则需要进行部分调整与组合。地下水法是法律多元化的一个领域，落实上较为混乱。同时，水资源领域也受世界贸易组织规则和3000多项双边及多边投资条约的约束，这些条约将水看作经济利益。私营部门在提供水服务方面也可以发挥作用。联合国大会和联合国人权理事会（United Nations Human Rights Council）也采纳了水和卫生设施作为人权的观点，因此可以见到正开发用于管理水资源的全球法律机构网络（Dellapenna et al.，2013）。联合国水机制是全球层面的协调机构，正努力协调联合国机构和合作伙伴解决水问题。

区域层面正通过一系列条约管理300个跨界流域和含水层，其中某些条约可追溯到数百年前。许多条约已建立了流域和流域组织的框架，以此作为管理跨界水域的机制（Jaspers and Gupta，2014；Huitema and Meijerink，2014）。许多国家已吸引大量利益相关者参与。组织框架还包括建立地方水权，以及设立报告、监测和执法制度。在国家层面，虽然约半数经济合作与发展组织国家设立了水务局以控制水政策，但另一半国家没有专门的水务部门，而是将水看作横向问题——横跨其他国家机关的工作领域，除去外交部，还包括工业、农业、森林和自然服务部门及经济部门。大多数发展中国家的水政策在历史上经历了数个阶段：受文明和宗教崛起影响的早期习惯法阶段；随后，通过征服和殖民化发展了新水法；近年来，水法是基于国有主义（国有水）、新自由主义（私营部门参与供水）或科学的范式。其要求各国更好地了解水文系统、气候变化和水之间的关系，绿水的作用，以及水的生态系统等。

在水资源领域，我们可以得出以下结论：现有各种机构和手段均可用于实现水资源领域的可持续发展目标。但有效行动要求将具体的水目标纳入不同机构和手段中，规则制定者应竭尽全力，在不同层次的制度框架间建立一致性。

12.2.3　设计干预机制

制度框架为机构、权力和合法性提供基础，以便实施干预，可由包括国家在内的社会各类参与者实施。干预可以是监管性的（例如，战略环境评估、空间规划、标准）；可以是经济性的（例如，税收、补贴、保险、小额信贷计划、关税、软贷款、生态系统服务支付）；可以是劝说性的（例如，公众意识、教育、科学、监测）；可以是以管理为导向的（例如，企业社会责任、混合管理、社区管理、认证方案）；也可以是技术性的（例如，滴灌、海水淡化厂、抗旱作物）。反过来，公共和私人参与者的适当干预，应确保可满足不同发展部门所需投资及相关融资安排。

实现目标 6（水和卫生）需要投资，但或许投资总额并没有许多人预想的那么高。除投资外，还需要多层级、多方面的承诺，以一致地实现水资源管理的目标，即维护水生态系统服务，公平分享水资源及保护水资源。一致性也意味着水资源政策不应为交叉目的服务，而需集中资源以实现其他关键可持续发展目标。例如，既然几乎所有社会部门都需用水，那么就有充足理由将重点放在公共财政来源上。在诸多地方，这将反过来要求较强的国内征税能力（目标 17.1；OECD，2014）。通过发布预警，鼓励私营部门参与也十分重要。私营部门参与水管理和供水服务常附有保密合同，由国际私营部门与各政府签署，而合同多遵循国际私法或国际投资法。此类保密合同增多，增加了透明水资源治理的难度，导致与诸如目标 16"在各级建立有效、负责、包容的制度"等"良性"治理目标的潜在矛盾。对秘密合同存在争议时，由国际仲裁法院秘密仲裁，让水资源公众利益远离公众视线，进入秘密和保密领域（Klijn，Gupta，and Nijboer，2009）。此前，大坝基础设施投资的主要参与者是对民意敏感的大型开发银行，而最新的大坝由国家银行和投资公司建造，产生了关于水资源所有权与相应成本的秘密协议（Merme，Gupta，and Ahlers，2014）。因此，在水资源治理领域鼓励私营部门的参与程度，主要取决于合同的透明程度。合同应接受公众审查，并随新知识而调整变化。

12.2.4　实现水资源多层次行动框架

决策者、发展规划者及实践者难以付出落实可持续发展目标所需要的大量行动，这很正常。此外，要在多个治理层面的所有相关政策中将这些目标主流化，监控这些目标并确保问责制，这个任务看来难以完成。然而，将以上需求融入每一目标的系统行动框架，有助于促进工作结构化，并为此分配充足的资源。表 12-1 详细介绍了水资源目标的行动框架纲要，包括不同规模的各类行动机制。

表 12-1　不同层级水资源可持续发展目标行动机制的有关例证

维度	层面	发展人类能力	建立制度框架	设计干预机制
纵向融合	全球层面	——讨论相互竞争的范式（例如，水作为人权或经济利益）和政策含义 ——科学审查，如通过《世界水资源评估方案》（*World Water Assessment Programme*）（2009） ——分享最佳做法	——将全球环境和发展原则与人权和发展援助原则结合起来 ——与联合国和联合国欧洲经济委员会的水条约联系起来	——监管性的：例如，水权，水标准 ——经济性的：例如，水税或补助，农业保险 ——劝说性的：产品水标签 ——投资：全球绿色基金（Global Green Fund），全球环境基金，开发银行，水利公司的企业社会责任

续表

维度	层面	发展人类能力	建立制度框架	设计干预机制
横向融合	区域层面	开发资源评估技术和绘制水资源地图	更新跨国水资源协定，升级与可持续发展目标有关的组织	——监管性的：人权，使用标准 ——经济性的：水税，补助，保险 ——劝说性的：提高对全球水危机的认识；粘贴产品用水标签；区域开发银行重视水资源的可持续发展目标
	国家层面	绘制水资源及资源利用地图，水资源管理及筹资能力建设	重新审视国家的水政策结构（一个或多个部委，联邦或省级课题）	——监管性的（包括战略性环境评估、空间规划）、经济性的、劝说性的、管理性的、技术性的 ——投资（例如，国家投资基金、灾害管理基金、公私伙伴关系）
	地方层面	发展监测和报告能力，发展当地的整合与规划能力	利用或建立以社区为基础的组织进行流域管理，以社区为基础的组织需要将目标内化	——将可持续发展目标与当地的和习惯的水权融合 ——地方投资基金，小额信贷

　　这一行动框架使得重新回到一致性议题成为可能，既纵向跨越各级，又横向跨越各机制，从而实现已被主流化的目标。我们关注各层级间的一致性，是为了确保能力建设工作或体制安排等在各层级间向同一目标努力；关注各机制间的一致性，旨在确保行动机制——无论是组织框架、筹资安排还是政策手段——在每一层级上发挥协同作用。例如，能力建设活动需要与其他机制进行协调，特别是改善规划系统、评估公共政策和利用投资融资等。对于联合国系统而言，特别重要的是，监测和报告框架需要对所有层面的机构

系统均起作用（从地方到国家系统，都要和联合国报告框架进行对话）。

12.3 结 论

本章介绍了可持续发展目标多层次行动框架的关键要素，并以水资源目标为例进行了详细阐述。论点是基于一个简单前提，即对行动机制的详尽、全面审查必须是贯串可持续发展目标进程的中心内容之一，以为共同理解关键原则提供支撑。本章提出三大原则，第一，主流化可持续发展目标，使其作为一个涉及国家和非国家类参与者的多重参与和多层治理问题，国家对此负责，因此，不能动员非国家类参与者时，国家需采取更多的行动；而能动员非国家类参与者时，国家可减少行动。第二，确保采取适当规模的行动，解决可持续发展目标背后的直接和间接驱动因素问题。第三，确保行动在横向和纵向上保持一致性。

行动框架背后的原则基于三项机制：发展人类能力，建立制度框架，设计干预机制。例如，可通过不同的可持续发展目标的联合行动议程保证一致性，如高效率地利用农业资源的政策，以实现水、粮食和能源目标。这需要抛弃狭隘的思维，考虑横向合作行动，包括资源效率计划、创新计划或性别平等计划等干预措施。在某种程度上，可通过战略性环境评估或综合评估等制度，解决可持续发展目标之间的冲突。处理不同层级的多重驱动因素的行动会导致一系列问题，这可能要求行动必须是针对特定驱动因素及特定层级的，换言之，行动一致性并不意味着行动必须相同，但需相关，以解决不同治理层面的适当驱动因素问题。

行动框架的核心论点是，除非人类能力和制度框架已经就绪，否则不能开始干预和投资；在最具挑战性的国情下，人们必须花费大部分精力在能力建设和制度建立及治理系统上。例如，片面提倡以市场为基础的工具作为各种资源问题的解决方法（在过去 20 年中，这往往是国际金融机构提供的主要解决方案），在没有建立监管和确保市场运行的机构，以及人们无法支付购买基本服务费用的情况下，已被证明是无效的。在许多情况下，这会加剧社会经济的不平等。

一方面，我们需要全世界采取行动来处理地方性的具体问题；另一方面，我们需要全球协作，以确保目标实现，例如，在全球层面整合环境和资源需求。换言之，全球目标和原则需要遵循多层级行动，以便从全球到地方各级实施目标和遵守原则。

参考资料

Alston, Philip. 2005. Ships Passing in the Night: The Current State of the Human Rights and Development Debate Seen through the Lens of the Millennium Development Goals. *Human Rights Quarterly*, 27(3): 755-829.

Bavinck, Maarten, and Joyeeta Gupta, eds. 2014. SI: Sustainability science. Special issue on legal pluralism, governance and aquatic systems. *Current Opinion in Environmental Sustainability*, 11, 1-94.

Bello, Walden. 2013. Post 2015 Development Assessment: Proposed Goals and Indicators. *Development*, 56(1): 93-102.

Benson, Charlotte, and John Twigg. 2007. *Tools for Mainstreaming Disaster Risk Reduction: Guidance Notes for Development Organizations*. Prevention Consortium.

Bernstein, Steven, Joyeeta Gupta, Steinar Andresen, Peter M. Haas, Norichika Kanie, Marcel Kok, Marc A. Levy, et al. 2014. Coherent Governance, the UN and the SDGs. Policy brief 4. United Nations University Institute for the Advanced Study of Sustainability.

Chopra, Kanchan, Rik Leemans, Pushpam Kumar, and Henk Simons, eds. 2005. *Ecosystem Services and Human Well-being: Policy Responses. Millennium Ecosystem Assessment*. Vol. 3., 489-523. Washington, DC: Island Press.

Commission on Global Governance. 1995. *Our Global Neighbourhood:*

The Report of the Commission on Global Governance. Oxford University Press.

Conti, Kirstin, and Joyeeta Gupta. 2014. Protected by Pluralism? Grappling with Multiple Legal Frameworks in Groundwater Governance. *Current Opinion in Environmental Sustainability*, 14:39-47.

Council of Europe. 1998. *Gender Mainstreaming: Conceptual Framework, Methodology, and Conceptualisation of Existing Practices*. Strasbourg: Council of Europe.

Dellapenna, Joseph W., Joyeeta Gupta, Wenjing Li, and Falk Schmidt. 2013. Thinking about the Future of Global Water Governance. *Ecology and Society*, 18(3):28. Available at: http://www. ecologyandsociety. org/vol18/iss3/art28/.

Doornbos, Martin. 2001. "Good Governance": The Rise and Decline of a Policy Metaphor? *Journal of Development Studies*, 37(6):93-108.

Dorsey, Ellen, Mayra Gómez, Bert Thiele, and Paul Nelson. 2010. Falling Short of Our Goals: Transforming the Millennium Development Goals into Millennium Development Rights. *Netherlands Quarterly of Human Rights*, 28(4):516-522.

Dublin Declaration. 1992. The Dublin Statement on Water and Sustainable Development. Report of the International Conference on Water and the Environment.

ECOSOC, United Nations Economic and Social Council. 2006. Mainstreaming a Gender Perspective into All Policies and Programmes in the United Nations System. Resolution 2006/36. Available at: http://www. unhcr. org/refworld/docid/46c455acf. html.

European Commission. 2000. Directive 2000/60/EC of the European parliament and of the council of 23 October 2000 establishing a framework for community action in the field of water policy. *Official Journal of the European Communities*, L327:1-72.

Gupta,Joyeeta. 2008. Global Change: Analyzing Scale and Scaling in Environmental Governance. In *Institutions and Environmental Change: Principal Findings, Applications, and Research Frontiers*, ed. Oran R. Young,Leslie A. King,and Heike Schroeder,225-258. Cambridge,MA: MIT Press.

Gupta, Joyeeta. 2010. Mainstreaming Climate Change: A Theoretical Exploration. In *Mainstreaming Climate Change in Development Cooperation: Theory,Practice and Implications for the European Union*, ed. Joyeeta Gupta and Nicolien van der Grijp,67-96. Cambridge,UK:Cambridge University Press.

Gupta,Joyeeta. 2014a. Glocal Politics of Scale on Environmental Issues:Climate,Water and Forests. In *Scale-sensitive Governance of the Environment*,ed. Frans J. G. Padt,Paul F. M. Opdam,Nico B. P. Polman,and Catrien J. A. M. Termeer, 140-156. John Wiley and Sons.

Gupta,Joyeeta. 2014b. Science and governance:Climate change, forests,environment and water governance. In *The Role of Experts in International Decision-Making: Irrelevant, Advisors or Decision-Makers*,ed. Monika Ambrus,Karin Arts,Helena Raulus,and Ellen Hey,148-170. Cambridge University Press.

Gupta, Joyeeta, Antoinette Hildering, and Daphina Misiedjan. 2014. Indigenous peoples and their right to water:A legal pluralism perspective. *Current Opinion in Environmental Sustainability*, 11: 26-33.

Gupta, Joyeeta, and Claudia Pahl-Wostl. 2013. Global Water Governance in the Context of Global Governance in General and Multi-level Governance:Its Need,Form,and Challenges. *Ecology and Society*,18(4):53.

Gupta, Joyeeta, Claudia Pahl-Wostl, and Ruben Zondervan. 2013. "Glocal" Water Governance: A Multilevel Challenge in the

Anthropocene. *Current Opinion in Environmental Sustainability*, 5：
573-580.

Hooghe, Liesbeth, and Gary Marks. 2003. Unravelling the
Central State, but How? Types of Multi-level Governance. *American
Political Science Review*, 97(2)：233-243.

Huitema, Dave, and Sander Meijerink, eds. 2014. *The Politics of
River Basin Organizations*. Cheltenham：Edward Elgar.

ILA, International Law Association. 2004. Berlin Rules. Report
of the Seventy-First Conference, Berlin. London：International Law
Association.

International Law Commission. 2008. Draft Articles on the Law
of Transboundary Aquifers. Report of the International Law
Commission on the Work of Its Sixtieth Session, UN GAOR, 62d
Sess. , Supp. No. 10, at 19, UN Doc. A/63/10.

Jaspers, Frank, and Joyeeta Gupta. 2014. Global Water
Governance and River Basin Organizations. In *The Politics of River
Basin Organizations*, ed. Dave Huitema and Sander Meijerink, 38-66.
Edward Elgar.

Kaul, Inge, Pedro Conceicao, Katell Le Goulven, and Ronald U.
Mendoza. 2003. Why Do Global Public Goods Matter Today? In
Providing Global Public Goods, ed. Inge Kaul, Pedro Conceicao,
Katell Le Goulven, and Ronald U. Mendoza, 2-20. Oxford：Oxford
University Press.

Klijn, Anne-Marie, Joyeeta Gupta, and Anita Nijboer. 2009.
Privatising Environmental Resources：The Need for Supervision.
*Review of European Community & International Environmental
Law*, 18(2)：172-184.

Kyoto Protocol. 1997. Kyoto Protocol to the United Nations
Framework Convention on Climate Change. Signed 10 December
1997, in Kyoto; entered into force 16 February 2005. Reprinted in

(1998). *International Legal Materials*,37(1):22.

Liberatore, Angela. 1997. The Integration of Sustainable Development Objectives into EU Policy Making: Barriers and Prospects. In *The Politics of Sustainable Development*, ed. Susan Baker,Maria Kousis,Dick Richardson,and Stephen Young,104-123. Routledge.

Marks, Gary, Liesbeth Hooghe, and Kermit Blank. 1996. European Integration from the 1980s State Centric vs. Multilevel Governance. *Journal of Common Market Studies*,34(3):341-378.

Merme, Vincent, Joyeeta Gupta, and Rhodante Ahlers. 2014. Private Equity,Public Affair: Hydropower Financing in the Mekong Basin. *Global Environmental Change* 24:20-29.

Nilsson, Måns, and Åsa Persson. 2012. Can Earth System Interactions Be Governed? Governance Functions for Linking Climate Change Mitigation with Land Use, Freshwater and Biodiversity Protection. *Ecological Economics*,75:61-71.

Nilsson, Måns, Tony Zamparutti, Jan Erik Petersen, Björn Nykvist,Peter Rudberg,and Jennifer McQuinn. 2012. Understanding Policy Coherence: Analytical Framework and Examples of Sector-Environment Policy Interactions in the EU. *Environmental Policy and Governance*,22:395-423. doi:10.1002/eet.1589.

Obani,Pedi, and Joyeeta Gupta. 2014. Legal Pluralism in the Area of Human Rights: Water and Sanitation. *Current Opinion in Environmental Sustainability*,11:63-70.

Organisation for Economic Co-operation and Development (OECD). 2014. Tax Transparency 2014,Report on Progress. Global Forum on Transparency and Exchange of Information for Tax Purposes.

Paris Declaration. 2005. Paris Declaration on Aid Effectiveness: Ownership,Harmonisation,Alignment,Results and Mutual Accountability. High-level Forum on Aid Effectiveness,February 28-March 2,2005,Paris.

Available at: http://www. oecd. org.

PBL. 2011. A Global Public Goods Perspective on Environment and Poverty Reduction: Implications for Dutch Foreign Policy. The Hague.

Redondo, Elvira D. 2009. The Millennium Development Goals and the Human Rights Based Approach: Reflecting on Structural Chasms with the United Nations System. *International Journal of Human Rights*, 13(1): 29-43.

Rhodes, Roderick A. W. 1996. The New Governance: Governing without Government. *Political Studies*, 44: 652-667. doi: 10. 1111/j. 1467-9248. 1996. tb01747. x.

Rio Declaration. 1992. Rio Declaration and Agenda 21. Report on the UN Conference on Environment and Development, Rio de Janeiro, 3-14 June 1992, UN Doc. A/CONF. 151/26/Rev. 1 (Vols. 1-Ⅲ).

Robinson, Mary. 2010. The MDG-Human Rights Nexus and Beyond 2015. *IDS Bulletin*, 41(1): 80-82.

Rockström, Johan, Will Steffen, Kevin Noone, Åsa Persson, F. Stuart Chapin, Eric F. Lambin, Timothy M. Lenton, et al. 2009. A Safe Operating Space for Humanity. *Nature*, 461: 472-475.

Rosenau, James N. 1992. Governance, Order, and Change in World Politics. In *Governance without Government: Order and Change in World Politics*, ed. James N. Rosenau and Ernst-Otto Czempiel, 1-29. Cambridge, UK: Cambridge University Press.

Sanwal, Mukul. 2012. Global Sustainable Development Goals: The Unresolved Questions for Rio+20. *Economic and Political Weekly*, xlvii: 14-16.

Scharpf Fritz, W. 1997. *Games Real Actors Play. Actor-centered Institutionalism in Policy Research*. Westview Press.

Stiglitz, Joseph. 2000. Vers un nouveau paradigme du développement.

Economics and Politics,5:6-39.

UN, United Nations. 2012. The Future We Want. Outcome document of the UN Conference on Sustainable Development(Rio+20),Rio de Janeiro,Brazil. UN Doc. A/CONF. 216/L. 1.

UNDP,United Nations Development Programme. 1999. Global Public Goods: International Cooperation in the 21st Century. New York.

UNDP,United Nations Development Programme. 2014. Human Development Report 2014. Sustaining Human Progress: Reducing Vulnerabilities and Building Resilience.

UNECE,United Nations Economic Commission for Europe. 1992. Convention on the Protection and Use of Transboundary Watercourses and International Lakes. UN Reg. 33207,1936 UNTS 269.

UNECE, United Nations Economic Commission for Europe. 1999. London Protocol on Water and Health on the Convention on the Protection and Use of Transboundary Watercourses and International Lakes(25 Parties).

UNEP, United Nations Environment Programme. 2013. Global Environmental Outlook 5.

UN Framework Convention on Climate Change. 1992. United Nations Framework Convention on Climate Change. *International Legal Materials*,31(4):849.

UNGA,United Nations General Assembly. 2010. Resolution on Human Right to Water and Sanitation. UN Doc. A/64/292. Available at:http://www. un. org/News/Press/docs/2010/ga10967. doc. htm.

UNGA,United Nations General Assembly. 2015. Transforming Our World: The 2030 Agenda for Sustainable Development. Draft resolution referred to the United Nations summit for the adoption of the Post-2015 development agenda by the General Assembly at its sixty-ninth session. UN Doc. A/70/L. 1.

UNIDO, United Nations Industrial Development Organization. 2008. Public Goods for Economic Development. Vienna.

UN Watercourses Convention. 1997. Convention on the Law of the Non-Navigational Uses of International Watercourses. UN Doc. A/51/869, adopted in Res. A/RES/51/229.

Vörösmarty, Charles J. , Peter McIntyre, Mark O. Gessner, David Dudgeon, Alexander Prusevich, Pamela A. Green, Stanley Glidden, et al. 2010. Global Threats to Human Water Security and River Biodiversity. *Nature*, 467: 555-561.

Walby, Sylvia. 2005. Gender Mainstreaming: Productive Tensions in Theory and Practice. *Social Politics*, 12(3): 321-343.

Weitz, Nina, Måns Nilsson, and Marion Davis. 2014. A Nexus Approach to the Post-2015 Agenda: Formulating Integrated Water, Energy, and Food SDGs. *SAIS Review (Paul H. Nitze School of Advanced International Studies)*, 34 (2): 37-50. doi: 10. 1353/sais. 2014. 0022.

Went, Robert C. P. M. 2010. *Internationale Publieke goederen: Karakteristieken en typologie*. The Hague.

World Water Assessment Programme. 2009. *The United Nations World Water Development Report 3: Water in a Changing World*. Paris: UNESCO Publishing.

Young, Oran R. , Arild Underdal, Norichika Kanie, Steinar Andresen, Steven Bernstein, Frank Biermann, Joyeeta Gupta, Peter M. Haas, Masahiko Iguchi, Marcel Kok, Marc Levy, Måns Nilsson, László Pintér, and Casey Stevens. 2014. Earth System Challenges and a Multi-layered Approach for the Sustainable Development Goals. Post 2015/UNU-IAS Policy Brief #1.

第 13 章　结语：通过目标
实现全球治理的关键挑战

弗兰克·比尔曼(Frank Biermann)，蟹江宪史(Norichika Kanie)

正如众多分析人士所建议的，可将 17 个可持续发展目标看作前所未有之举，以推动、加强新型治理模式，指导和"协调"未来 15 年的公共政策和私人实践。虽已有先例，如千年发展目标，但可持续发展目标在覆盖面的广泛性及具体特点上仍然是独一无二的。然而，正如批评家一针见血地指出的，要充分评估这一新的全球性可持续发展目标的最终效果还为时尚早。撰写本章之时，可持续发展目标提出仅一年。本书第 1 章到第 12 章，各作者仅初步分析和评估了可持续发展目标的演变、基本原理和未来前景，将目标作为新颖的"通过目标实现治理"的范例。

本章将总结本书一些重要结论，以窥测通过目标实现治理作为世界政治新机制的普遍影响。此外，本书通过给出成功落实可持续发展目标的若干条件，来探讨其所面临的挑战与机遇。本书还指出了未来可能的研究途径和方向。

13.1　通过目标实现治理

正如本书一直强调的，"通过目标实现全球治理"的方法(可持续发展目标是主要例子之一)，以若干关键特征为标志。任何目标都不专属于该治理模式。然而，笔者以为，所有特征相加，足以成为全球治理中独特的、新颖的转向方式和别致的制度安排。

第一，通过目标实现治理与国际法律体系脱节。可持续发展目标没有法律约束力，在全球层面确定目标的文件（联合国大会的一项决议）绝不是为了向目标赋予法律效力。由于缺乏进一步的批准程序，各国政府没有法律义务将目标正式纳入本国法律体系。这类目标不同于其他一些关于可持续发展的目标或子目标，后者已被写进明确规定具有法律约束力的协定中，如保护平流层的臭氧层或海洋环境的一些协定。然而，这并不妨碍某些可持续发展目标成为其他地方通过的法律制度的一部分，包括次全球法律制度。例如，关注气候变化的目标 13，基本上参照了具有法律约束力的《联合国气候变化框架公约》及 2015 年的《巴黎协定》。

可测性而不是法律体系，是通过目标实现治理的核心。通过使用指标测度进展，各国和各参与者可以相互比较。让参与者单独或利用网络，自由实现目标和子目标，同时测度和比较他们的进展，是通过目标实现治理的一大特色。

第二，如可持续发展目标所示，在政府间层面，通过目标实现治理是通过脆弱的机构安排而发挥作用的。这些安排不同于更具体的治理领域所制定的复杂体制机制（例如，为稳定气候、保护臭氧层或保护生物多样性等的体制机制）。在全球层面，关于可持续发展目标实施的机构监督相当模糊，现在将由高级别政治论坛履行。该论坛是新设立的，其有效性仍有待证明（见第 9 章）。可持续发展目标 17 多次提到需建立全球伙伴关系，在某种程度上可与千年发展目标 8 相媲美。但是，两类目标设定的进程存在本质区别。举例来说，千年发展目标 8 对自愿承诺的强调，少于当下围绕可持续发展目标 17 讨论的有关建议。此外，针对子目标的全球伙伴关系（甚至可能针对具体指标）最有可能出现，某些伙伴关系已经存在，例如，卫生、水、海洋、可持续消费和生产方面的伙伴关系。所有针对具体问题的伙伴关系可以提供一定的全球性监督和指导机制，以支持未来 15 年的目标实施。

脆弱的全球机构安排不一定意味着成功执行目标的可能性低。

支持者将治理的各维度——自下而上、非对抗、国家驱动和以利益相关者为导向——视为成功的关键因素。鉴于目标必须征得同意，且不得不在高度多样化和分散的国家制度中实施，近年来具有法律约束力的、详细的全球多边协议被证实很难达成。

第三，可持续发展目标不是全球层面更广泛战略规划进程的结果。正如第 1 章详细阐述的，首次提案仅可追溯至 2011 年。一年后，联合国可持续发展大会沿用该提案，决定到 2015 年拟定一系列可持续发展目标，极少数人指望此机制成为《2015 年后发展议程》的中心内容。2013 年 5 月，联合国秘书长主持成立的联合国高级别名人小组，提交了一份指示性清单，列出了 12 项目标和子目标，为随后的《2015 年后发展议程》定了基调。然而，初期目标与子目标有限，这只被当作"后千年发展目标"进程，鲜有人预见到了可持续发展目标最终在联合国系统内所起的作用。从某种意义上说，偶然间，可持续发展目标已成为《2030 年可持续发展议程》的核心要素，这要归功于 2014 年前后的全球协商。彼时，开放工作小组成为讨论《2015 年后发展议程》的唯一主要的政府间论坛。

第四，依靠全球目标设定进程的包容性与全面性，使通过目标实现治理的新方式得以展开。与先前的千年发展目标的不同在于，新可持续发展目标既涉及工业化国家，又包含发展中国家。该方式也使北美、欧洲、东亚和大洋洲的国家变成了"发展中国家"。这些国家必须提出计划，使其社会向更可持续发展的道路转变。另外，与先前的千年发展目标不同，新可持续发展目标或多或少地涵盖了整个可持续领域，因此侧重于经济发展和消除贫困（千年发展目标的核心），并十分关切社会正义，更强调治理、环境保护和资源的利用效率。这是全球议程制定的重大进展。即使许多国家元首和政府首脑出席了 1992 年联合国环境与发展大会、2002 年世界可持续发展峰会、2012 年联合国可持续发展大会等会议，但可持续发展问题并未列入联合国事务的主要议程。例如，在联合国系统内，可持续发展委员会的实际地位相对较低就证明了这一点。随着可持续发展目标的不断推进，情况或已改变，如今可持续发展的地位可能与更传统的国际经济议程平起平坐。40 年来，随着可持续发展目标的推进，现在"可持续发展"的一体化概念终于成为联合国通过目标实现全球治理新战略的核心议程。

第五，包容性和全面性在 2012—2015 年的新可持续发展目标初期发挥了作用。早先的千年发展目标基本上是联合国秘书处拟订的——它当然也是在《联合国千年宣言》和各国政府的不断投入中促成的 (Loewe，2012；Manning，2010；McArthur，2014)，但可持续发展目标是经过公共程序商定的，至少 70 个国家和民间社会众多代表参与其中。必须指出，目标制定进程是由南半球的中等收入国家——特别是哥伦比亚和危地马拉——率先发起的，并吸引了民间社会的广泛参与，包括诸多线上论坛。简言之，这不是由联合国秘书长挑选的官员制定的目标清单，而千年发展目标则基本上是如此制定的。

第六，前五点的必然结果是，通过目标实现治理，正如可持续发展目标所示，为各国的选择和偏好提供了较大的回旋余地。尽管为落实 17 个可持续发展目标，全球层面商定了不少于 169 个子目标，但其中许多子目标可由各国政府自主决定执行的程度，这就给了他们最大的自由。即使选择了定量且界定明确的子目标，例如，到 2030 年彻底消除饥饿的目标，在实现目标与子目标时，各国政府仍可利用目标不具约束力的性质，或在缺乏支持时求助国际社会。因此，实际上，如果愿意选择，政府在解释和执行目标时拥有最大程度的自由。这种固有的回旋余地有助于解释为什么在宪法上阐释了对妇女和女童歧视的国家，仍然支持实现两性平等的全球目标(目标 5)，或者拥护新自由主义经济信仰的国家能够就减少国家和国际不平等问题达成一致(目标 10)。最后，这种相对灵活的方式，使所有政府都能够就所有 17 个可持续发展目标和 169 个子目标达成一致，使其成为今后 15 年公共政策的普遍愿景和指导方针。

可持续发展目标的体制监督安排薄弱、国家自由裁量权大、全球愿景不具约束力等特点，并不意味着本书以彻底消极、悲观的评估结尾。相反，我们确实看到了通过目标实现全球治理战略的发展潜力，正如可持续发展目标所呈现的，其推动公共政策和私人努力，促成了雄心勃勃的可持续发展议程。当然，我们也应承认缺乏备选方案，在全球治理及政府间政策方面，迄今缺乏人类世所面临的挑战的应对办法（Biermann，2014；第 3 章）。从全球体制安排的发展到最终国家和地方层面落实的雄心，很大程度上取决于今后几年围绕目标所制定的政策。遵循这一推理逻辑，在随后部分，笔者罗列了几种可帮助新目标成功实现的条件。

13.2 实施中的挑战

13.2.1 通过指标和承诺进一步强化目标

首先，即使 17 个可持续发展目标有 169 个更具体的子目标支撑，但许多子目标仍然较为含糊，多数目标也完全是定性的，有较大的解释余地，因此执行不力。

当下必须通过适当的指标，并结合国家层面各国政府做出的正式承诺，尽可能将可持续发展目标具体化。正如扬（见第 2 章）指出的，通过目标实现治理能否成功，取决于承诺是否日益正规化，是否确立明确的基准，以及各国政府是否发布正式的、可测度的承诺。以上按照扬的说法，如果不合规，就会"造成尴尬或丧失面子"。正如在《联合国气候变化框架公约》下，2015 年的《巴黎协定》的制度建设始于国家保证（所谓国家自定贡献预案），通过目标采取反向治理方式。如今可指望国家层面的承诺，遵循可持续发展目标的广泛全球协议。

除国家承诺外，也应在指标层面上继续努力追求严苛的治理制度。指标必须有效支持可持续发展目标展现的雄心壮志。理想情况下，这一进程将不限于国家报告和评估等传统方式，还会纳入其他形式的评估系统（见第 9 章）。其中一个问题是，在没有人类世意义上的长期可持续发展整合愿景和原则的情况下，17 个可持续发展目标体现的"'普遍'多样性和软优先次序"（见第 10 章），是否足以有效地指导行为和确定优先次序。这一问题促使翁德达尔和金有力地论证了可持续性的基本规范，这将为落实可持续发展目标提供急需的优先次序和"管弦乐团式协调"。

13.2.2 强化全球治理安排

可持续发展目标实施的一项主要挑战，就在于全球层面是否能有合适的治理安排，包括如何将治理安排纳入现有机构，或与现有机构保持一致。正如扬（见第 2 章）指出的，制定有效程序以追踪进展，是依赖目标设定的全球治理策略取得成功的关键因素。重要的是，与国际法律制度不同，通过目标实现治理始于这一愿景，即不一定与现有或新治理安排产生联系（见第 10 章、第 12 章）。

一个新设立的中心机构是高级别政治论坛。正如第 1 章及第 9 章所详细讨论的，各国政府在 2012 年商定设立该论坛，以及 2015 年确定了该论坛是可持续发展目标"在全球层面监督后续行动和审查的核心"（UNGA，2015，第 82 段）。

监测可持续发展目标进展的要素之一，就是一份新的全球可持续发展报告。该报告应紧跟联合国，具有前瞻性，以政策为导向，不仅要报告成功领域，还应报告政策的不足之处。该报告是高级别政治论坛下科学政策的要素之一，也是监测 2015—2030 年目标实施情况的重要工具之一。然而，在 2012 年，高级别政治论坛的细节和职能并未被明确规定，因此自 2012 年起，联合国内部进行了政府间谈判（见第 9 章）。同样，高级别政治论坛在全球可持续治理方面如何扮演"指挥家"的角色，仍有待商榷（见第 9 章、第 10 章）。

此外，可持续发展目标取得成功的关键，是可靠且可预见的资源调动（见第 9 章、第 11 章）。可持续发展目标 17 明确聚焦"全球伙伴关系"。这一全球伙伴关系需要包括来自公共部门的额外资金，这和千年发展目标下全球伙伴关系的情况一样。然而，公对私、私对私合作伙伴关系和其他类型的行动网络也十分重要，可能比其在千年发展目标中更重要。自 2012 年联合国可持续发展大会以来，已经产生了 2110 份自愿性承诺。它们的成功难以预测，在很大程度上将取决于制度化审查机制和可测度基准等，以此衡量全球伙伴关系下可持续发展目标的实施情况（见第 9 章、第 11 章）。此外，在有些具体情况下，个体参与者的领导——包括先驱国家，就像挪威在卫生领域一直扮演的角色——可能会非常关键（见第 7 章）。

伙伴关系不需要覆盖全球范围。可持续发展目标的具体特征给落实目标留下了较大的灵活空间，使少数国家间很有限的伙伴关系下产生了大量工作，或许还包括非国家类参与者。这种伙伴关系也只能包括少数针对特定事件的"意愿联盟"下的参与者，他们可能聚焦于具体指标。一个可能例证是子目标 12.3 最近的发展，即落实子目标 12.3 的参与者的全球联盟的成立。该目标是到 2030 年，在零售和消费者层面实现全球人均粮食浪费减半，并减少生产和供应链（包括收获后损失）中的粮食损失（见第 7 章）。近来，已有公司层面的倡议出现，如联合利华的倡议。国家层面利益相关者倡议的一个例子，是日本"OPEN 2030"项目，其试图通过多个利益相关者的伙伴关系，为可持续发展目标提供支持。《2030 年可持续发展议程》还鼓励提供学习机会，包括通过地方和全球层面的审查与最优做法分享，创建在线平台。

一方面，通过这种伙伴关系解决问题，可能更好地适应复杂问题，因为这是人类世的典型问题。问题的复杂性、遥相关和非线性（这是人类世的具体特征，见第 3 章），可能更需要通过这种方式来解决，即为聚焦于特定子目标的更灵活的治理安排和快速调整留足空间（Kanie et al.，2014）。另一方面，围绕可持续发展目标的新型伙伴关系，绝不能重蹈 2002 年约翰内斯堡世界可持续发展峰会所议定的作为"第二类成果"的多部门及公私伙伴关系的覆辙（Biermann et al.，2007；Bäckstrand et al.，2012）。简言之，机制和伙伴关系网络在很大程度上取决于不断涌现的执行机制和伙伴关系网络的有效性，因为它们有助于推动雄心勃勃的可持续发展目标到 2030 年最终实现。

13.2.3 调整全球愿景，以适应国情和优先事项

可持续发展目标渴望普遍适用，因而具有全球性，但还应考虑到国家的现实、能力和其他方面的国情，包括发展水平、现有国家和地方政策，调整目标以适应国家和当地实际情况。这与早先的千年发展目标有显著区别。千年发展目标设定为全球层面，因此经常被批评为"一刀切"（见第 7 章）。然而，正如顾普塔和尼尔森强调的那样（见第 12 章），将全球和中期（2015—2030 年）愿景"转化"并纳入国家政策，需要国家层面的努力，包括有效的治理制度。部分原因是，如今治理本身已成为一项具体的可持续发展目标，且某些子目标呼吁各国政府以可测度的方式改善自身行为（见第 4 章）。

考虑到可持续发展目标承载着全球新愿景，大多数国家可以修改或升级现有国家发展目标和计划。然而，修订国家发展目标和计划，也需要对国家愿景、抱负、国家地位，以及国内资源分配，进行政治辩论和决策。例如，对于 2030 年前将人均粮食浪费减半的全球目标，挪威、尼加拉瓜、尼泊尔等不同国家的具体目标应该是什么（如子目标 12.3 所述）？他们追求人均减少浪费的目标，应该与全球平均减少水平持平、更高，抑或是更低？因此，可持续发展目标有助于在全球一致的抱负和愿景框架内，促进国家政策的制定。

正如可持续发展目标 17，以及适应各国国情展现出的全球愿望，将其联系起来的关键是测度进展。这将需要明确且广泛接受的指标（见第 5 章）。财力、国情和优先事项不同的国家，采纳的政策和措施由同一指标评估，便可在全球范围内进行比较。国际"点名曝光"可以促使各国推进项目。

同一国家采取类似的目标但时间限定不同，或者国家依赖不同的标准，又或者国家子目标远低于可持续发展目标当前提出的全球愿望时，出现的情况都会十分相似。目标 16 和目标 17 通过全球和国家目标与子目标之间的转换，解决了这一问题。然而，它也需要国家适应与调整。

因此，要成功地实现该目标，需要在全球愿望和国家背景政策

和/或愿望之间进行有效转换。潜在问题是国家政策制定中可持续发展目标有广泛的选择性。瑞典、荷兰和日本进行了一些初步研究，以使可持续发展目标适应各国国情（瑞典方面，见 Weitz et al.，2015；日本方面，见 POST2015，2016；荷兰方面，见 Lucas et al.，2016）。部分发展中国家已采取一些措施，特别是建立了千年发展目标国家机制的国家，如今可适应可持续发展目标。虽然必须认识到千年发展目标与可持续发展目标之间的本质区别，但落实过程中及某些情况下，体制安排的相关经验仍是可借鉴的资源。

这同样适用于政府间机构和组织，特别是联合国。既然联合国已设定了明确的目标与子目标，所有联合国机构和支持国家发展的机构均可开始行动，减少资金，精简政策，以适应可持续发展目标。

毋庸置疑，若只有政府单独行动，要实现可持续发展目标绝无可能。正如联合国大会所指出的，《2030 年可持续发展议程》涉及所有利益相关者，而不仅仅是各国政府。顾普塔和尼尔森在本书第 12 章中指出，落实可持续发展目标的工作，必须由社会所有参与者承担，这一进程最终为所有人"拥有"。因此，要呼吁民间社会组织、私营部门甚至每位公民都努力实现目标。正如扬所暗示的那样，理想情况下，这甚至可能导致实现可持续发展目标或个人目标的新型社会运动（见第 2 章）。此外，私营部门可能需要发挥比过去更积极的作用。例如，就水资源治理而言，山田贵博认为，水资源领域基于目标治理要取得成功，在很大程度上将有赖于各国政府的合作程度，而联合国全球契约将在这方面发挥重要作用（见第 8 章）。

13.2.4 确保落实过程中政策的有效融合

要有效实现可持续发展目标，就需要在现有框架和机构之外的诸多系统下，以问题为导向开展工作。因此，必须以整合方式落实可持续发展目标，并密切关注各目标间的相互联系。这也是部分研究（Griggs et al.，2014；Sachs，2015；Stafford-Smith et al.，2016）及《全球可持续发展报告》（UN DESA，2015）所强调的内容。所有人都主张综合落实可持续发展目标，避免消极权衡，以便产生协同作用(见第 6 章、第 12 章)。

这是促进全球可持续治理战略成功的先决条件。随着消除贫困、防止饥饿和营养不良等领域大获成功的事例的出现，毫无疑问，8 个千年发展目标关注的问题对于发展极为重要(尽管这些成功能否归于千年发展目标仍存在争议)。因此，这些主要关注点在可持续发展目标中再次占据首要地位，其核心目标是在今后 15 年内使世界摆脱饥饿。然而，同等重要的是，保证地球基本的支持生命的功能。例如，如果《联合国气候变化框架公约》及 2015 年《巴黎协定》中雄心勃勃的目标无法实现，那么此前发展方案下消除贫困获得的成功都可能被否定。只有我们管理地球生命支持系统——其中一些已经越过或接近所谓"地球边界"——才能使人类在发展中进一步提高可持续性成为可能。社会可持续和社会公正，也是至关重要的因素。例如，在粮食安全方面，理论上有充足的食物养活地球上所有人，关键问题不是食物的绝对数量，而是食物的分配和管理。

基于上述原因，可持续发展三大领域的综合方式不可或缺。各级全球治理，从全球到区域、国家和地方，再到跨部门边界，都需要综合。对大多数国家来说，这将需要进行一些改组，例如，国家行政部门和政府系统的改组。研究领域的整合还需要更多学科交叉，打破学科知识的筒仓化，开发新型跨学科方式，结合专家、利益相关者的专门知识，建立更好的体系结构来实现有效的科学—政策对接。

13.2.5 改善治理机制的适应性

成功落实可持续发展目标的最后一个条件，是有关治理安排的适应性，以应对未来 15 年可能发生的变化。因此，通过目标实现治理可能需要更加灵活地调整，以应对新情况。然而，目前不断制度化后，如何保持这种灵活性仍有待商榷。

例如，自 2001 年制定千年发展目标以来，已有诸多变化。印度等国经济迅速增长，数百万人摆脱了贫困，但也进一步加剧了当地环境污染，同时全球二氧化碳和其他污染物的排放量也不断增加。

发展速度不一，最终导致发展中国家间利益更多样化，这限制了 77
国集团在多边谈判中的一致性程度和核心联盟的结成。科学进步及
地球系统更完善的模型和场景的开发，表明人类需要改变行为以避
免灾难性事件，同时逐渐实现知识共享。相较以前，更多非政府类
参与者参与各层面的治理决策。由于通信技术及社会媒体的迅速发
展，如今公民比任何时候都更快捷地相互联系和形成网络。然而，
最近许多事态的发展，在 2000 年时并没有被准确预测到。一个简单
的例子是，在千年发展目标中，以使用固定电话的人所占百分比作
为通信和信息水平改善的指标，但是在随后仅仅 10 年时间里，这个
指标就因为移动电话的普及而很快过时了，未来 15 年无疑将经历类
似的重大变化。因此，实现可持续发展目标的治理安排和核心机构
必须具有活力和足够的灵活性，以应对未来 15 年及以后不可预知的
变化。总之，治理需要长远眼光。

13.3 未来研究问题展望

综合来看，可持续发展目标的信息需求仍然巨大。这些目标是
一种新治理机制，为学术研究和政策分析提出了许多新问题。

首先，可持续发展目标成功与否，将与我们的测度能力有关。
然而，"衡量所珍视的事物"并非微不足道，这项关键任务将交由国
际和国内统计工作者，而且需要其他研究团队支持(见第 5 章)。例
如，在没有进一步改善适当指标的方法，以及政府间就评估过程中
最有意义的指标的协定不断增多的情况下，如何衡量可持续发展目
标 16 中的治理是否得到改善、政策是否更透明、行政部门是否更廉
洁、法制是否更完善。

其次，通过目标实现治理的新方法，带来了新的重大研究问题，
即在全球层面将目标纳入、融入现有治理安排中，全球层面的目标
对其他治理系统可能产生什么影响，以及在何种程度上需要进一步
改革治理，以应对由此产生的挑战。我们在若干章节(第 3 章、第 8
章、第 9 章和第 12 章)均提及上述问题，但该领域还需进一步深入

研究。在全球治理中，尽管有些人鉴于共同愿景自下而上的性质和新属性，可能会认为通过目标实现治理更准确的描述是"无指挥爵士"，但是"管弦乐团式协调"可能是理解可持续发展目标职能的一个首要概念。

再次，为实现可持续发展目标中经济、社会和环境一体化，各方提供学术支持也很重要。虽然千年发展目标基本上是与传统发展议程有关，而其他目标的制定进程则优先考虑环境问题等，但如今可持续发展目标试图将可持续发展三大传统领域悉数融合。17 个可持续发展目标基本上均涉及三大领域，尽管程度有所区别。当采取行动实现目标时，这一点更加真切。在落实目标过程中将三大领域融入不同议程及不同原则，对于各级治理决策者及利益相关者来说，是一项重大挑战。然而，它也是跨学科及多学科项目下，研究团队需要关注的重点议题。例如，学术界对粮食—水—能源之间关系的关注不断增多，反映了对可持续采取综合方式的重要性，以及对社会领域的高度重视。

最后，毫无疑问，可持续发展目标是最雄心勃勃的，但同时也是全球和地方治理中最艰巨的政治挑战。正如联合国秘书长在《2030 年可持续发展议程》和 2015 年《巴黎协定》签署后恰如其分地总结："我们是能结束贫困的最早一代，也是能采取措施避免气候变化带来恶劣影响的最后一代。随着新发展议程、可持续发展目标和气候变化协定的通过，我们可以使世界走向更美好的未来。"我们坚信，通过目标实现治理的新模式，必将成为这一雄心勃勃计划的重要组成部分。

参考资料

Bäckstrand, Karin, Sabine Campe, Sander Chan, Ayşem Mert, and Marco Schäferhoff. 2012. Transnational Public-Private Partnerships. In *Global Environmental Governance Reconsidered*, ed. Frank Biermann and Philipp Pattberg, 123-147. Cambridge, MA: MIT Press.

Biermann, Frank. 2014. *Earth System Governance: World*

Politics in the Anthropocene. Cambridge, MA: MIT Press.

Biermann, Frank, Man-san Chan, Ayşem Mert, and Philipp Pattberg. 2007. Multistakeholder Partnerships for Sustainable Development: Does the Promise Hold? In *Partnerships, Governance and Sustainable Development. Reflections on Theory and Practice*, ed. Pieter Glasbergen, Frank Biermann and Arthur P. J. Mol, 239-260. Cheltenham: Edward Elgar.

Griggs, David, Mark Stafford Smith, Johan Rockström, Marcus C. Öhman, Owen Gaffney, Gisbert Glaser, Norichika Kanie, Ian Noble, Will Steffen, and Priya Shyamsundar. 2014. An Integrated Framework for Sustainable Development Goals. *Ecology and Society*, 19(4):49.

High-level Panel of Eminent Persons on the Post-2015 Development Agenda. 2013. *A New Global Partnership: Eradicate Poverty and Transform Economies through Sustainable Development*. New York: United Nations.

Kanie, Norichika, Steinar Andresen, and Peter M. Haas, eds. 2014. *Improving Global Environmental Governance: Best Practices for Architecture and Agency*. Oxon and New York, NY: Routledge.

Loewe, Markus. 2012. *Post 2015: How to Reconcile the Millennium Development Goals (MDGs) and the Sustainable Development Goals(SDGs)?* Bonn: German Development Institute.

Manning, Richard. 2010. The Impact and Design of the MDGs: Some Reflections. *IDS Bulletin*, 41(1):7-14.

McArthur, John W. 2014. The Origins of the Millennium Development Goals. *SAIS Review (Paul H. Nitze School of Advanced International Studies)*, 34(2):5-24.

Lucas, Paul, L. Kathrin Ludwig, Marcel Kok, and Sonja Kruitwagen. 2016. *Sustainable Development Goals in the Netherlands: Building Blocks for Environmental Policy for 2030*. The Hague: Netherlands Environmental

Assessment Agency.

POST2015, Project on Sustainability Transformation beyond 2015. 2016. Prescriptions for Effective Implementation of the Sustainable Development Goals in Japan. Tokyo.

Sachs, Jeffrey D. 2015. *The Age of Sustainable Development*. New York: Columbia University Press.

Stafford-Smith, Mark, David Griggs, Owen Gaffney, Farooq Ullah, Belinda Reyers, Norichika Kanie, Bjorn Stigson, Paul Shrivastava, Melissa Leach, and Deborah O'Connell. 2016. Integration: The Key to Implementing the Sustainable Development Goals. *Sustainability Science*. DOI: 10. 007/s11625-016-0383-3.

UN DESA, United Nations Department of Economic and Social Affairs. 2015. Global Sustainable Development Report 2015 Edition. United Nations.

UNGA, United Nations General Assembly. 2015. *Transforming Our World: The 2030 Agenda for Sustainable Development*. Draft resolution referred to the United Nations summit for the adoption of the post-2015 development agenda by the General Assembly at its sixty-ninth session. UN Doc. A/70/L. 1 of 18 September.

Weitz, Nina, Åsa Persson, Måns Nilsson, and Sandra Tenggren. 2015. Sustainable Development Goals for Sweden: Insights on Setting a National Agenda. Stockholm Environment Institute: Stockholm, Sweden. Working Paper 2015-10.

附　录

附录 1　千年发展目标

表附 1-1　千年发展目标及进展监测指标

目标和具体目标	进展监测指标
目标 1. 消除极端贫困和饥饿	
具体目标 1. A：1990—2015 年，将每日收入低于 1 美元的人口比例减半	1.1　每日收入低于 1 美元（购买力平价，PPP）的人口比例 1.2　贫困差距率 1.3　最贫困的 1/5 人口的消费占国民总消费的份额
具体目标 1. B：使包括妇女和青年人在内的所有人都享有充分的生产就业和体面工作	1.4　就业人口人均 GDP 增长率 1.5　人口就业率 1.6　依靠每日低于 1 美元（购买力平价）维生的就业人口比例 1.7　全部就业人口中自营就业和家庭雇员所占比例
具体目标 1. C：1990—2015 年，将挨饿的人口比例减半	1.8　5 岁以下儿童中体重不达标的比例 1.9　低于最低食物能量摄取标准的人口比例
目标 2. 普及初等教育	
具体目标 2. A：确保到 2015 年，世界各地的儿童，不论男女，都能完成小学全部课程	2.1　小学净入学率 2.2　从一年级读到小学最高年级的学生比例 2.3　15～24 岁男女识字率

目标和具体目标	进展监测指标
目标 3：促进两性平等，并赋予妇女权利	
具体目标 3.A：争取到 2005 年，消除小学教育和中学教育中的两性差距，最迟于 2015 年在各级教育中消除此种差距	3.1　小学、中学、高等教育中男生对女生比率 3.2　非农业部门有薪酬就业者中妇女比例 3.3　国民议会中妇女所占席位比例
目标 4：降低儿童死亡率	
具体目标 4.A：1990—2015 年，将 5 岁以下儿童的死亡率降低 2/3	4.1　5 岁以下儿童死亡率 4.2　婴儿死亡率 4.3　接种麻疹疫苗的 1 岁儿童比例
具体目标 5：改善产妇健康	
具体目标 5.A：1990—2015 年，将产妇死亡率降低 3/4	5.1　产妇死亡率 5.2　由卫生技术人员接生的新生儿比例
具体目标 5.B：到 2015 年，人人享有生殖健康	5.3　避孕普及率 5.4　青少年生育率 5.5　产前护理覆盖率（至少接受 1 次及至少接受过 4 次产前护理） 5.6　未满足的计划生育需求
目标 6：与艾滋病病毒/艾滋病、疟疾和其他疾病做斗争	
具体目标 6.A：到 2015 年，遏止并开始扭转艾滋病病毒/艾滋病的蔓延	6.1　15～24 岁人群艾滋病病毒感染率 6.2　最近一次高风险性行为中使用避孕套的比例 6.3　15～24 岁人群中全面、正确了解艾滋病病毒/艾滋病的人口比例 6.4　10～14 岁的孤儿和非孤儿入学比例

目标和具体目标	进展监测指标
目标6：与艾滋病病毒/艾滋病、疟疾和其他疾病做斗争	
具体目标6.B：到2010年，向所有需要者普遍提供艾滋病病毒/艾滋病治疗	6.5　艾滋病重度感染者获得抗逆转录病毒药物治疗的比例
具体目标6.C：到2015年，遏制并开始扭转疟疾和其他主要疾病的发病率	6.6　疟疾发病率和死亡率 6.7　5岁以下儿童在经杀虫剂处理的蚊帐中睡觉的人口比例 6.8　5岁以下发烧儿童得到适当疟疾药物治疗的人口比例 6.9　肺结核发病率、流行率和死亡率 6.10　采用短期直接观察处置医疗发现并治愈的肺结核患者比例
目标7：确保环境的可持续性	
具体目标7.A：将可持续发展原则纳入国家政策和方案，并扭转环境资源的持续损失状况	7.1　森林覆盖率 7.2　二氧化碳排放总量、人均排放量和1美元国内生产总值（购买力平价）排放量比例 7.3　臭氧消耗物质的消费量
具体目标7.B：减少生物多样性的丧失，到2010年，将生物多样性丧失率显著降低	7.4　生物安全生态范围内鱼类资源比例 7.5　水源总量使用比例 7.6　受保护的陆地和海洋面积比例 7.7　濒临灭绝的物种比例
具体目标7.C：到2015年，将无法持续获得安全饮用水和基本卫生设施的人口比例减半	7.8　使用改善饮用水源的人口比例 7.9　使用改善的卫生设施的人口比例
具体目标7.D：到2020年，使至少1亿贫民窟居民的生活有明显改善	7.10　生活在贫民窟的城市人口比例

续表

目标和具体目标	进展监测指标
目标8：建立促进发展的全球伙伴关系	
	下列指标中，分别监测最不发达国家、非洲、内陆发展中国家和小岛屿发展中国家。
具体目标8.A：进一步发展开放的、有章可循的、可预测的、非歧视性的贸易和金融体制 包括在国家和国际两级致力于实现善政、发展和减贫的承诺	**官方发展援助** 8.1　对全体援助对象和对最不发达国家的官方发展援助净额，占经济合作与发展组织发展援助委员会捐助国国民总收入的百分比 8.2　发展援助委员会捐助国提供的可在部门间分配的双边发展援助中，用于基本社会服务（基础教育、初级卫生医疗、营养、安全水源和卫生设施）的比例
具体目标8.B：满足最不发达国家的特殊需要 包括：对其出口免征关税、不实行配额；加强"重债穷国"的减债方案，注销官方双边债务；向致力于减贫的国家提供更为慷慨的官方发展援助	8.3　发展援助委员会捐助国不附加条件的双边官方发展援助比例 8.4　内陆发展中国家获得的官方发展援助占其国民总收入的比例 8.5　小岛屿发展中国家获得的官方发展援助占其国民总收入的比例 **市场准入** 8.6　发达国家从发展中国家和最不发达国家免税进口的产品占其进口总额的比例（按价值计算，不包括军火）
具体目标8.C：满足内陆发展国家和小岛屿发展中国家的特殊需要（通过《小岛屿发展中国家可持续发展行动方案》及联合国大会第22次特别会议的结果）	8.7　发达国家从发展中国家进口的农产品、纺织品和服装类产品征收的平均关税 8.8　经济合作与发展组织国家农业补贴估计值占其国内生产总值的比例 8.9　官方发展援助中用于帮助发展贸易能力的比例 **债务的可持续承受能力**
具体目标8.D：通过国家和国际措施，全面处理发展中国家的债务问题，使债务可以长期持续承受	8.10　达到"重债穷国"倡议的决定点和完成点（累计）的国家数量 8.11　根据"重债穷国"倡议和"多边债务减免"（MDRI）倡议承诺减免的债务 8.12　债务还本付息占货物与服务出口的比例

续表

目标和具体目标	进展监测指标
具体目标8. E：与制药公司合作，在发展中国家提供负担得起的基本药品	8.13　可持续获得负担得起的基本药品的人口比例
具体目标8. F：与私营部门合作，普及新技术，特别是通信的权益	8.14　每百人固定电话用户数 8.15　每百人移动电话用户数 8.16　每百人互联网用户数

1. 为监测国家贫困趋势，在数据可得的情况下，应该使用以国家贫困线为基础的指标，进行国家贫困趋势监测。

2. 实际生活在贫民窟中的城市人口比例，是由居住在至少具有下列四种情况之一的家庭中的城市人口比例替代计算的：（a）缺乏改善的水源供应；（b）缺乏改善的公共卫生设施的使用；（c）过度拥挤（3人以上居住一个房间）；（d）住所由非耐久材料建造。

资料来源：http：//mdgs. un. org/unsd/mdg/Host. aspx？Content ＝ Indicators/OfficialList. htm，2014-09-12。

附录 2 可持续发展目标（摘编）

245. 我们强调，千年发展目标是一种有益的工具，有助于重点实现作为联合国广泛发展远景和发展活动框架的一部分内容的特定发展目标，并有助于确定国家优先事项，调动利益相关者并调集资源以实现共同目标。因此，我们坚定地承诺充分、及时地实现这些目标。

246. 我们认识到，目标的制定同样有益于为实现可持续发展采取的重点突出、连贯一致的行动。我们还认识到，一整套基于《21世纪议程》和《约翰内斯堡行动计划》，充分尊重《里约环境与发展宣言》并考虑到各国不同国情、能力和优先目标，遵循国际法，建基于已做出的承诺，并有助于充分落实包括本成果文件在内的所有主要首脑会议的经济、社会和环境领域成果的可持续发展目标极其重要，也大有益处。这些目标应均衡地处理和整合可持续发展的三个维度及其相互联系，应与 2015 年后的联合国发展议程连贯一致，并纳入其中，从而协助实现可持续发展，推动可持续发展在整个联合国系统内的执行和主流化。这些目标的制定，不应分散实现千年发展目标的注意力，或为之做出的努力。

247. 我们还强调，可持续发展目标应当以行动为导向；言简意赅，易于传播；数量有限；雄心勃勃；面向全球；普遍适用于各个国家，顾及各国现实、能力与发展水平，尊重各国的政策与优先事项。我们还确认目标应针对并且侧重于实现可持续发展的优先领域，以本成果文件为指南，各国政府应在所有利益相关者积极参与的情况下，适宜地推动执行工作。

248. 我们决心就可持续发展目标建立一个包容、透明的政府间进程；该进程对所有利益相关者开放，旨在制定有待大会商定的全球可持续发展目标。一个开放工作小组应不迟于大会第 67 届会议开幕时设立，由联合国 5 个区域集团的会员国提名的 30 名代表组成，实现公平、公正、平衡的地域代表性。开放工作小组一开始就应决定其工作方法，包括发展模式，以确保在其工作中有利益相关者充分参与，并吸收民间社会、科学界和联合国系统的专门知识，以便拥有多样的观点和经验。开放工作小组将向大会第 68 届会议提交一份报告，内载关于可持续发展目标的提议，供其审议和采取适当的行动。

249. 这一进程需要与《2015 年后可持续发展议程》协调一致。最初对开放工作小组的投入，应由秘书长与各国政府协商提供。为了向这一进程和开放工作小组的工作提供技术支持，我们请秘书长在吸取所有相关专家意见的基础上，根据需要，设立一个机构间技术支持小组和数个专家组，确保联合国系统对这一工作的一切必要投入和支持。工作进展情况报告将定期提交大会。

250. 我们认识到应在考虑到各国不同国情、能力和发展水平的情况下，订立具体目标和指标，借以评估目标实现方面的进展情况。

251. 我们认识到，关于可持续发展的有科学依据的全球综合信息很有必要。在这方面，我们请联合国系统有关机构在各自的任务范围内，支持区域经济委员会收集、汇编各国的投入信息，以便为这项全球努力提供依据。我们还承诺，重点为发展中国家调集财政资源，开展能力建设，以完成这项工作。

资料来源：摘编自联合国可持续发展大会成果文件《我们想要的未来》，联合国大会 66/288 决议，http://www. un. org/en/sustainablefuture/，2014-09-12。

撰稿者

多拉·阿尔玛西（Dóra Almássy）是匈牙利首都布达佩斯中欧大学（Central European University）环境科学及政策系在读博士。她的论文旨在研究国际环境的目标设定和实施过程中，主要国家治理方面的内容，并将其转化为可持续过渡管理指数。此外，她还参与了各种环境治理方面的国际研究项目。攻读博士学位之前，她曾担任中欧和东欧地区环境中心（Regional Enviromental Center for Central and Eastern Europe）的环保融资专家。同时，她还拥有法国巴黎企业科学管理的研究生学位和匈牙利米什科尔茨大学（University of Miskolc）经济学硕士学位。

斯泰纳尔·安德森（Steinar Andresen）是挪威弗里德约夫·南森研究所（Fridtjof Nansen Institute of Norway）研究教授。长期任奥斯陆大学（University of Oslo）政治系教授以及奥斯陆大学多渠道卓越中心（Pluricourts Center of Excellence）副教授，是地球系统治理项目（Earth System Governance Project）的首席教员，并为华盛顿特区布鲁金斯学会（Brookings Institution）、普林斯顿大学、华盛顿大学、奥地利国际先进系统分析研究所（International Institute for Advanced Systems Analysis）工作。先后发表了多篇论文，尤其是在全球环境治理方面。

诺拉·巴库尔（Noura Bakkour）是法国巴黎可持续发展与国际关系研究所（Institut du Développement Durable et des Relations Internationales，IDDRI）的项目经理。她在 IDDRI 致力于评估与通报《2015 年后发展议程》中当前融资和执行方面的状态。巴库尔曾担

任 IDDRI 主任的特别助理。在此之前，巴库尔曾担任地球研究所
(Earth Institute)、国际保护协会(Conservation International)和皮尤
全球气候变化中心(Pew Center on Global Climate Change，现称
C2ES)的项目管理和协调职务。巴库尔持有哥伦比亚大学公共管理
学士学位，专注于环境科学与政策研究。

史蒂文·伯恩斯坦(Steven Bernstein)是多伦多大学政治科学系
教授和芒克全球事务学院环境治理实验室(Enviromental Governance
Lab at the Munk School of Global Affairs)联席主任。他的研究兴趣
包括全球治理、全球环境政治、国际政治经济和国际机构。他是地
球系统治理项目的领导教员，并为联合国机构改革提供咨询。当前
重大研究项目包括"全球可持续发展治理的连贯性和不连贯性"[与伊
尔琳·汉娜(Erin Hannah)合作]和"对脱碳的变革性政策途径"[与马
修·霍夫曼(Matthew Hoffmann)合作]。

弗兰克·比尔曼(Frank Biermann)是荷兰乌得勒支大学全球可
持续发展治理与哥白尼可持续发展研究所(Global Sustainability
Governance with the Copernicus Institute of Sustainable Development in
Utrecht University)的研究教授。他还担任地球系统治理项目的主
席，该项目是于 2009 年创立的全球跨学科的研究网络，并于 2015
年加入"未来的地球"(Future Earth)研究联盟。比尔曼目前的研究，
考察了联合国和多边机构的改革方案、全球适应治理、可持续发展
的目标、科学的政治作用、全球正义，并对人类世等概念进行创新。
比尔曼独自撰写或合作撰写或编辑了 16 本书，并在有同行评议的期
刊和学术书籍上发表了许多文章。他最近的一本书是《地球系统治
理：人类世中的世界政治》(Earth System Governance: World
Politics in the Anthropocene，麻省理工学院出版社，2014)。他经常
受邀参加政府委员会及其座谈小组，并在联合国大会、欧洲议会与
欧洲经济和社会委员会(European Economic and Social Committee)
等的会议上发言。

蒂埃里·乔达诺(Thierry Giordano)是法国蒙彼利埃
(Montpellier，法国南部城市)农业研究与发展国际合作中心

(International Cooperation Center for Agronomic Research and Development)的农业经济学家。他主要的专业领域是官方发展援助、发展融资和绿色经济（重点在非洲）。从 2007 年到 2012 年，他曾在法国外交部担任技术助理，并被借调到南非米德尔地区的南非开发银行（Development Bank of Southern Africa）工作。

阿尔蒂·顾普塔（Aarti Gupta）是荷兰瓦格宁根大学社会科学系环境政策组（Enviromental Policy Group of the Department of Social Sciences at Wageningen University）的副教授。她的研究兴趣在于全球环境的可持续治理，关注预期的政治风险管理，以及环境治理的科学知识和专业知识在处理生物技术、生物多样性、森林和气候领域的问题时所起的作用。最近，其工作集中在环境治理有政治争议的透明度和问责制方面，并于 2014 年与迈克尔·梅森（Michael Mason）一道，在麻省理工学院出版社出版了《以批评的视角看环境治理的透明度》（*Transparency in Global Enviromental Governance：Critical Perspectives*）。她是地球系统治理项目的首席教员和《全球环境政治》（*Global Enviromental Politics*）期刊的副主编。她还拥有耶鲁大学的博士学位。

乔伊塔·顾普塔（Joyeeta Gupta）是阿姆斯特丹大学社会科学研究所全球南部（Global South at the Amsterdam Institute for Social Science Research of the University of Amsterdam）的环境与发展教授和联合国教科文组织在代尔夫特 IHE（医疗健康信息集成规范）水教育研究所（IHE Institute for Water Education）教授。她发表了多篇论文，并就职于多个国家、欧洲及国际项目的科学指导委员会，也任职于地球系统治理项目。她于 2014 年在剑桥大学出版社出版的《全球气候治理的历史》（*History of Global Climate Governance*）一书，获得了 2014 年历史类大气科学图书馆员国际选择奖（Atmospheric Science Librarians International Choice Award for 2014）。

彼得·M. 哈斯（Peter M. Haas）是艾摩斯特市马萨诸塞大学的政治学教授。他出版了大量关于国际关系理论、全球治理、国际环境政治方面的书。他获得了2015年马萨诸塞大学艾摩斯特学院杰出研究和创造性活动奖(2015 UMASS Amherst Award for Outstanding Research and Creative Activities)，以及2014年国际研究协会环境研究的杰出学者奖（2014 Distiguished Scholar Award of the International Studies Association Enviromental Studies Section）。他是地球系统治理项目的首席教员，并为联合国环境规划署、联合国全球治理委员会和美国、法国及葡萄牙政府提供咨询服务。

井口正彦(Masahiko Iguchi)是日本京都产业大学(Kyoto Sangyo University)国际关系学院的助理教授。在这之前，他担任东京联合国大学可持续发展高级研究所(United Nations University Institute for the Advanced Study of Sustainability)副研究员。井口持有埃塞克斯大学(University of Essex)的政治与国际关系学士学位、伦敦经济学院(London School of Economics)的国际关系和政治科学硕士学位，以及东京理工学院(Tokyo Institute of Technology)的博士学位。

蟹江宪史(Norichika Kanie)是庆应义塾大学媒体与治理研究生院(Graduate School of Media and Governance in Keio University)教授。他也是联合国大学可持续发展高级研究所的研究员。加入庆应之前，他曾在东京理工学院决策科学与技术研究生院和北九州大学政策研究系工作。他的研究重点是全球环境治理和可持续性。他是可持续发展目标(S-11，FY 2013-15)研究项目的负责人，该项目由日本环境部(环境研究和技术发展基金)资助，本书是该项目的一部分。除此之外，他还供职于地球系统治理项目科学指导委员会("未来的地球"的核心机构)，是气候、投资和经济合作与发展组织工作组的联合主席。在2009—2010年，他是欧盟居里夫人国际人才引进基金(EU Marie Curie Incoming International Fellowships)获得者和巴黎科学学院的客座教授。他在庆应义塾大学获得了媒体和治理博士学位。

金乐炫(Rakhyun E. Kim)是荷兰乌得勒支大学哥白尼可持续发展研究所的全球环境治理助理教授。他从地球系统角度研究国际环境法的复杂性。金担任《跨国环境法律》(*Transitional Environmental*

Law)的书评编辑，是地球系统治理项目的研究员，国际可持续发展法中心(Center for International Sustainable Development Law)的助理研究员，国际自然保护联盟世界环境法律委员会(International Union for Conservation of Nature's World Commission on Enviromental Law)的成员。金持有澳大利亚国立大学(Australian National University)的博士学位，是 2013 年的奥兰·R. 扬奖(Oran R. Young Prize)的获得者。

马赛尔·科克(Marcel Kok)是环境与发展项目的领导者，同时也是荷兰环境评估署、自然与农村部门(Netherlands Enviromental Assessment Agency，Department of Nature and Rural Areas)的高级研究员。他的研究集中于全球环境问题的治理策略和场景分析，最近的研究主要是主流生物多样性、自下向上的全球治理方法、可持续的供应链和漏洞分析。

森田香菜子(Kanako Morita)是日本庆应义塾大学国际合作局(Bureau of International Partnership)、林业和林产品研究所(Forestry and Forest Product Research Institute)的研究员，同时也是媒体与治理研究生院的助教。2010 年在东京理工学院获得价值和决策科学博士学位。她的研究兴趣是环境政策和治理，包括环境融资。

曼斯·尼尔森(Måns Nilsson)是斯德哥尔摩环境研究所主任，也是斯德哥尔摩皇家理工学院的兼职教授。他主要感兴趣的领域是低碳能源和运输政策、发展研究和《2030 年可持续发展议程》、创新和转型，以及机构和治理。近年来，他帮助建立全球经济和气候委员会，并一直密切参与其中，为《2030 年可持续发展议程》联合国可持续发展目标、经济合作与发展组织和欧盟委员会做顾问。曼森的40 余篇论文均已通过学术期刊编辑的盲审并发表，此外，他还校订了两本书。他获得了瑞典隆德大学(University of Lund)的国际经济学硕士学位和荷兰代尔夫特理工大学(Delft University of Technology)的政策分析博士学位

拉斯洛·品特(László Pintér)是匈牙利布达佩斯中欧大学环境科

学与政策系的教授，是加拿大温尼伯国际可持续发展研究所（IISD）高级研究员和助理。在 2010 年加入中欧大学之前，他从 1994 年以来，一直在 IISD 工作，并在 2003 年和 2010 年担任 IISD 测量和评估项目的主任。他在世界各地工作，主要研究领域是在可持续发展治理和战略方面使用的知识和管理工具。

　　马歇尔·斯科比（Michelle Scobie）是国际关系研究所（Institute of International Relations）的讲师和研究员，也是西印度群岛大学、圣奥古斯丁、特立尼达和多巴哥大学的阿瑟·路易斯社会和经济研究所（Sir Arthur Lewis Institute for Social and Economic Studies）的研究员。她在那里教国际法、国际经济法和全球环境治理。她还担任《加勒比国际关系和外交》（*Caribbean Journal of International Relations and Diplomacy*）杂志的联合主编，在特立尼达、多巴哥和委内瑞拉的律师事务所担任律师。她拥有西印度圣奥古斯和凯夫希尔大学国际关系博士学位和法学学士学位。斯科比的研究领域包括全球和区域环境治理的趋势和挑战，特别是从发展中国家的角度研究与气候变化、旅游、可持续发展、海洋管理、私人治理、环境伦理学、贸易和环境问题相关的制度架构。她是地球系统治理科学指导委员会（Earth System Governance Scientific Steering Committee）成员，担任特立尼达和多巴哥财政部高级经济政策分析师，也是特立尼达和多巴哥的传统和稳定基金（Trinidad and Tobago Heritage and Stabilization Fund）的第一任企业秘书。她是 2013 年的英联邦奖学金（Commonwealth Fellow Award）的获得者，是东安格利亚大学国际发展学院的联邦研究员，是伦敦大学学院的研究员。

　　清水展子（Noriko Shimizu）是日本全球环境战略研究所（Institute for Global Enviromental Strategies）研究员。她的研究领域包括气候融资和维护金融机构。清水持有日本早稻田大学政治科学和经济学学士学位，英国布里斯托尔大学的发展研究硕士学位，目前为日本东京技术学院的在读博士。

　　凯西·史蒂文斯（Casey Stevens）是马萨诸塞州伍斯特（Worcester）市克拉克大学政治学系的兼职教员。他的研究重点是全球环境治理，他特别强调生物多样性治理和可持续发展。他最近的出版物涉及有关全球生物多样性政治的主题，包括绿色经济时代的融资和实施等。他目前正在撰写一本书，名为《弹性治理：跨境保护正在改变的生态系统网络》(*Resilient Governance: Networks for Protecting Changing Ecosystems across Borders*)。

阿里尔·翁德达尔(Arild Underdal)是奥斯陆大学的政治学教授，也是奥斯陆国际气候和环境研究中心(Center for International Climate and Enviromental Research Oslo)教授。在那里，他主要从事一项为期八年的研究：国际气候和能源政策的战略挑战(Strategic Challenges in International Climate and Energy Policy)。他的大多数研究都集中在国际合作上，特别是环境治理方面的合作。其他图书形式的出版物包括《环境制度的有效性：以证据对抗理论》[*Enviromental Regime Effectiveness: Confronting Theory with Evidence*，与 E. L. 迈尔斯(E. L. Miles)等人合作，2002]，《制度后果：方法论挑战和研究策略》(*Regime Consequences: Methodological Challenges and Research Strategies*，与奥兰·R. 扬合作，2004)，以及《全球气候变化的国内政治》[*The Domestic Politics of Global Climate Change*，与 G. 邦(G. Bang)和 S. 安德森(S. Andresen)合作，2015]。翁德达尔曾于 1993—1995 年担任奥斯陆大学的副校长，于 2002—2005 年担任奥斯陆大学的校长。最近的国际任职包括两届斯德哥尔摩应变中心董事会(Board of the Stockholm Resilience Center)主席和两届国际应用系统分析研究所科学顾问委员会(Science Advisory Committee of the International for Applied Systems Analysis)主席。

坦克雷德·瓦蒂尔兹(Tancrède Voituriez)是巴黎农业研究和发展国际合作中心(International Cooperation Center for Agronomic Research and Development)的研究主任，同时也是 IDDRI 的全球治理项目主任。为了进行博士研究——从经济学角度看商品市场的不稳定性，他于 2005 年加入了 IDDRI，开始研究经济全球化对可持续发展的影响。他一直为欧洲委员会、欧洲议会、中国环境与发展国际合作委员会、联合国粮食及农业组织、盖茨基金会等机构协调研究项目。自 2010 年以来，他的工作重点放在实施可持续发展公共政策的条件上，聚焦于创新融资。

山田贵博(Takahiro Yamada)是日本名古屋大学环境研究研究生院(Graduate School of Enviromental Studies of Nagoya University)的国际政治教授。他的研究检验了知识和规范在国际制度的创建和演变中的作用，比如，气候变化领域及多方利益相关者在世界银行可持续发展规范的社会化过程中的作用。他是《治理一个新兴的全球社会》(Governing an Emerging Global Society)一书的作者，多篇文章发表在日本国际关系协会的《国际关系》(International Relations)杂志和日本国际法律学会的《国际法和外交》(Journal of International Law and Diplomacy)杂志上。

奥兰·R. 扬(Oran R. Young)是加州大学圣芭芭拉分校布伦环境科学管理学院(Bren School of Enviromental Science and Management)的名誉教授和海洋科学研究所(Marine Science Institute)的研究教授。在很长一段时间里，他都是国际环境治理研究的引领者，致力于处理非政府治理的理论问题，以及与海洋系统、气候变化和极地地区有关的实际问题。他目前的研究主题是"人类世的可持续性：治理复杂系统"。他多年来一直活跃在全球环境研究领域，并且是地球系统治理项目的首席教员。

图书在版编目(CIP)数据

日新为道：通过可持续发展目标促进治理创新/（日）蟹江宪史，（德）弗兰克·比尔曼主编；关成华译. —北京：北京师范大学出版社，2021.1

真实进步指标(GPI)译丛

ISBN 978-7-303-26220-5

Ⅰ. ①日… Ⅱ. ①蟹… ②弗… ③关… Ⅲ. ①世界经济－经济可持续发展－文集 Ⅳ. ①F110

中国版本图书馆 CIP 数据核字(2020)第 158337 号

营　销　中　心　电　话　010-58807651

北师大出版社高等教育分社微信公众号　新外大街拾玖号

RI XIN WEI DAO TONGGUO KECHIXU FAZHAN MUBIAO
CUJIN ZHILI CHUANGXIN

出版发行：北京师范大学出版社　www.bnup.com

北京市西城区新街口外大街 12－3 号

邮政编码：100088

印　　刷：鸿博昊天科技有限公司

经　　销：全国新华书店

开　　本：710 mm×1000 mm　1/16

印　　张：21.75

字　　数：324 千字

版　　次：2021 年 1 月第 1 版

印　　次：2021 年 1 月第 1 次印刷

定　　价：120.00 元

策划编辑：王则灵　　　责任编辑：周　鹏
美术编辑：李向昕　　　装帧设计：锋尚制版
责任校对：陈　民　　　责任印制：马　洁